闽山闽水物华新

习近平福建足迹（下）

本书编写组

人民出版社

福建人民出版社

目　录

八、精神就是一种光彩

奏起《山海的交响》

一

碧海，崇山，畲音；山海的交响，凤凰的图腾……

千百年来，闽东人民在这块热土上创造了灿烂的文化。

1988 年，35 岁的习近平来到宁德担任地委书记。到任不久，他就下基层调研。在行署专员陈增光的陪同下，一个县一个县地跑，很快跑遍了宁德地区下辖的九个县。

在陈增光的印象中，调研的时候，除了注重走访，习近平还喜欢看当地的县志。看县志，有助于了解当地的历史和文化。习近平对闽东各地的文化非常感兴趣。

到了周宁县，他了解到这里有个鲤鱼溪，自然生态很好。鲤鱼溪有一个传说：几百年前，沿岸有两个村结了怨，经常发生械斗，因为担心对方在水里投毒，就想到在溪里养鲤鱼，如果鱼被毒死，也就知道水不能喝了。渐渐地，随着村邻关系的和睦，械斗早已绝迹，整条溪里却有了成千上万尾鲤鱼，就变成了鲤鱼溪。

听了这个传说，习近平说："鲤鱼溪有文化、有传统，可以发展旅游产业，带动当地发展。"

到寿宁县调研时，习近平特别提到两个人。一个是冯梦龙。冯梦龙在寿宁当过知县，留下一本《寿宁待志》。对这本书，习近平尤其喜欢。

习近平说："冯梦龙这个人很有贡献，把这本书起名为《寿宁待志》，表明没有把事做满，而是留下空间，让后人去填补，所以叫'待志'，说明这个文人有水平、有境界。"

另一个是焦裕禄。他说："寿宁基础条件较差，百姓生活困难，要有焦裕禄式的干部来做事，要以焦裕禄的精神来全心全意为人民服务。"

陈增光记得，习近平在闽东工作的两年多时间里，反复提到这两个人，推崇他们的为官品质和为民情怀。

到了霞浦县，陈增光拿了一本《霞浦县志》给习近平看。没想到，当天夜里，习近平又找到他说："你帮我找一本福宁府 ① 的府志吧。"

这让陈增光傻了眼，到哪儿去给他找这个府志啊？市面上找不到，他就请人去文化馆找，还真找到了一本。

"习书记啊，咱们一天到晚跑来跑去这么辛苦，你还要熬夜看书，能吃得消吗？"陈增光有点不解。

习近平说："增光同志，我们这样看情况、听汇报是不够的，还要看历史。一个县的历史最好的体现就是县志，府志则更为全面，里面既写正面人物，也写反面人物，我们一看就知道这个地方发生过什么事，可以从中有所借鉴。"

---

① 元至元二十三年（1286 年）分福州置福宁州（名取自福安、宁德两县的首字）；明洪武初降为福宁县，成化中升为直隶州；清雍正十二年（1734 年）改为福宁府，治今霞浦，辖霞浦、福安、寿宁、福鼎、宁德五个县，隶属于福建布政司。1913 年废。

看了《福宁府志》，习近平就跟陈增光聊起书里的内容。他说，霞浦这里有一片官井洋，是"因洋中有淡泉涌出而得名"。老百姓也称"官井洋半年粮"，因为这里一直盛产大黄鱼，是名副其实的鱼米之乡。百姓在这一带搞好养殖，等于把半年的粮食都解决了。"这是我们闽东很重要的一个资源，既要把它保护好，也要把以养殖业为代表的海上经济带动开发起来，让老百姓都富起来。"

二

九个县，一圈跑下来，习近平把宁德地区的经济社会、历史文化状况都摸清楚了。

通过调研，加上与当地干部群众一个月的相处，习近平有了一个感触：由于经济落后，无论是抓经济发展还是进行文化建设，闽东人都显得不够自信，压力比较大。

他说，压力可以使人"穷则思变，知难而进"。但光有压力不行，如果人们只看到穷，而不是历史地看、发展地看，就很容易失去自信心。最好是在讲压力的同时，也不要忘了讲动力。

缘此，习近平也在思考：如何寻找"动力"，如何提振宁德干部群众的自信心？

在《闽东之光——闽东文化建设随想》一文中，习近平阐述说，"动力"来自"闽东的光彩"，一种精神、文化的支撑力量。

什么是闽东的光彩？

"我想，闽东的锦绣河山就是一种光彩。闽东的灿烂文化传统就是一种光彩。闽东人民的自强不息、艰苦奋斗、善良质朴的精神就是一种光彩。认识到自身的光彩，才有自信心、自尊心，才有蓬勃奋进的动力。"

习近平还从战略高度进行了阐述："从整个国家来说，中华民族的传统文化在民族的延续和发展中起到了积极的作用。在几千年的文明发展史中，我们已经树立了强烈的民族自信心，无论是在民族危亡，还是在民族昌盛时期，这种自信心都是我们民族精神中最稳定的成分。正是这种自信心，使中华民族渡过了近代史上许多内忧外患的危机，使中华民族在世界上有了令人敬佩的今天。"

闽东的文化建设也具有同样的意义。习近平强调："我们有一个明确目标：通过文化建设，弘扬民族文化传统，不仅增强我们的自信心，而且提高外界对闽东的信心。"

因此，习近平有了拍摄一部电视音乐片的设想，利用电视这个传播工具，展示闽东的闪光点，把闽东之光传播开去，使更多的人对闽东之光有所了解，大家就会向往闽东、热爱闽东，把心血汗水浇灌在闽东。

三

要做电视音乐片，可宁德地区连一个可以具体执行的单位都没有——当时，全省各个地市只有宁德没有文联。

1989 年 1 月，在宁德地委会议上，习近平提议，成立宁德地区文联，由地委宣传部副部长王凌担任筹备组组长。经过九个月的筹备，宁德地区文联成立了。

王凌回忆说："在筹备过程中，习近平同志帮助解决了很多实际问题。最开始连办公室都没有，我们反映后，他就与宁德军分区协商，要了一间空房间作为办公室。"

1989年10月8日，宁德地区文学艺术界第一次代表大会召开。习近平亲自到会讲话，提出要集中力量创作文艺精品，更好地宣传闽东。

这次会议选举王凌担任宁德地区文联主席。也正是成立文联的机缘，成就了闽东文艺的一个"高地"。

会议期间，从福州前来祝贺的时任省文联副主席、省音协副主席章绍同和省音协艺术创作委员会主任郭祖荣向王凌建议："由省音协与地区文联联合创作一部歌唱闽东的电视音乐片。"

在王凌陪同下，他们专程拜会了习近平。"心有灵犀一点通"，这个想法立即得到习近平的赞同和支持。

王凌回忆道："在闽东宾馆，大家畅谈了一个多小时。习近平同志说，这部电视音乐片要展示闽东的闪光点。有风光画面，有歌曲，视听结合，情景交融，雅俗共赏，形成一个闽东风味。他还建议，先按商谈的内容起草一个方案。至于题目，大家也讨论了一下，初定为《山海的交响》。"

不久后，省音协就把专题片的初步设想送到习近平手中，他批转给行署专员陈增光，并请他负总责。陈增光随后召开行署办公会议，研究确定了工作方案，确定由王凌担任总策划，负责创作和摄制的全部组织工作。

1990年1月，宁德地区文联与省音协要在福州市共同召开创作会议。去福州前，王凌问习近平对创作有什么意见和要求，习近平嘱咐：要尊重文艺创作规律、尊重艺术家。

经过反复探讨，音乐片的具体构想渐渐清晰，就是要突出四个"风"——通过优美而有特色的歌曲演唱，反映闽东的山海风光、建设风貌和风土人情，尤其要突出反映闽东人的风格，即改革开放的博大胸怀和滴水穿石的坚韧意志。

那年春节刚过，春寒料峭，但闽东文艺界却迎来了火热盛事。

2月16日至27日，作曲家章绍同、郭祖荣，词作家陈侣白、林澍，以及专程前来的作曲家、上海乐团艺术指导陆在易，与当地文艺界人士组成《山海的交响》联合创作组，上高山、下海岛、进老区、走畲村，体验生活，积累素材，创作歌词。

2月27日，采风结束，创作组回到闽东宾馆。此时，习近平已在场等候。艺术家们当场朗诵了部分歌词。习近平听完后说："生活是文艺的源泉，诗歌为心灵的抒唱。你们大家辛苦了。"他称赞《山海的交响》立意概括得很好："这是山与海的交响，山海风光与闽东精神的交响，是历史、现实与未来的交响，是力与美的交响"，"这也是艺术家与人民心灵的交响"。

四

经过三个月的反复筛选、修改，在近40份歌词和20首歌谱中，最终选定了12首歌曲，送到中央电视台文艺部录制。

习近平十分关心《山海的交响》录制工作，并积极联系中央电视台文艺部主任邹友开给予支持。

邹友开祖籍福建闽侯，有着多年春晚导演经验。当王凌一行到达北京，邹友开见面就说："你们来自'老、少、边、岛'贫困地区，我们一定全力支持。歌手由我去请，就在中央电视台录音。习近平同志已告诉我，宁德是'吃饭财政'。这样吧，录制一首歌就给歌手一两百元辛苦费表示个意思吧。"

在中央电视台的帮助下，录制达到了当时的最高水平：中国电影乐团为之伴奏，中央广播艺术团合唱团为之伴唱。时任中国音协主席李焕之听了歌曲非常高兴，欣然为电视音乐片题写了片名。

演唱者也是当时最有名的歌唱家。彭丽媛一人就唱了两首歌：一首是歌唱闽东海洋的《蓝色牧场》，一首是歌唱闽东水电的《星光摇篮》。

要付辛苦费的时候，彭丽媛一分钱也没收。她说："闽东是我的第二故乡，为故乡为亲人服务是我的本分，讲钱就见外了。"

紧接着，1990年8月至9月，摄制组花一个多月时间，先后深入闽东九县市及地直有关单位，日夜兼程，行程近万里，拍摄了闽东风光与人民生活的镜头。又经过两个多月的辛苦工作，在福建电视台完成了剪辑等工作。

1990年12月24日，长达50分钟的《山海的交响——闽东抒怀》在福建电视台演播厅举行首映礼，时任福州市委书记习近平应邀参加。

看完这部自己推动完成的电视音乐片，习近平说："这部片子弘扬正气、弘扬民族文化，鼓舞我们热爱家乡的土地，热爱闽东美丽、神奇、充满魅力的土地，着眼于让人看到事业的光明。最后使大家看到信心、前途和力量，弘扬了闽东的风格和精神，激发了群众。"

1991年2月，《山海的交响——闽东抒怀》在中央电视台播映，从福建走向全国，产生了更大的反响。同年，还荣获福建省第四届电视艺术奖一等奖、全国第五届电视文艺最高奖"星光奖"三等奖。

1991 年 1 月下旬，王凌给冰心先生寄去了《山海的交响——闽东抒怀》录像带、歌曲集以及文联简讯等。"我记得装了厚厚的一袋，我还附上一封信，简要介绍这个片子的创作过程，请冰心先生观看后提出宝贵意见，以便修改提高。"春节前，王凌收到了一封来自中央民族学院、贴着一张二角钱邮票的信。打开一看，竟然是冰心先生的亲笔题词："颂赞家乡海山的歌声是最壮美的"。

五

畲族文化是闽东文化的重要组成部分，这与闽东独特的历史文化有关。

畲族自称"山哈"，意思是"山里的客人"。宁德是畲族主要聚居地，20 世纪 80 年代末有畲族同胞十几万人，分别占全国、全省畲族人口的 40%、70%。

担任宁德地委书记后，习近平特别关心这些山区居民，多次深入畲乡走访调研。

1989 年 6 月，习近平写下《巩固民族大团结的基础——关于促进少数民族共同繁荣富裕问题的思考》一文，"继承和发展少数民族文化"是其中重要的内容。文中写道："畲族人民在漫长的历史岁月中，创造了光辉灿烂的文化，这不仅是畲族人民自己的瑰宝，也是我们国家的一份宝贵的财富。"

对这份宝贵财富，习近平很重视，他指出："要继承和发扬畲族文化传统中优秀的部分。畲族语言、畲歌、畲族服饰，这些都是最基本的文化，都应当很好地继承。""要抓紧挖掘整理畲族文化遗产，如畲歌、民俗、民谚、民乐、舞蹈、故事等，要组织力量进行深入探讨，取其精华，古为今用。我觉得畲族歌舞就很有特色，很有风采，还有畲族的传统歌会完全可以加工升华一下。"习近平还明确要求："抓紧修建畲族博物馆，办好畲族研究会和畲族歌舞团，以丰富我国多民族的文化宝库。"

在习近平的倡导和推动下，1989 年 9 月 29 日，闽东畲族博物馆（2005 年加挂"宁德市博物馆"的牌子）落成并举行开馆仪式。从此，收藏、展示、研究闽东历史文化、民俗风情和闽东畲族文物，有了一个综合性平台。

在宁德工作期间，习近平还十分关心宁德地区畲族歌舞团（后更名为宁德市畲族歌舞团）的发展。这个歌舞团是全国唯一以畲族命名的民族专业表演团体，1988 年 1 月歌舞团成立后，推动闽东畲族文艺演出趋于经常化、专业化。1988 年至 1990 年，歌舞团就演出了 308 场。一些畲族演员借助这个平台，开始崭露头角，如雷高平创作表演的《蚯蚓之歌》，在 1988 年 8 月举办的福建省第五届武夷音乐舞蹈节中获表演二等奖。

1990 年 11 月 10 日至 12 日，首届福建省闽东畲族文化艺术节在宁德举行，来自福建、浙江、广东、江西、安徽等省和中央民族歌舞团等 20 支代表队 1200 人参加了活动，盛况空前，反响热烈。

多年来，宁德市畲族歌舞团始终牢记使命，推出了《蓝色家园》《五彩山哈》《山哈魂》等多部精彩剧目。

山与海的交响，畲族歌舞……"闽东之光"传播得更广了。

市委书记的文艺情缘

一

1993 年 5 月，福州的茉莉刚刚迎来花期，榕树遮天蔽日。

当时福州文艺界创作的闽剧已享誉全国，《天鹅宴》《丹青魂》荣获"文华新剧目大奖"，闽剧演员陈乃春摘得福州第一个"梅花奖"。

文学新星也在不断涌现，作家池敬嘉就是其中最耀眼的一颗。他创作的电视剧本《蜡烛刚刚点燃》，1989 年被搬上央视荧屏，填补了福州市电视剧创作的空白。

5 月 18 日，习近平通过福州市委办联系池敬嘉，邀请他和他妻子华瑜来座谈一下，聊聊福州市的文艺创作情况。

接到电话后，池敬嘉有些惊喜，但又不知所措，心里犯嘀咕："为什么要找我们来座谈？"

原来，一年前的 1992 年 5 月 19 日，在福州市纪念毛泽东《在延安文艺座谈会上的讲话》发表 50 周年大会上，习近平给福州文艺界定了个目标——到 20 世纪末，福州的文艺事业要提高到一个新水平，做到"三个相适应"：与福州作为省会城市的地位相适应，与福州作为沿海对外开放城市的现代化建设发展程度相适应，与福州作为国家历史文化名城所应起的作用相适应。为此，习近平要求各艺术门类都要大力提高艺术生产力，不仅注重数量，也要讲究质量，"争取多出力作、佳作、大作、杰作"。

当时，福州的闽剧已经在全国声名鹊起。习近平希望，各个艺术门类的创作要全面发展，比较薄弱的文学、音乐、影视创作要向屡创佳绩的闽剧学习，大力改观；要更多地挖掘福州的历史和现实题材，突出福州的地方特色，形成一种独特的福州风格、福州流派、"福州味"。

文艺的繁荣发展，关键在人才。正是有了这样的思考，习近平的目光触及普通的文艺工作者。"不单是台前的文艺人才，习近平同志也很关心幕后的创作者。处于寂寞状态的创作者，恰恰是文艺精品最根本的源头。"时任福州市剧目创作室主任马书辉回忆说。

所以，习近平想找几位作家聊一聊。此时，池敬嘉、华瑜创作的反映辛亥革命时期孙中山先生事迹的 50 多万字长篇小说《追杀大总统》，受到习近平的关注。

要和市委书记见面，池敬嘉和妻子华瑜有些紧张。书记到底会问什么？该怎么回答呢？两天时间里，两口子一直在琢磨。

5 月 20 日上午 8 时，池敬嘉与华瑜、闽剧编剧杨基一同来到习近平的办公室。杨基是因为电视剧创作而进入习近平视野的。他担任主创并由福州市拍摄的电视连续剧《马江之战》，当时在中央电视台连续播放三次，地方电视台也相继播放，轰动一时。

"我们大概要谈多久？"进办公室前，池敬嘉小声地向市委办工作人员打听。

"大概谈一个小时。"工作人员说。

"一个小时太长了。不知道该说些什么。"池敬嘉更紧张了。

果然，一开始，三位作家都有些拘谨。

习近平见状，先跟他们说："今天就当作聊天，我想了解一下创作情况。"

喝口茶，缓一缓。

"近几年来，在市委提出'振兴闽剧'之后，福州戏曲界已出了一些好作品，连续两届摘取'文华奖'桂冠，这次'梅花奖'又有一名演员获奖，可以说在出作品、出人才两方面都有所突破，但相比之下，福州在小说、影视创作方面还显得薄弱一些，必须迎头赶上。"习近平接着说。

接下来的谈话，令池敬嘉既意外又惊喜：习近平对历史文化十分关心，而且很有研究。印象最深的是，他还提到了黄乃裳的三弟黄乃模，在甲午海战中与邓世昌一起率领"致远"舰将士英勇战斗，直至壮烈牺牲。

习近平对福州的创作题材也很有想法，侃侃而谈，如数家珍。

"福州是历史文化名城，有许多厚重的历史题材和人物值得去写。比如二七工运烈士林祥谦、黄花岗英烈林觉民的事迹可歌可泣，很有文学价值。再比如马尾，这块辉煌与沉重交织的土地在中国的近代史上就占有重要的一席之地，马尾不仅是马江海战的发生地，而且是中国近代海军的摇篮，当时的船政局和船政学堂出过不少著名的海军将领和知名人士，这些历史和人物都可以反映。"

顺着习近平的话，三位作家谈了各自的创作体验，不再那么紧张了，"您说得对，福州是创作题材的'富矿'。"

习近平开始对作品提出了自己的一些想法："我们应该对一些历史人物包括洋务运动的人物，给予历史的、实事求是的评价，并在文艺作品中给予客观、公正的反映。这些作品目前还很少，福州的作家不来反映福州的历史和人物，这能行吗？"

池敬嘉说："的确，福州的作家，要深入了解这片土地上的历史和文化，多创作一些反映这片土地人文和风情的题材。接下来，我会把创作的重心放在福州，寻找本土的选题，写出更好的作品。"

华瑜和杨基也向习近平谈了接下来的创作计划。

听完，习近平对他们说："文学艺术不仅要反映历史，而且更要善于在现实中寻找题材。解放后特别是改革开放以来，福州发生了根本性的变化，如火如荼的现实生活中有不少题材需要文艺工作者下功夫去挖掘、选取、提高。每一位文艺工作者都应该是改革开放的讴歌者。"

聊完现状，开始谈问题。习近平与作家们探讨起当时福州文艺创作存在的发展问题。

"我们的各个文艺门类，发展不够全面。"

"福州的创作，缺少有全国影响力的作品。"

……

针对这些问题，习近平认为："福州的文化工作在普及方面取得了一定成绩，但在提高上还缺少尖子，缺乏'拳头产品'。福州市已形成一定的文化氛围，但必须改变文艺工作者各自为政的状况，使大家团结起来，联合起来，形成'集团军'，这样才能产生一股巨大的创作力量。"

座谈结束，已是中午。原定一小时，谈了三个多小时。

回去后的几天，池敬嘉一直在思索着创作的方向。

20天后，6月10日，他翻开当天的市委机关报《福州晚报》，惊喜地发现，报纸头版头条报道了"市委书记与作家畅谈创作"。这在当时的福建乃至全国都是不多见的。

这让池敬嘉始料未及。"我没想到，一位市委书记在百忙之中和我们几个作家畅谈了这么久；我没想到，习近平书记对创作这么关心、这么在行；我也没想到，党报还这么高规格地作了报道。"看完，万分激动的池敬嘉连说了三个"没想到"。

池敬嘉叫来华瑜，两人读了又读，把报纸珍藏起来。

二

其实，不只是文艺家们，许多和习近平共事过的同志，都对他深厚的文化底蕴有很深印象。

在福州工作时，习近平的办公室光书架就占了两面墙，上面摆满了书。曾在习近平身边工作的陈承茂回忆，习近平闲下来的时候，最喜欢的就是买书。一次，他帮习近平搬家，搬得最多的就是书。"他博闻强记，谈问题很深刻，很重要的原因是对同一个问题看不同人从不同角度写的书。虽然我是经济专业出身，但在谈到经济问题的时候，他的观点总是更胜一筹，而且旁征博引，把一个事情讲得非常透彻。"

习近平对书的涉猎也很广。曾任台企冠捷电子（福建）总经理的宣建生，与习近平有多年的交往。在他印象中，习近平还喜欢看20世纪60年代到80年代讲台湾经济起飞的书，介绍新竹科技园区、高雄出口加工区等方面的书。"他也送给我书，送我的第一部书是唐浩明写的《曾国藩》，书写得非常好。他还喜欢跟我谈他看的书。"

有一次跟习近平的对话，让曾在福州市政府办工作的林彬记忆深刻。

一个周末，他去给习近平送材料。随后闲聊了几句，就聊到了读书和学习。

"书记，您在延安插队时都看什么书？"

"我跟你说我看过什么书，你相信吗？"

"我相信。"

"我背过《新华字典》。"

林彬听后，大吃一惊。习近平的文化底蕴，不仅仅是通过博览群书，也是通过刻苦勤奋的学习不断积累起来的。

"今天，我们看近平同志用典，可以说是信手拈来，脱口而出，用得恰到好处，既不是炫技，也不是'掉书袋'。这都是基于他对中国文化知根知底的了解。"林彬谈道。

曾在福州市委办工作的戚信总也印象深刻："习近平同志对中华优秀文化非常熟悉，经常引经据典。举一个例子，我记得第一次写福州市党代会报告时，他在稿子里面用了毛泽东的'雄关漫道真如铁，而今迈步从头越'。后来，我们注意学习这个特点，写稿的时候也会注意用典。"

振兴闽剧 "有好戏"

一

1990 年 5 月，到任福州市委书记没多久的习近平，找来市文化局局长马国防，向他了解福州地方文化保护、传承，以及正在推进的"振兴闽剧"工作的进展情况。

谈话结束时，习近平对他说："小马，你是外地人，在这当文化局局长；我也是外地人，在这当市委书记。咱们都不是福州人，但更要重视当地文化的保护和传承，尤其是闽剧，千万不能在我们手上断了。"

习近平的担忧是有原因的。

闽剧是福州独具特色的地方戏，已传唱数百年，新中国成立后也曾发展得不错。20 世纪 80 年代中期，闽剧陷入低谷：福建省第 16 届、第 17 届戏剧会演，福州竟没有一台闽剧入选。这让福州闽剧界无比汗颜，市委、市政府也颇受震动。

1989 年 7 月，福州市委提出："要振兴闽剧"。

闽剧人经过拼搏，终于取得丰硕成果：1990 年 1 月，福州召开戏剧、曲艺创作年会，一下子拿出 28 个闽剧剧本，其中，《天鹅宴》《丹青魂》《御前侍医》等一批佳作，引人瞩目。

习近平找马国防了解情况的时候，正值福州闽剧界备战 1990 年福建省第 18 届戏剧会演的关键节点。

在闽剧人看来，这场会演就是奔着"打翻身仗"目标去的，已有的 28 个剧本，需要精心打磨。

作者们挑灯夜战，几十个日夜精雕细琢，定稿，提交。

6 月 15 日，戏剧会演入选剧本揭晓，《天鹅宴》《丹青魂》《御前侍医》三个剧本获优秀剧本奖，如愿入围。随后，福州闽剧院一团和红旗剧团加紧排演这三台戏。

10 月 20 日，会演开始。这三台戏获得了戏迷的热烈追捧，场场爆满。尤其是《御前侍医》上演时，更是出现了观众过多、场地超负荷而不得不提前关门的情景。

会演结束，捷报传来。这三台戏，拿了一等奖、二等奖、导演奖、演出奖等多个奖项。而此前，《天鹅宴》已经获得第五届全国优秀剧本创作奖，列 18 个获奖剧本之首。这是闽剧在新中国成立之后首次获此殊荣。

闽剧打了一个漂亮的翻身仗！

得知消息，习近平第一时间给市文化局写了贺信："振兴闽剧已走出可喜的一步，但这仅仅是个开端，希望文艺界继续贯彻'双百''二为'方针，百尺竿头，更进一步，不断前进！"

二

福州闽剧人心里最清楚贺信里说的"仅仅是个开端"的意思，因为现实中确实还有很多不足。

振兴闽剧，关键靠人。然而，20 世纪 90 年代初，闽剧后备人才的培养情况堪忧。

当时，作为省会城市，福州没有艺术学校。原来的福州市艺术学校在"文化大革命"时被撤，一直没有复办。培养闽剧人才的闽剧班，只能挂靠在福建省艺术学校。"寄人篱下"的滋味并不好受。时任福建省艺术学校闽剧班班主任杨煜回忆道："那时候，我们闽剧班设在省文艺大院里，是把其他院团堆放建筑材料的仓库租过来改造成的。"

"就是占用了那么一点破破烂烂的地方，有些人还嫌我们碍事，要我们搬出去，说什么'不搬就不给招生指标'。"回想起那时的艰难，曾任福州市文化局艺术科科长的徐鹤苹心绪难平。

1991 年 3 月 26 日，习近平到福州文化系统基层单位视察，在实地探访和听取汇报后，他专门讲了闽剧学校的建设问题："我同意把建设闽剧学校列入建设项目，作为振兴闽剧之本，培养后备力量。要把建设闽剧学校列入今年的规划中，做好前期工作。重点投资放在明年，用一二年的时间完成，由市文化局搞一个计划，明敏① 牵头，然后报给洪市长② 审批。"

1991 年暑假的一天，正在值班的杨煜接到一个电话："习近平书记要到你们学校看看，了解一下情况，请你们几位领导不要走开。"

杨煜这才想起来，不久前，他们得知位于福州南公园的那座电影院要拆掉重建，就向市文化局打了个报告，希望市里把这块地拨

---

① 时任福州市副市长。
② 即时任福州市市长洪永世。

给闽剧班盖教室和职工宿舍，顺便批点盖楼的经费。

"一定是习书记看到文化局转呈的报告后，特地来学校调研的。"杨煜赶紧把几位负责人都找来，在闽剧班前迎候。

过了一会儿，习近平一行来了，在闽剧班里里外外转了一圈。

这个简陋的地方，一层被改造成了教室和练功场所，二层作为学员宿舍，平时，师生几十号人就在这里学习和生活。习近平很认真地看了一会儿后，对杨煜等人说："你们在夹缝中办学，很不容易。盖楼的事，你们不要急，我回去研究一下，马上给你们解决这件事。"

不久，杨煜就接到通知，市里准备批100万元，用于解决闽剧班的困难。

1992年1月，习近平又作出批示，将闽剧班的校舍建设列为当年为民办实事项目。

1993年5月，闽剧班综合大楼竣工，并恢复中专招生。

当时的《福州晚报》报道说："大楼落成后，省市各界对市委、市政府在百业待兴、经济尚不是十分宽裕的情况下，将该大楼的建设当作1992年我市为民兴办20件实事之一来办的远见卓识极为赞赏，认为这是为弘扬民族传统文化兴办了一件功德无量的大好事。"

这年12月1日，搬入新教学大楼的新一期闽剧班开学不久，习近平又专门去看望大家。在听了班主任胡奇明的汇报后，他说："闽剧要振兴与繁荣，必须造就一种人才迭出、后继有人的局面。闽剧学校成立后，要着重抓好人才培养和学校建设，办闽剧学校的路子要坚持走下去。"他还对闽剧学校的人才培养、教材改革、教育手段等方面提出了具体要求。

　　市委、市政府的高度重视，极大地改善了闽剧班的境遇，特别是闽剧班的办学条件，为振兴闽剧培养了一大批梯队人才。

　　林颖就是闽剧班恢复中专招生后的首批学员。她回忆，学校虽然只有一栋楼，但里面有食堂、教室、练功房、小剧场等，学员每天都配有牛奶和面包、蛋糕等点心。很多人都说我们这代演员是最幸福的闽剧演员。

　　学习了两年后，1995年，市里抽调一批小演员到北京参加全国比赛，14岁的林颖幸运地入选。

　　她记得，出发前，习近平又前来看望大家，称他们是"跨世纪的闽剧接班人"，并合影留念。20多年来，林颖一直珍藏着这张照片，激励自己勤学苦练。

　　1999年，林颖以第一名的成绩从闽剧班毕业，进入福州闽剧院。此后，她出演了《杨门女将》中的穆桂英、《凤凰山》中的樊梨花、《窦氏女》中的窦淑娇等经典角色，逐渐成长为闽剧界一颗明星。

　　随着办学成效不断显现，2004年4月，长期挂靠福建省艺术学校的福州闽剧班，正式改名为福州市艺术学校，增设福州曲艺表演专业。福州再度有了自己的艺术学校。

三

　　1993年1月中旬，马国防带领福州市文化局有关人员，专程到中国戏剧家协会，联系闽剧《御前侍医》晋京演出事宜。

　　交谈中，中国剧协领导表示他们有意将第三届中国戏剧节交给地方政府主办。此前的两届，都是在北京办的。

根据 1992 年 12 月 23 日中宣部给中国文联的批复，第三届中国戏剧节将于 1993 年 5 月举办。距离预定的开幕日期很近了，时间紧、任务重，哪个地方愿意承办呢？中国剧协领导半认真半开玩笑地问马国防："你们福州愿不愿意接手？"

马国防听了，心中一动。他当即说："这么大的事，得请示一下。"

于是，他就给习近平打电话："第三届中国戏剧节有意走出北京，由地方承办。中国剧协领导希望由福州接手，我不敢答应，所以来请示您，这事能不能办？"

话音刚落，习近平就说："这是好事啊，欢迎中国戏剧节到福州举办！"

一锤定音。一旁的中国剧协领导听了，也十分振奋。

回到福州以后，市文化局就抓紧上报了《关于福州市申办第三届中国戏剧节的请示》。

紧接着，2 月 10 日，福州市政府和中国剧协在京签订了联合举办第三届中国戏剧节暨第十届中国戏剧"梅花奖"颁奖活动的协议书。

2 月 20 日，习近平主持召开市委常委会议，讨论通过了戏剧节筹备工作方案。

2 月 24 日，戏剧节组委会成立，习近平任组委会主任。

5 月 7 日，习近平再次听取筹备工作进展情况。

……

不到半年时间，习近平专门听取汇报、批示或出席相关活动 11 次（场）。

5月23日晚，第三届中国戏剧节开幕式暨第十届中国戏剧"梅花奖"颁奖仪式隆重举行。习近平等领导为开幕式剪彩，并向第十届中国戏剧"梅花奖"22名得主颁奖。

此时，闽剧也迎来高光时刻——《丹青魂》中吴道子的扮演者陈乃春，以精湛的表演艺术一举摘取"梅花奖"，实现了福州市"梅花奖"零的突破。《拜石记》《御前侍医》分获优秀演出奖、优秀舞台设计奖等奖项。

接下来的十天时间，榕城上演了戏剧盛宴。来自全国各地的12个剧种、14台戏、30场演出，给榕城戏剧舞台注入了清新的气息，海内外广大戏迷也通过这次活动，认识了福州，认识了闽剧。

6月2日晚，第三届中国戏剧节降下帷幕。

这届中国戏剧节，首次与中国戏剧"梅花奖"颁奖活动同时举行，没有先例可循，活动项目多、参与人数多、举办规格高、操作难度大，但获得了巨大成功，创造了举办中国戏剧节的"福州模式"。自此，中国戏剧节在全国各地轮流举办，促进了各地戏曲繁荣、文化昌盛。

值得一提的是，戏剧节期间，福州先后举办了12场大型经贸洽谈、科技和人才交流活动，共签订外商投资项目157项，投资总额11.88亿美元，协议外资9.88亿美元，取得良好的经济效益和社会效益，促进了福州的对外开放和经济发展。

四

1992年5月19日，在福州市纪念毛泽东《在延安文艺座谈会上的讲话》发表 50 周年大会上，习近平重点表扬了闽剧创作取得的成绩，认为"闽剧大放异彩，年年有好戏，年年有新戏"。他还要求，各艺术门类都要"向闽剧《天鹅宴》看齐，争取多出力作、佳作、大作、杰作"。

继《天鹅宴》之后，闽剧《丹青魂》也接连斩获多个大奖：1992 年 8 月，获得第六届全国优秀剧本创作奖，习近平特地致信祝贺，福州市政府专门下文表彰，并重奖吴永艺、陶闽榕两位创作者各 5000 元；1993 年 4 月，获全国第三届"文华新剧目大奖"；同年 6 月，获中宣部"五个一工程"奖提名奖。

1993 年 7 月 10 日，福州市委、市政府专门召开繁荣文化工作座谈会，习近平肯定了"在闽剧创作演出方面，实现了振兴闽剧第一阶段的要求"。

闽剧"年年有好戏，年年有新戏"目标如期实现，但闽剧人深知这个好看的"面子"掩盖不了困窘的"里子"：当时的闽剧院团收入无法保障，人才引进难，排练演出场馆不够……

对此，时任福州市委常委、宣传部部长林爱枝有着很深的体会。她回忆说，20 世纪 90 年代初，按照当时的政策，福州的四个文艺团体——闽剧一团、闽剧二团、歌舞团、曲艺团，财政只保障 40% 的开支经费，剩下的 60% 要剧团自己去挣。

"我观察了解了一下，发现这样养不活自己啊！因为这些剧团担负着市里的宣传任务，哪来的时间去挣这 60% 的经费呢？"林爱枝说。

剧团常年"吃不饱"，只好接一些民间的演出赚钱。这种情况就时常和市里组织的演出冲突，导致每年的宣传任务不能完成。

林爱枝常常遇到这样的尴尬："有两次，我给团长打电话，让他们立即组织人回来完成市里的任务，他却说：'部长，不好意思，我们回不来，我们跟人家定的合同，才演了一半，怎么回去呀？'"

现实确实如此。时任福州闽剧院一团团长黄则霖说："当时，原来财政拨款的'人头费'被砍了以后，我们剧团变得入不敷出，欠了十几万元的钱。没有钱，哪有心思去培养人才、潜心创作？"

为了解决基层文艺团体的困境，经过调研，林爱枝提出了一个想法：财政保障"四菜一汤"（基本工资），想"多吃一菜""多喝一汤"，剧团自己想办法去挣，前提是必须完成市里的宣传任务。她将这个想法向习近平作了专题汇报，引起他的高度重视，并专门进行了调研。

五

1994年5月10日，一场调研座谈展开，关系着福州闽剧的"生计"问题。

当天下午，习近平专门赴福州闽剧院一团、市美术馆、市群艺馆、市文化局机关等单位调研，并主持召开座谈会。

他要解决的，是闽剧团等文艺团体的发展困难和机制改革方向问题。当天，福州闽剧界的"台柱子"们、其他艺术团体的负责人都来了。

"他没架子，很亲切，也不插话，只是静静听大家畅所欲言。会上，他说，一定要重视传统文化，一定要关心艺人的生活，改善创作条件。"参加座谈会的很多艺术家回忆。

参会的黄则霖同样记忆犹新。他回忆说，听完大家的发言，习近平同志说，闽剧是地方剧种，植根于民众之间，不能在我们这一代消亡掉，必须大力扶持闽剧发展，关心艺人生活，改善创作条件。

会上，习近平决定采纳林爱枝的建议，按照"老人老办法、新人新办法"的原则，给文艺院团"四菜一汤"，当年增加拨款补贴市属专业剧团人员工资，第二年即1995年起正式列入财政预算。

习近平的话音一落，全场响起了热烈的掌声。"我们闽剧人真有种久旱逢甘霖的感觉！习书记为我们解决了烦恼和困难，这下可以真正专心搞好创作了。"黄则霖等人感慨万千。

这项政策在全市乃至全省都产生了强烈反响。各地纷纷比照福州，把各自下属的文艺团体、剧团人员经费列入财政预算。福州下辖的长乐、福清、闽清等地的剧团，原先都非常困难，几乎难以为继，财政一拨款，一下子就活了。

此后，闽剧团每一年的基本工资都得到提高，日常生活不愁，就有时间担负起文艺演出等任务，同时也适当承接一些民间演出，收入则由剧团自己分配。

没有了为生计所累的无奈，福州闽剧迎来了发展的春天，屡创佳绩。

2001年，《画龙记》荣获"五个一工程"奖，实现了福州市该奖项零的突破；同年，《兰花赋》获第七届中国戏剧节曹禺优秀剧目奖、优秀导演奖、优秀演员奖等九个单项奖。

一年双魁，誉满剧坛。已担任福建省省长的习近平再作批示，希望闽剧院创作更多贴近时代脉搏、深受广大人民群众喜爱的优秀剧目。

此后，《黄乃裳》《红豆缘》《林则徐复出》等闽剧也斩获多个国家级奖项，并以"侨"为桥，走向更大的舞台讲述"福州故事"。

福州市林则徐纪念馆馆长陈继勇曾于 1989 年至 1999 年在福州市文化局艺术科（处）工作，见证了习近平对闽剧的关心和支持。据他粗略统计，习近平在福州和福建省委、省政府工作期间，有关闽剧工作的视察调研、观看演出、批示指示、致贺信贺词、召开会议、接待看望文艺界人士等共有 28 次，其中，为闽剧取得的成绩向闽剧艺人致贺信贺词就不下 5 次。

四尊雕塑·福州班·半边楼

一

在福州，有个说法——"四个老头把城门"，意思是四个城门分别有四个文化名人的雕塑，即东门的严复、南门的林则徐、北门的王审知、西门的张伯玉。

这四尊雕塑是习近平担任福州市委书记期间倡导和拍板建造的。

1991 年 8 月 23 日，习近平找来时任福州市文物管理委员会常务副主任黄启权，要他提出一份有影响的福州历史名人名单，以作建造城市雕塑之用。

城市雕塑是一个城市精神、文化的重要标志。20 世纪 80 年代末，福州城市雕塑尚寥寥无几，让人印象深刻的仅有于山堂前的毛泽东像、白马河公园里的雷锋像。

缘此，有识之士特别是文博、历史工作者多次呼吁福州市要加强这项工作。要建城市雕塑，习近平首先想到了福州文博界的"老黄牛"黄启权。

1989年，黄启权从福州市委办主任的岗位上退下来之后，就任市委党史研究室主任，兼任市文物管理委员会常务副主任、市博物馆馆长。多年的勤奋努力、研究积淀，让他对福州历史文化如数家珍。

没多久，黄启权拟了个20个名人的名单给习近平。习近平看后，要求增加至50个，以便征求意见。黄启权回去再精挑细选、推敲斟酌，拟好了一个50人的福州历史名人名单。

1992年1月13日，习近平在这份名单上批示："开始塑像宁缺毋滥，可再找各界专家讨论一次，并按代表性确定第一批20名左右历史人物。"

福州市委办公厅向省内及福州市的有关专家、学者发了30多份征求意见信，得到了他们的热心支持。在此基础上，又邀请了一些专家、学者进行座谈，研究探讨。

各位专家学者一致认为，塑造福州历史名人塑像，是宣传历史文化名城的一项重要内容，对提高福州的知名度和教育下一代有重要作用。市委这一决定，反映了全市人民的愿望。

与会专家学者确定了挑选这些名人塑像的原则：要有历史、社会界别等方面的代表性，要在全国有一定知名度，有利于扩大对外影响，突出地方特色。

根据这些原则，初步确定了第一批福州历史名人塑像人选，共 22 个人，包括王审知、张伯玉、陈振龙、林则徐、林觉民、严复等。

1992 年 3 月 9 日，他们将征求意见和初选确定的情况，向习近平作了汇报。习近平批示要求，进一步提出历史名人塑像建设方案。

随后，他们同福州市城管委、园林局、文化局、党史办等部门负责人进行了座谈交流，征求意见和建议。3 月 30 日，他们将研讨结果形成《关于我市历史名人塑像建设方案征求意见的情况汇报》（以下简称《建设方案》），呈报给习近平。

4 月 8 日，习近平对该方案作了修改，并批示："拟同意，可做一文件并组织实施。"

4 月 9 日，福州市委办公厅转发《建设方案》给全市各县（市、区）委、市直各有关单位，以便更大范围征求意见。

《建设方案》提出，可根据这些历史人物的最突出事迹，如无诸开闽建冶城、董奉行医、张伯玉植榕、林则徐禁烟、林觉民草《与妻书》等进行塑造。

对建造塑像所需资金，《建设方案》提出了"四个一点"的多渠道集资建议：从市财政每年的城市维护费中拨一点，从房地产开发费中筹一点，从一些部门单位和人民群众中集一点，向海外募一点。

此后，福州市委确定此项工作由福州市园林局牵头实施。时任市园林局局长张家友介绍说，接到任务后，他们请来鲁迅美术学院、四川大学、厦门大学等高校的学者在福州街头进行踩点，看哪里适合建城市雕塑；又请来一些雕塑家设计出一批雕塑小样，再请专家评议。

"那一段时间，习近平同志经常到白马河公园管理处看雕塑小样，并提出意见和建议。"2017年5月，黄启权接受采访时说。

经过一年多时间的筹备，福州征集到省内外包括台湾地区工艺美术界的34尊雕塑小样和22件画稿。

1993年5月12日，福州市首批城市雕塑方案研讨审评会在白马河公园管理处召开，习近平和副市长林永诚、五城区及有关部门负责人出席。

看了这些小样和画稿，大家认为《林则徐》《闽王王审知》《张伯玉》等十件作品，经过进一步加工修改后可以作为首批城市雕塑。

在审评会上，习近平说："城市雕塑体现一个城市的文明程度，是城市文化高层次发展的一种标志。它能集中反映我市作为历史文化名城以及改革开放和各项建设蓬勃向上的精神风貌，对于弘扬爱国主义精神，树立良好的开放形象，美化城市环境等有着重要的意义。"

让专家们印象深刻的是，习近平对城市雕塑工作的要求非常细致，提出了要注意几个问题，包括：要多请名人名师设计制作，力争多创作一些城雕精品和传世之作；创作题材要广，造型要多样化，不可千篇一律；制作材料要高档化，克服以往城市雕塑用材档次低、投资少以致风化损坏快、保存期短等缺点。

6月15日，福州市召开城市雕塑方案审定会议，习近平再次出席。30多座城市雕塑的模型在会上展出，包括《林则徐》《侯德榜①》《林觉民》《闽王王审知》《严复》《张伯玉》等，涉及题材既有缅怀先烈和历史先贤的，也有表现福州改革开放新气象的。习近平一一审看了这些雕塑模型。

在谈到将来如何更好地建造雕塑时，他要求在历史人物塑造上要注重刻画出其性格特征和历史背景。要认真调整方案，选择作品，在材料、工艺、制造上严格把关，努力争取若干作品成为传世之作。

后来，综合专家学者以及城建、园林等部门的意见，习近平拍板决定在福州四个城门位置以及台江区江滨公园，建造王审知、张伯玉、林则徐、严复、侯德榜等一批雕塑。

有关部门和城区按照习近平的要求，启动塑像方案征集、建造等工作，并于 1994 年起陆续在四个城门位置建造。

1995 年 1 月 19 日，王审知塑像在斗门落成，采用汉白玉材料雕塑。整个雕塑造型围绕王审知骑马入闽的传说来设计，人物造型气宇轩昂，彰显出王审知一马当先入闽来、文治武功彪炳史册的英姿与业绩。

同年 6 月 3 日，正值虎门销烟 156 周年，林则徐铜像在福州南大门——白湖亭揭幕。铜像由厦门大学李维祀教授设计，庄严肃穆。

习近平参加了揭幕仪式。他说："福州是林则徐的故乡，林则徐是福州人民的光荣和自豪。今天，故乡的人民树立起林则徐铜

---

① 侯德榜（1890—1974），化学家，福建闽侯人。1939 年首先提出联合制碱法的连续过程，对纯碱和氮肥工业作出了重大贡献。

像，就是为了激励自己，教育后人，让在林则徐身上体现出来的中华民族的伟大精神永远发扬光大。"

他还说："我们要充分发挥林则徐铜像的教育作用，组织全市人民尤其是青少年广泛开展瞻仰林则徐铜像活动，使这一铜像与林则徐纪念馆、林则徐故居等场所成为系列化的青少年德育基地，以此推动我市爱国主义教育的深入开展。"

后来，严复雕像、张伯玉雕像陆续建造并分别安放于福州的东门——鼓山廨院、西门——杨桥路与白马路交汇处。后由于城市扩大及道路建设需要，严复雕像迁移至马尾马江渡广场，张伯玉雕像迁移至闽江公园北园内。

如今，这些雕像已与福州这座历史文化名城融为一体，传承文脉，彰显精神。

二

20世纪90年代初，福州市文化事业蒸蒸日上，闽剧创作演出、影视创作都取得较好成绩，但文学、歌舞等领域发展相对偏弱。

1993年7月10日，福州市繁荣文化工作座谈会召开，习近平在会上说："要像'振兴闽剧'一样，抓各门类的艺术创作，包括文学、音乐、影视、歌舞、曲艺、书画的创作。各个艺术门类都要大力提高艺术生产力，都要力争使各自的艺术创作在数量上有较大幅度的增长，在质量上有较大程度的提高，努力出大作、出力作、出杰作。"

当时，福州市歌舞团全团上下踌躇满志，但苦于没有优秀人才支撑，难有作为。

他们向上反映："内部，演员稀缺；外部，专业设置也不完善，一个偌大的歌舞团，省内很难找到与之相匹配的舞蹈专业。"

1993年，习近平了解到这一情况后，决定从更高起点、更高层次培养人才：从全省、全国选拔24名功底好的苗子，送到北京舞蹈学院定向培养，开设"福州班"。市里为此拨专款24万元——在当时，这不是一笔小钱。

幸运的种子，落在了当时正在上小学六年级的林姝敏身上。经过推荐和选拔，她成为"福州班"的一员。和她同班的其他23名学员，也是面向全省及邻近省份招收的，同样正值花季。

这是改革开放以后，福州送到高等艺术院校培养的首批舞蹈人才。"福州班"也是北京舞蹈学院在20世纪90年代为地方举办的最后一届定向委托培养班，因此，被称为"永远的福州班"。

在林姝敏的记忆里，市里和团里对学员们的成长都非常关心："市里努力为我们的学习创造了最好条件。我们班是北京舞蹈学院里第一个拥有班级电视、录像的，就为了方便观看影像资料。平时有任何困难，市里也会出面协调学校帮助解决。"

1997年6月，24位学员学成归来。一回到福州，她们就投入到庆祝香港回归祖国等各类文艺演出中。

正因为"福州班"的培养，她们练就了一身本领，成了福州市歌舞团的顶梁柱，甫一亮相，就成为福州乃至福建舞台上最亮眼的一群人。她们多次担纲省里、市里重大文艺晚会的演出任务，赢得满堂喝彩。

三

福州画院成立于 1979 年，坐落于福州于山，是福建建立最早的一个书画创作和研究的专门机构，走出了郑乃珖、沈觐寿、潘主兰等一大批著名书法家、画家。

在福州工作期间，习近平对书画事业发展颇为关注，倾力支持。

1992 年 2 月 1 日，福州画院召开书画家迎春座谈会，习近平出席并与 20 多位书画家进行了座谈交流。

在谈到福州画院的未来发展时，习近平说，要以画院的知名老画家为依托，以年轻的画家为生力军，在艺术追求上更上一层楼，提高知名度，形成我们自己的特色，扩大影响，加强交流机会，为弘扬地方文化添彩增色。会上，他还为画院解决了办画展出画册难等具体问题。

1992 年 12 月，为向世人展现艺术成果，福州画院出版了第一本大型画册《福州画院中国画选集》，收录了 126 幅福州画院书画家（包括已故的 10 位书画家）的书画作品。

习近平为之作序。他说：承前启后，继往开来，是当代艺术家责无旁贷的责任。学习传统，勇于探新，师古人更重师造化，立于民族之根，吸收外来之秀，使中国书画这一传统艺术，进一步走向世界。

在编辑出版大型画册的同时，福州画院也在筹划另一件盛事——进京办展。这个事，也得到了习近平的积极支持。

1993 年 11 月 10 日，习近平接见了即将赴北京办展的福州画院部分画家，并同大家进行了座谈。

习近平说："这次画院的书画作品进京展览，是福州市重要的一个文化活动，也是展示福州市书画艺术，寻求与首都书画界交流和相互沟通、互相了解、切磋技艺、提高技艺的好机会。"他还希望画家们深入生活，精心创作，要有一种为艺术不断追求、独上高楼的精神，不断提高艺术水准。

11月16日至21日，福州市政府主办的福州画院书画作品展在北京中国美术馆举行。这是福建省画家首次以集体名义在京举办的规模最大的一次书画作品展，共展出福州画院39名专职与特邀书画家的120余幅作品。祖籍福建长汀的杨成武将军出席并为画展剪彩。

福州画家名声在外，可福州画院却"活"得并不好。20世纪90年代初，福州画院在于山半坡处有两层楼，俗称"半边楼"，但已不适应画家创作和举办画展的需要。

此后，画院规划建设二期工程，以期让"半边楼"完整。"规划做了，设计图纸也请省建筑设计院设计好了，但由于种种原因就是落实不了，没法开工建设。"回忆往事，时任福州画院副院长刘兴淼说。

1994年5月10日下午，习近平带领市直有关单位负责人，专门赴市属文化院团调研，并主持召开了文化系统干部职工座谈会。

习近平指出，要软硬件一起抓，逐步改善文化事业单位条件；要引进、培养并举，抓好文化队伍建设，力争一流的水平、一流的质量。

听画院同志"诉苦"之后，习近平决定支持福州画院二期工程建设，并将其列为 1995 年福州市委、市政府为民办实事项目。福州画院二期工程于 1995 年初开工，当年底竣工。

1996 年 10 月 8 日，时任福建省委副书记习近平到福州市视察城建工作，走访了福州画院。在福州画院新楼里，习近平兴致勃勃地欣赏书画作品，并参观了艺术氛围浓郁的画室、资料室。看到福州市的画家们终于有了这么一个高层次的创作环境，习近平十分高兴。

四

担任省委、省政府领导之后，在繁忙的工作中，习近平对文化事业的发展依然一如既往地关心支持，推动芳华越剧团发展环境"升级换代"就是代表。

芳华越剧团是由著名越剧表演艺术家、"越剧皇帝"尹桂芳于 1946 年在上海创建的。1959 年，尹桂芳带着芳华越剧团全体演职员，从上海南下福州，异乡再起，艰辛创业，渐渐打响"芳华越剧"名声。

福建芳华越剧团（后改为芳华越剧院）成为尹派越剧的传承地、发扬地。然而，到 20 世纪 90 年代后期，由于种种原因，芳华越剧团遭遇困境，演出也陷入低迷，有几年全年仅有三四场演出。

"当时，剧场条件非常简陋，排练的地方也很差。那几年，剧团的演出都很少。有人戏言，芳华到了福建，水土不服，该走了。"时任芳华越剧团团长林防回忆说。

2000 年 11 月 3 日，时任福建省省长习近平率省直有关部门负责人，专程前往省闽剧团、芳华越剧团、省人民艺术剧院、省歌舞剧院等省属院团调研，与文艺界人士共商繁荣文化大计。

习近平说："文化事业是一项公益性很强的事业，是全社会的共同事业，文化事业的繁荣和发展需要全社会的关心和支持。"他希望各级领导都高度重视文化建设，把文化建设问题摆上议事日程，关心和支持文化工作，形成全社会关心、重视和支持文化事业的合力和氛围。

这是一次调研，也是一次现场办公会。会上，林防汇报了剧团的现状，主要说了两个困难："第一个，芳华的剧场太破太旧，需要修缮。第二个，观众进出剧院，要从南北两头跨过白马河，过小桥、穿窄巷，十分不便，希望在门口建一座直通的桥。"

听完汇报，办公会当即决定拨款修建新剧场，并要求福州市在白马河上修一座桥直通剧院。

"习近平同志说，芳华越剧团创始人尹桂芳等老前辈，当年在最艰难的时候支援福建，并在福州安家落户，现在剧团发展遇到困难了，我们没有理由不支持。"林防回忆说。

2002 年 10 月 26 日，新的福建芳华剧院落成，可容纳 800 人，设备齐全、功能完善。一座新桥也同时开通，横跨白马河之上，直通剧院，被命名为"桂芳桥"。

此后，芳华剧院一改"门前冷落车马稀"的状况，剧院张灯结彩，票友戏迷纷至沓来，成为白马河文化园区的一大亮点。

芳华越剧院也再攀艺术高峰：新编越剧《唐琬》等多次斩获大奖；李敏、王君安、陈丽宇先后摘取戏剧"梅花奖"，"一团三梅"夺人眼球。

2000 年 11 月，习近平同福建人民艺术剧院《沧海争流》剧组人员交流

为中国女排再腾飞作点贡献

一

在漳州，关于中国女排的印记俯拾皆是。

1972 年，为发展排球事业，国家体委决定在我国南方建立一个排球训练基地。因为"领导重视、群众喜爱、气候宜人、物产丰富"，漳州脱颖而出。

只要一提起中国女排，漳州本地人总喜欢把自己称为"娘家人"，也总会说上一两段中国女排的故事，让你百听不厌。

故事里会有在 1972 年，仅用 23 天就盖起一座有六块"三合土"场地的"竹棚馆"，并由此孕育出的"竹棚精神"；会有 1992 年，漳州市号召"人均捐赠一元钱"，加快腾飞馆开工建设速度；会有 1996 年，漳州建成的一座 24 米高的"中国女排三连冠纪念碑"，碑的顶端有个巨大的排球，当地人更喜欢称它为"定风珠"；还会有在小卖部碰到女排姑娘们时的情景……

那是一些放得下时代、容得下情感、装得下共鸣的故事。在故事里，女排精神历经风雨、酝酿传承、历久弥新。

作为"娘家人"，习近平对于漳州体育训练基地同样"心仪已久"。

2000 年 11 月 10 日，习近平第一次到漳州体育训练基地调研。

他在听取汇报后说:"漳州女排基地知名度大家都知道,举世瞩目,国人感佩,而且发扬女排精神也被定为漳州的五种精神之一。我对这里也是心仪已久,非常仰慕这个地方。这个地方是出英雄的地方,这个地方是出中华精神的地方。"

二

习近平对漳州体育训练基地的关心,可以用"雪中送炭"来形容。

2000 年,新世纪的第一次奥运会在澳大利亚悉尼举行,仅仅收获第五名的中国女排依然在低谷中徘徊,期待反弹;2000 年,已经陪伴中国女排走过 28 年的漳州体育训练基地日显沧桑,期待焕发新生。

2000 年 11 月 10 日上午,习近平带着福建全国人大代表来漳州视察,第一站就来到体育训练基地。

在女排纪念馆里,习近平一待就是近 20 分钟。时任漳州体育训练基地副主任叶晓天说:"纪念馆只有一厅两室,面积不足 250 平方米。如果是例行参观,用不到五分钟。"

纪念馆里,一张汇集了五连冠时期中国女排所有成员的照片摆放在最显眼位置。习近平像见到老熟人一样,十分高兴。不少队员、教练员,他都能一下子叫上名字、说出特点、记起往事。

那个年代是中国女排的第一次巅峰。漳州体育训练基地也随着女排走上前台,贴上了"冠军摇篮""秘密基地""女排福地"等标签。

2000 年 11 月 10 日，习近平在漳州调研时参观中国女排腾飞馆

时任中国女排教练员陈忠和说，自己在 1996 年陪着女排队员陈招娣见过时任福建省委副书记、福州市委书记习近平。"以后每次回家探亲路过福州时，经常会专程去看望习近平同志。见面聊天的话题，当然大多是中国女排，每次我都能感觉到他对中国女排很关注也很了解，当时女排队员的名字和主力队员的打法特点、场上位置他都能娓娓道来，这让我非常惊讶，也非常敬佩。"

在"竹棚精神"展厅里，用于烘干衣服的竹编笼子、竹棚训练馆的模型、破旧的球衣球鞋……每一个物件都引起了习近平的关注。这些恰恰是"女排精神"的见证。

习近平说："我们有很多台上英雄，也有很多无名英雄。体训基地从竹棚到现在，大家共同铸造了女排的辉煌。"

然而与期待重回巅峰的中国女排一样，记忆能够保留，时间却不等人，破旧的漳州体育训练基地也在等待一次重生。

"当时，漳州基地比较老旧，训练场馆和宿舍都是 20 世纪 70 年代盖的，住宿条件简陋，训练场馆密封性差，配套功能训练房老旧，达不到训练要求。"陈忠和回忆道。

老训练馆层高七米，只有国际标准高度的一半，宽度长度也显逼仄，无法在室内演练先进技战术打法。更麻烦的是，这座当年仓促建成的场馆已显老态：屋顶瓦片破旧不堪，漏雨是常有的事，有时候雨实在太大，工作人员只好把塑料薄膜挂在屋顶下，将雨水引到室外；打满新旧不一补丁的木地板早被白蚁蛀成了空心，如同一个个"陷阱"……

"看到姑娘们训练时摔在木地板上，我们都会捏一把汗，担心哪块板被压塌了，伤着她们。"用时任腾飞馆馆长邱小鹏的话说，"到了非大修不可的程度"。

在随后的汇报会上，兴建新馆和修缮旧馆这个具体而又实际的问题摆在了习近平面前。

根据核算，新建场馆需要900万元左右。建设经费能不能获批，大家心里都没有底。听完叶晓天的汇报后，习近平的态度让所有人的心里有了底。

习近平说："我来这里感触很多，作为爱国主义基地，体训基地要进一步弘扬女排精神，也急需进一步完善，进一步修缮，当前正值中国女排处于比较低潮的时候，社会各界的鼓励和支持是十分必要的。"

当天参会人员很多是福建全国人大代表，习近平说，我们是人民的政府，要代表人民的心声。"漳州女排基地是我们的骄傲，我们还有责任把它继续坚持好，为女排再次腾飞，为女排进一步复兴，我们也要作一点绵薄的贡献。"

在会议现场，习近平就明确了新馆建设事宜，提出"省政府、国家体育总局、省体育局、漳州市政府形成合力共建"的工作思路。在离开基地前，习近平再次叮嘱："如果定了，你们要抓紧盖起来！"

第二天，省体育局就与国家体育总局取得联系，并最终明确新训练馆总投资900万元。其中，省政府拨款500万元，国家体育总局拨款300万元，其余部分由省体育局筹措。另外，省财政再安排50万元用于原有训练馆修缮和住宿条件改善。

三

新训练馆还没动工，习近平再一次来到漳州。

2001年2月，陈忠和正式接手正处于低潮期的中国女排。

"2001年夏天，我担任中国女排主教练时间还不长，把队伍拉到漳州基地训练。当时，中国女排正处于低谷期，成绩不理想，也没有人赞助，一时受到冷遇，各方面都遇到一些困难。习近平同志得知这一情况后特地赶到漳州，看望中国女排全体运动员和教练员。"陈忠和说。

《福建日报》在2001年7月18日的报道中以"福建人民对你们寄予厚望"为题写到习近平的这次到访："7月16日下午，豪雨未停的漳州城格外凉爽，第22次回到'娘家'——漳州排球训练基地进行集训的中国女排队员们，迎来了一位特殊的客人——福建省省长习近平。"

这一天是北京申奥成功后的第三天。

陈忠和回忆，当时自己正带领队员们在训练馆训练。"习近平同志一下车就来到训练馆，见到我时说：'忠和，辛苦了！我代表省委、省政府来看望女排。'"

在现场交流中，习近平说，漳州人民把中国女排当作自家人，你们来这里就像回娘家一样。"中国女排的拼搏精神在八闽大地深入人心，福建人民、漳州人民都希望女排再造辉煌"，"希望女排队员在漳州很好地完成训练任务，在不远的将来再创佳绩，福建人民对你们寄予厚望！"

时任漳州体育训练基地副主任苏健武对当天的慰问印象深刻：

2001 年 7 月 16 日，习近平在漳州排球训练基地中国女排训练馆调研

尽管场地四周有几台柜式空调，但室内依然又闷又热，如同蒸笼一般。"和大家见面讲话，送上慰问金之后，习近平同志并没有马上离开，而是坐在训练场边上的小凳子上，饶有兴致地观看女排训练。那天，他穿着一件短袖的浅色衬衫，在训练馆里待了半个多小时，汗水把衬衫浸湿了一大片。"

在这次看望中，习近平还从省长基金中拨给中国女排 50 万元，及时解决了队伍当时在训练和生活方面的困难。"从那以后，队员每天的伙食标准增加到 100 多块钱，而且还有充足资金给大家买营养品，用于补充大运动量封闭式训练所消耗的体力。"陈忠和说。

这一次到访，习近平除了看望新队伍、新教练，还惦记着新场馆的建设情况。

当天，叶晓天与苏健武就带着厚厚一摞图纸，来到漳州宾馆天宝楼，向习近平汇报女排新训练馆的规划设计方案。

在苏健武的记忆中，习近平的要求很具体，"建就要按高标准来建，场地的长宽高，包括灯光设施，一定要符合国际比赛水准"。

四

2001 年 10 月 17 日，占地约 15 亩，主体为两层建筑，总建筑面积近 6000 平方米的中国女排新建训练馆正式奠基。外形像一只飞翔燕子的新训练馆，寓意中国女排再次腾飞。

新馆还未投入使用，中国女排就已经开始狂飙突进。在 2003 年举行的女排世界杯上，中国队 11 战全胜。继老女排五连冠之后，中国女排时隔 17 年再夺世界冠军。

夺冠后，中国女排向漳州发来亲笔签名的传真信，信里写道："祖国万岁，娘家温暖！感谢娘家漳州人民的关心和支持！"作为赠给"娘家"最珍贵的礼物。

2004 年 3 月，正在漳州备战雅典奥运会的中国女排告别了使用近 30 年的训练馆，搬入"娘家人"为她们筹建的崭新的训练馆训练。

在五个月后的希腊雅典，陈忠和带领中国女排完成了一场足以载入队史的逆转。8 月 29 日，在雅典奥运会女排决赛上，中国队经过 2 小时 30 分钟的激烈争夺，最终在先失两局的不利情况下连扳三局，击败俄罗斯队获得冠军，时隔 20 年再次登上奥运会的最高领奖台。

20 年磨一剑，在几番沉浮、痛苦与挫折后，中国女排在坚忍中再度爆发，"女排精神"重放光芒。

2019 年，中国女排再次站到了聚光灯下。她们以 11 连胜的战绩获得了女排世界杯冠军，这距离中国女排 1981 年第一次夺得世界冠军接近 40 年，也是女排的第十个世界冠军。

9 月 30 日，习近平总书记在会见中国女排代表时说："广大人民群众对中国女排的喜爱，不仅是因为你们夺得了冠军，更重要的是你们在赛场上展现了祖国至上、团结协作、顽强拼搏、永不言败的精神面貌。女排精神代表着一个时代的精神，喊出了为中华崛起而拼搏的时代最强音。"

2020 年 10 月 16 日，新规划的漳州"中国女排娘家"基地项目正式开工，一个崭新的漳州基地的面貌渐露雏形。

正如中国女排的代代传承，精神永续，无论基地如何变化，一颗"娘家人"的心永远在这里，守护女排，风雨同行。

五

与漳州体育训练基地一样，福建竞技体育经历了1997年第八届全国运动会的折戟后，也同样期待着四年后第九届全国运动会的脱胎换骨。

在1997年10月上海举行的第八届全国运动会上，福建体育代表团290名运动员参加17个项目的决赛，只获得5枚金牌、8枚银牌、8枚铜牌，奖牌数列全国第21位，总分列全国第18位。

福建省体育局原局长蔡天初依然记得，时任福建省委副书记习近平跟他说："丢到黄浦江的金牌，要把它捞回来！"

1998年2月11日，福建省委召开体育工作专题汇报会。会议要求，振奋精神，深化改革，打一场体育翻身仗，力争"九运成绩显著，十运进入前列"。

4月6日，十位省领导在全省体育工作会议上被聘为首批单项运动协会名誉主席。其中，习近平担任福建省体操技巧运动协会名誉主席。

担任名誉主席，习近平并不是做做样子。

福建"老体育"回忆起来，个个都说，习近平对福建竞技体育很重视，也非常支持："那时体育彩票还没全面铺开，运动队经费紧张。习近平同志亲自为田径、武术、体操等运动队找市场，出面请企业家支持运动队。而且每一次在捐赠的时候，都开新闻发布会，习近平同志都亲自参加。"

在蔡天初的记忆中，习近平受聘协会主席没多久，就到福建省体育工作大队调研。

在这次调研中，习近平指出："体育是一项不可或缺的重要工作。它是国家综合国力、地区综合实力的体现，是富国强民的象征"，"福建要想成为真正的体育强省，还有很长的一段路要走。大家任重而道远，唯有锲而不舍、常抓不懈才可能成功。"

时间很快来到了 2000 年，在这一年的悉尼奥运会上，吉新鹏在羽毛球男子单打中折桂，福建体育实现了个人单项奥运金牌零的突破。

时任福建省省长习近平在当年 10 月 16 日举行的福建省奥运健儿表彰会上说："要发扬奥运健儿在国际赛场上奋力拼搏、扬我国威、不畏强手的爱国精神，每个人都应在各自的岗位上、工作的实践中具体地体现出来。""要发扬中华体育精神，积极备战九运会，努力取得好成绩。"

2001 年 4 月 28 日，距第九届全国运动会还有不到 200 天的时间。习近平来到福建省体育中心和福建省体工队训练场馆，看望慰问教练员、运动员。

蔡天初回忆说，习近平一行先来到射箭基地，详细询问运动员的选拔、训练情况，还亲自上场操弓试射，"习近平同志对我说，射箭和其他工作一样，一定要集中思想，静下心来，心无旁骛"。

当天，习近平一行还察看了技巧、体操、羽毛球、射击、拳击等重点项目。习近平说："备战九运已到了关键时刻，希望全体参赛人员勇于实践，大胆进取，力争取得好成绩。"

　　2001年4月28日，习近平到福建省体育中心和省体工队各训练场馆检查福建省备战九运会重点项目

　　全国运动会四年一个周期，看似漫长，却转瞬即到。在 2001 年的第九届全国运动会上，福建体育代表团共获得 9 枚金牌、9 枚银牌、12.5 枚铜牌，总分 798.25 分，在全国金牌排名第 13，总分排名第 12。"金牌比上一届翻了将近一番，基本完成了'九运成绩显著'的既定目标。"蔡天初说。

　　九运会的翻身只是福建竞技体育腾飞的一个拐点。在 2002 年 1 月 11 日举行的福建省参加第九届全国运动会总结表彰大会上，习近平强调，要努力造就一支具有良好政治素质、业务素质及心理素质，作风优良、技术过硬、能打硬仗的运动员队伍。

　　又一个四年。在 2005 年的第十届全国运动会上，福建体育代表团共获得 17 枚金牌、12 枚银牌、14 枚铜牌，金牌数列全国第八位，实现历史性突破。

　　2002 年以来，福建省运动员在世界各大赛事中屡获佳绩，其中在雅典奥运会、北京奥运会、伦敦奥运会、里约热内卢奥运会、东京奥运会的举重、羽毛球、蹦床、排球等项目上共获得 13 枚金牌。

六

　　什么是体育？什么是体育事业？

　　早在福州担任市委书记期间，习近平就已经提出了一系列具有前瞻性的思想理念。

　　1992 年 5 月 29 日，习近平在福州市体育工作会议上说："体育工作是关系到人民身体健康、民族兴旺、国家强盛的大事，是关系全民族素质的重要工作，是精神文明建设的重要组成部分，是凝聚民族精神奋发向上的事业。"

1993 年 7 月 17 日，习近平在振兴福州市体育工作座谈会上再次回答了这一问题："体育事业既是社会主义现代化建设和精神文化生活的一个重要组成部分，也是关系到人民群众身体健康的一件大事。它是一个国家、一个民族综合实力的表现。"

循着岁月的足迹不难发现，早在宁德担任地委书记期间，习近平就十分关心体育事业的发展。

1988 年 6 月，习近平到任宁德地委书记。没多久，霞浦县儿童足球队代表福建省参加第二届走向 2000 年全国足球"娃娃杯"比赛获得第四名。那一年，这支球队还参加省赛，获得乙组总分冠军、丙组第一名，名噪一时。

在全国性比赛斩获第四，这在闽东体育史上是前所未有的。习近平亲笔给霞浦县儿童足球队主教练徐章铎写了一封热情洋溢的信，开篇就提到自己是挺喜欢足球的。

习近平在信中向徐章铎和小队员们表示热烈祝贺，并对他们表示衷心的感谢。习近平在信中说："我感到只要辛勤努力，闽东的各项工作都是能够创造一流的成绩的。但愿你再接再厉、争先创优，培育好儿童足球队这株幼苗，在今后的比赛中再创好成绩。"

不仅喜欢足球、排球，习近平实际上是个"超级体育迷"。

他 2014 年 2 月 7 日在索契接受俄罗斯电视台专访时透露："说到体育活动，我喜欢游泳、爬山等运动，游泳我四五岁就学会了。我还喜欢足球、排球、篮球、网球、武术等运动。冰雪项目中，我爱看冰球、速滑、花样滑冰、雪地技巧。"

当天，他在看望索契冬奥会中国体育代表团时说："现在，我们比以往任何时候都接近实现中华民族伟大复兴的目标。我们每个人的梦想、体育强国梦都与中国梦紧密相连"。

九、保护好文物就是
保存历史和文脉

保护"皇冠上的宝石"——鼓浪屿

一

"鼓浪屿四周海茫茫，海水鼓起波浪……登上日光岩眺望，只见云海苍苍。"

一首《鼓浪屿之波》，伴随着许多厦门人长大。这首歌创作于1981 年，1982 年由歌唱家李光羲首唱，1984 年女高音歌唱家张暴默在第二届央视春晚上唱响，从此传唱开来。

2001 年 9 月 13 日，福建省与澳大利亚塔斯马尼亚州建立友好省州关系 20 周年之际，时任塔斯马尼亚州州长培根先生访问福建，喜欢上了《鼓浪屿之波》，时任福建省省长习近平就把这首歌的磁带赠送给了他。

2017 年 9 月 3 日至 5 日，金砖国家领导人厦门会晤举行，在习近平主席和夫人彭丽媛举行的欢迎宴会上，在文艺晚会上，《鼓浪屿之波》的悠扬旋律不断响起。

云海苍苍的鼓浪屿，已是厦门乃至福建的一张名片。这座厦门本岛对面的小岛，宛如一颗璀璨的海上明珠，拥有很多美丽的名字，如"女王皇冠上的宝石""万国建筑博物馆""钢琴之岛"等。

近代以来，鼓浪屿文教事业发达，中外人士创办的学校、医院、报馆、图书馆一应俱全。这个不到两平方公里的小岛，走出了中国妇产科学奠基人林巧稚、指挥家陈佐湟、钢琴家殷承宗、诗人舒婷等知名人士。

改革开放之初，鼓浪屿进入旅游发展期。观光旅游人数在增长，文化保护传承却不够。一些见证沧桑历史的老别墅、老建筑遭到破坏，一些需要呵护的文化古迹没有得到有效保护。

如何守护好鼓浪屿，成为一个时代课题。

二

1986 年的一天，时任厦门市委常委、副市长习近平在鼓浪屿刚作完一场报告，走出大厅，时任厦门市博物馆馆长、负责八卦楼修复工作的龚洁拉住了他。

"习市长，请您参观一下八卦楼。"龚洁发出邀请。

"好啊！"习近平答应得很干脆。

八卦楼是鼓浪屿上的地标建筑之一，兴建于 1907 年。20 世纪 60 年代后被用作电容器厂厂房。1983 年，厦门市委和市政府决定在此建设博物馆。那几年，八卦楼维护情况并不好，龚洁为筹集经费伤透脑筋。

习近平来到八卦楼，在院落转了一圈。

龚洁说："还有楼上。"

"我知道你的意思。"习近平马上说。

习近平走进楼内，拾级而上，每走一步，老旧楼板就嘎吱作响，屋顶长期漏水遗留下一道道褐色霉迹。有小孩跑过，楼板会晃动。

"缺多少？"习近平边走边问。

"30万元。"龚洁答。

"明天来拿。"习近平说。

彼时，厦门到处都要发展、到处都缺钱。对于八卦楼的维修，厦门市之前筹措了50万元，国家文物局下拨了48万元，但很快就花光了。习近平批下的30万元，十分珍贵。

龚洁至今难掩激动："就是这么干脆，我永远不会忘记，在最紧张最困难的时候，他拨出的这30万元，彻底扭转了一座百年建筑的命运！"

整修后的八卦楼，如今成为国内唯一、世界最大的风琴博物馆。因完整保持了当年的历史风貌，八卦楼和另外52栋历史建筑，成为鼓浪屿文化遗产的核心要素，在后来申遗过程中，受到联合国世界遗产保护专家的高度评价。

三

1986年6月22日，鼓浪屿又"火"了一把：福建省"十佳"风景区（点）评选揭晓，鼓浪屿名列榜首。

鼓浪屿声名远播，但其价值到底在哪里？

这在此后编制的全国经济特区第一部经济社会发展战略规划中，有详细的阐释。

1986年8月，习近平牵头编制《1985年—2000年厦门经济社会发展战略》，擘画了厦门经济特区发展蓝图，包括一个总报告、21个专题报告。《2000年旅游事业发展战略》是其中一个专题报告，该项报告特别加了一个附件报告——《鼓浪屿的社会文化价值及其旅游开发利用》（以下简称《鼓浪屿》）。

对于鼓浪屿的价值，《鼓浪屿》着重分析了三个方面：

第一，鼓浪屿自然景观旖旎秀美，仿佛碧波中升起的一颗璀璨明珠，耀射着夺目的光彩。

第二，鼓浪屿人文景观瑰丽多姿，格调独特，富于风采，乃是一处魅力强烈的文化社区。

第三，鼓浪屿旖旎秀美的自然景观与瑰丽多姿的人文景观在历史上形成了一种十分紧密的结合，它们相互依托，互为依存而相得益彰。就是说，在鼓浪屿，自然景观与人文景观已经浑然一体……无论从城市景观还是从风景区的建设来看，鼓浪屿都实在是一件艺术杰作。

然而，当时鼓浪屿的保护情况不容乐观："正面临着一些十分紧迫的问题，其中主要有：自然景观遭到挤占、蚕食、侵吞和分割，被'大材小用'或者'挪作他用'，其风景价值有丧失的危险；人文景观衰退速度在加快，一方面是历史上的大多数建筑物正处在逐渐自然衰败过程中，另一方面是建筑密度不断提高使环境空间变得越来越窄小和与环境不相协调的新建筑不断出现使主体建筑文化景观特色遭到破坏。"

当时正处于改革开放初期，人们的文化遗产保护意识还不强，不少人忽视了鼓浪屿的珍贵之处。很多老别墅年久失修，还有渔民拆了老别墅的砖石回家砌灶台、砍了珍稀名木回家当柴火。

可以说，保护这个国之瑰宝，迫在眉睫！

为此，《鼓浪屿》提出，"我们急需有一个统管整体和全局的统一规划"，并建议"鼓浪屿还应有这么一种政策规定，即岛内各种建设、扩建、改建、翻修、拆建都要经过一定手续，经统一管理部门审查批准后方能实施，而审查内容应包括功能、外形、体量、结构、色调、风格及其与周围环境是否协调或有否产生其他不利的影响"。

20世纪80年代在厦门市旅游局工作、曾参与《1985年—2000年厦门经济社会发展战略》编制的彭一万说，习近平为大家打开全新思路，不仅限于风貌建筑，更用全局眼光进行全岛保护，包括岛上的一草一木与历史人文资源。

鼓浪屿发展的"大规划"既定，接下来，开始编制"小规划"。

1987年2月6日，鼓浪屿—万石山风景名胜区被福建省政府批准为首批省级风景名胜区。此后，厦门市正式启动编制《鼓浪屿—万石山风景名胜区总体规划》。

当时，24岁的章维新刚从学校毕业一年，在鼓浪屿区城建系统工作。由于学的是园林专业，他被吸收到这个规划小组中来。

对于这一段历史，章维新记忆犹新："时间我记得很清楚，就是1987年的夏天，七八月份的时候成立了规划小组。"

"习近平同志经常来指导工作，嘱咐我们，一定要把基础资料摸齐、摸透、做实、做细。正是在习近平同志领导下，规划小组用了近一年时间，把包括鼓浪屿在内的厦门风景名胜区的家底给摸清了。"章维新说，鼓浪屿的古树名木和风貌建筑、万石山片区的风景林蓄积量都是在那个时候一一完成普查的。

此后，《鼓浪屿—万石山风景名胜区总体规划》不断修改、完善、提升。

1995年3月，国家建设部批准了这一规划，并将其提升为"国家级"：鼓浪屿—万石山风景名胜区以海岛环抱、山岩奇特、沙滩广阔为景观特色，自然风光独特，历史文化悠久，是供游览和开展科学文化活动的国家级海滨风景名胜区。

四

2001 年 9 月底，鼓浪屿上游人如织。

习近平再度登岛。旅游热下的鼓浪屿，如何保护与传承文脉？习近平提出新的思考——鼓浪屿至少有四个特点可以大做文章，即风景系列、海洋系列、琴岛系列以及人文系列。

第二年 6 月 14 日，习近平到厦门调研，又登临鼓浪屿，看着眼前百年风华的小岛，诗意地指出鼓浪屿是"女王皇冠上的宝石"，强调要把鼓浪屿摆到更加突出的位置，发挥更重要的作用。

2008 年，鼓浪屿正式启动申报世界文化遗产工作，2012 年被列入中国世界文化遗产预备名单。

2017 年 7 月 8 日，来自波兰克拉科夫的喜讯，传到万里之遥的厦门：在第 41 届世界遗产大会上，"鼓浪屿：历史国际社区"成功列入《世界遗产名录》，成为我国第 52 个世界遗产项目。

百年鼓浪屿，九年申遗路，一朝惊天下。

欣闻鼓浪屿申遗成功，习近平总书记作出重要指示："把老祖宗留下的文化遗产精心守护好，让历史文脉更好地传承下去。"

"追溯往昔，如果没有当时习近平同志领导编制的首部总体规划，鼓浪屿科学保护的历程不会那么顺利。"彭一万感慨地说。

保护三坊七巷，守护城市文脉

一

"一片三坊七巷，半部中国近代史。"

坐落在福州市中心的三坊七巷起于晋，完善于唐五代，至明清鼎盛。古老的坊巷格局，至今基本保存完整，是中国都市为数不多的"里坊制度活化石"。

三坊七巷内，保存有 200 余座古建筑，其中全国重点文物保护单位有 15 处，省、市级文物保护单位和历史建筑数量众多，被称为"明清建筑博物馆"。

这里人杰地灵，一直是"闽都名人的聚居地"，走出了林则徐、严复、沈葆桢、陈宝琛、林觉民、冰心等灿若繁星的风流人物，对中国历史特别是近现代史产生过重要影响。

三坊七巷，是当之无愧的福州城市名片、文化名片。

然而，在城市化步伐加快的时代背景下，这片历史文化街区也曾面临着城市开发建设与文化遗产保护的激烈冲突。

三坊七巷北隅，南后街与杨桥路交会处，有一座典型的福州民宅，静立于繁华闹市之中，门前挂着两块牌子："林觉民故居""冰心故居"。

很多人扫了一眼，一愣：这是两个历史名人，他们的故居为什

福州三坊七巷

么在一起？

这背后有一段悲壮的历史。

出身三坊七巷世家的林觉民，留学日本期间，加入中国同盟会，1911 年初回国，参与策划广州起义。

4 月 24 日，林觉民在手帕上写下了《禀父书》《与妻书》。《与妻书》中写道："意映卿卿如晤：吾今以此书与汝永别矣！……为天下人谋永福也。汝其勿悲！"

4 月 27 日，林觉民与族亲林尹民、林文等一起，参加黄兴领导的广州起义，受伤力尽被俘。

5 月 3 日，林觉民在广州英勇就义，年仅 24 岁。一同遇难的还有喻培伦、方声洞、林尹民等人，史称"黄花岗七十二烈士"。

林觉民被捕的消息传回福州，为逃避清兵的追杀，其养父林孝颖带着家眷，匆忙变卖宅邸，躲到福州远郊。而买下林家老宅的是一位举人，叫谢銮恩，他的孙女叫谢婉莹，也就是冰心，当年 11 岁，她一起搬了进来。

冰心在《我的故乡》一文中对这幢位于"福州城内南后街杨桥巷口万兴桶石店后"的房子有过生动的描写："这所房子很大，住着我们大家庭的四房人。……祖父的前、后房，只有他一个人和满屋满架的书，那里成了我的乐园，我一得空就钻进去翻书看。"

1983 年 8 月，林觉民故居被确定为福州市文物保护单位。然而，没过几年，一场风波降临。

1989 年，福州市有关部门批准一家房地产开发公司拆除林觉民故居部分建筑，准备建设商品房。

当时在一家集体所有制印刷厂工作、热心文保事业的鼓楼区政协委员李厚威投书《福州晚报》，"建议完整保留林觉民故居"。福州市政协委员张传兴写信给到任不久的市委书记习近平，并撰文《林觉民、谢冰心故居不容再拆》，刊发于 1990 年 12 月 1 日的《福建日报》，指出"如此不顾社会效益，不免使人失望"。

习近平看到来信后，立即让市文管会核实，同时要求有关部门暂缓拆迁，并于 1991 年 1 月 27 日作出批示，要求市委办公厅核实情况。

1991 年 3 月 10 日下午，福州市委、市政府在林觉民故居召开文物工作现场办公会，习近平主持，市长洪永世，市委副书记、政协主席金能筹和两位副市长参加。到会同志考察了林觉民故居、黄巷小黄楼、衣锦坊牌坊，以及琉球馆等，并就加强文物工作进行了讨论。

在会上，习近平说："评价一个制度、一种力量是进步还是反动，重要的一点是看它对待历史、文化的态度。要在我们的手里，把全市的文物保护、修复、利用搞好，不仅不能让它们受到破坏，而且还要让它们更加增辉添彩，传给后代。"

时任福州市文管会常务副主任、福州市博物馆馆长黄启权参加了会议。在林觉民故居二进大厅廊前，习近平问黄启权："老黄，这里是不是林觉民故居？"

黄启权回答："对，我们站的地方就是林觉民故居的大厅。"

"好，我们就决定把它保护下来，进行修缮。"习近平的话语很简洁。

会议议定了 1991 年福州市加强文物保护工作需要办好的七件

实事，其中第三件即为"立即动手修复林觉民故居，作为辛亥革命纪念馆开放"。

当年5月31日，故居修缮工程动工。11月9日，在辛亥革命福州光复80周年纪念日当天，林觉民故居修缮完成，并辟为福州辛亥革命纪念馆对外开放。

一直为保护林觉民故居奔走的李厚威调入林觉民纪念馆工作，后来担任馆长。

"开馆当天，习近平同志除了参加剪彩仪式，还亲自给省外客人当起了讲解员。开馆一个月内，他三次来馆了解观众反应，作出整改指示。"李厚威回忆说。

二

1991年3月10日的文物工作现场办公会，不仅改变了林觉民故居的命运，也建立了传颂至今、惠及长远的"四个一"机制。

2014年12月，黄启权在接受访问时回忆说："这次会议主要是解决了林觉民故居的保护和修缮问题，还确定了三坊七巷等地名人故居和遗址的保护办法：今后任何单位和个人，未经文物主管部门报经市政府同意，均不得拆除、改建或添建。同时，还确定了为加强文物保护工作，1991年福州市要办好七件实事，包括制定《福州历史文化名城保护规划》、加强文物管理部门的力量等。"

正是由这七件实事衍生出"四个一"，以及一系列给力的福州历史文化名城保护的创新之举。

"一个局"——那次现场办公会确定，福州市文物管理委员会办公室增加事业编制十个。1994年11月11日，习近平主持召开市委常委会，专题研究进一步加强历史文化名城保护，会议议定健全文物管理工作机构，在机构改革中考虑设立市文物管理局。1995年6月，福州市文物管理局正式成立，作为市直二级局，人财物相对独立，定编20人。"当时，全省包括省里和各个地市都没有专门的文物管理部门。福州在全省最早成立文物局，比省文物局成立还早，在全国同类城市中也算比较早的。成立了专门的文物管理机构，对福州文物及文化遗产保护工作发挥了巨大的作用。"时任福州市文物局局长王培伦说。

"一个队"——1991年3月的现场办公会明确提出，建立福州市考古队。1991年6月，考古队正式成立，定编八人。这为提升福州文物考古水平，进一步做好文化遗产保护工作奠定了坚实的基础。20多年来，福州市考古队在多个考古领域特别是中国水下考古领域，创下辉煌业绩。平潭"碗礁一号"、广东阳江"南海一号"沉船遗址等水下考古发掘工作，他们都作为骨干力量参与，考古成果丰硕。

"一颗印"——1991年3月的现场办公会明确提出，"各级文物保护单位中的现有使用单位，都要与文物主管部门签订'使用保证合同'"。由此延伸，福州市委、市政府决定，从1992年开始，城建项目立项时需要征求文物部门的意见，加盖市文管会（后改为市文物局）的印章。"以前只需盖规划建设部门的印章就可以了，增加了文物部门的一颗印，保护文物的主动性大大加强了，建设性破坏的可能性尽量避免和减少了。"黄启权说。

"一百万元"——过去，福州全市每年的文物修缮经费只是从城市维护费中列支八万元，1991 年 3 月的现场办公会议定，从当年开始，此项费用每年市财政拨款一百万元，以后逐年增加。

三

走进三坊七巷，顺着文儒坊的石板路，寻至大光里北侧 8 号，可见福州"首屈一指的诗楼"，斑驳的红木门上挂着一块不惧风雨的搪瓷铭牌——"福州市名人故居·陈衍① 故居"，落款为"福州市人民政府立，一九九一年十月"。

20 世纪 90 年代初，文物保护意识不如现今强烈，在这样的氛围中，福州市就创新探索出"挂牌保护"的做法，相当于从法律意义上保护名人故居，尚属全国首创。

正是在 1991 年 3 月 10 日的福州市委、市政府文物工作现场办公会上，习近平提出，在全市开展一次全面的文物普查；对全市各级文物保护单位全部挂牌立碑，名人故居、遗址采取多种形式挂牌，并一律建立档案。

3 月 12 日，在省市人大代表视察福州市文物工作反馈会上，福州市正式决定用市政府挂牌形式从速保护一批名人故居。

9 月，经调查研究，福州市政府公布了第一批 64 处市区名人故居，比照市级文物保护单位予以挂牌保护，这是新中国成立后福

---

① 陈衍（1856—1937），文学家，福建侯官（今福州）人。清光绪朝举人，以诗名世，为同光体诗人中闽派首领。

州市公布的最大一批名人故居。

从 1991 年 10 月到 1992 年 1 月，这 64 处名人故居全部挂上了搪瓷烧制的"福州市名人故居"铭牌，包括陈衍故居、陈若霖① 故居和高士其② 故居等。

直到现在，这些故居有的已经升格为文物保护单位，其他的仍以"福州市名人故居"的名义得到妥善保护，门前依然挂着独具时代特色的搪瓷铭牌，经历风雨，见证历史。

"这些故居中绝大部分当时还不算文保单位，原则上不受文物法保护。可以想见，如果不是挂牌保护起来，很多都会在城市建设中面临被拆的命运。近 30 年过去了，回头看，当时的做法是多么富有远见啊！"黄启权说。

1991 年 3 月的现场办公会确定的不仅是一件件具体实事，还有惠及长远的机制举措，那就是：抓紧修订《福州市历史文化名城保护条例》，制定福州市历史文化名城、三坊七巷两个保护规划。

《福州市历史文化名城保护条例》从 1989 年 4 月开始起草，这次会议之后，福州市文物、法律工作者马上加紧修订，到 1992 年 6 月底形成了第五稿，后来又论证、修改，再论证、再修改。最终，到 1995 年 10 月，十五易其稿才敲定。

1995 年 10 月 27 日，时任福建省委副书记、福州市委书记、市人大常委会主任习近平主持召开福州市十届人大常委会第十九次

---

① 陈若霖（1759—1832），字宗觐，号望坡，福建闽县（今福州）人。清乾隆五十二年（1787 年）进士。清道光初官至刑部尚书，以不畏权势、秉公执法著称。

② 高士其（1905—1988），原名高仕，福建福州人，科学家、科普作家。

会议，审议通过了《福州市历史文化名城保护条例》，1997 年 1 月
23 日，福建省八届人大常委会第二十九次会议批准；2 月 4 日，福
州市人大常委会颁布施行。

这个条例的制定和施行，在全国历史文化名城保护领域也是率
先之举。

四

从林觉民故居出发，沿着南后街一路向南，到了相连的澳门
路，临街红墙环绕的便是林则徐纪念馆。

福州是林则徐的故乡，是他出生、求学、成长以及晚年退养之
地，这里也留下了一系列与他相关的珍贵遗迹。

由于历史原因，20 世纪 80 年代末 90 年代初，包括林则徐故居、
出生地以及纪念馆在内的系列遗迹，都不同程度存在着年久失修、
损毁严重和房舍被侵占等突出问题。

1990 年 5 月，人民日报"情况汇编"发表《林则徐故居及墓
地现状》，反映了保护林则徐遗迹存在的问题，时任全国人大常委
会副委员长习仲勋作了重要指示。

福州市政府立即进行了调查，在实地调查研究和核对文物普查
材料的基础上，对保护和修复林则徐纪念馆、林则徐出生地、林则
徐墓等遗迹提出初步意见。

1991 年 7 月，习近平在有关汇报材料上批示：抓紧修复林则徐
故居及做好墓地开放。

1991 年 8 月 19 日，时任福州市文化局局长马国防向习近平汇

报文化、文物工作。

习近平说："福州是历史文化名城，如何保护和建设好这座历史文化名城是一项十分艰巨的任务。市委对这项工作是十分重视的，今年初还专门开会研究了文物工作（指 1991 年 3 月 10 日召开的文物工作现场办公会），决定今年要办好七件实事"，"同时，还要请你们考虑明年要办几件实事，比如：修复林则徐故居、邓拓故居、林森故居及修复三坊七巷中的一条巷等，此事要早做计划，写出报告交市委研究，以便尽早安排资金"。

1993 年 8 月 27 日，林则徐五代孙林梅琴就 1995 年林则徐诞辰 210 周年之事写信给习近平，反映有关问题，并表示感谢："您对修复林公故居极为重视，我们很感激。特别是习仲勋副委员长还为修复故居作了批示，我们更为感动。"

1995 年 5 月 8 日，习近平主持召开市委常委会，专题研究林则徐诞辰 210 周年纪念活动及林则徐遗迹修复等事宜。

鉴于当时社会各界对林则徐遗迹的具体分布尚有不同看法，会议提出，"科学认定林则徐的遗迹。市文管部门要认真研究、科学分析、严格审定，并征求有关部门和社会各界的意见，力求取得共识。在此基础上提出遗迹的保护、修复方案，并抓住重点，分期实施"，并决定，由福建省及福州市联合成立修建林则徐遗迹工作委员会，加强对林则徐遗迹修建工作的领导。

对于可行的方案，当场就议定了："林则徐纪念馆、西湖桂斋的整修，主要是重新刷漆、增添设备、更新陈列内容。整修和展馆陈列，由林爱枝、林强同志负责审定。这项工作应在林则徐诞辰 210 周年纪念日前完成。"

对于有争议的，则持谨慎态度："关于左营司林则徐出生地的修复工作。由于目前对此尚有争议，建议组织有关专家进行论证，并根据既成事实提出合理的修复方案。"

位于福州市中山路左营司巷的林则徐出生地，见证了林则徐出生、幼年读书、中举、完婚、中进士和走上仕途的历程，其忧国忧民的思想就是在这里孕育的。

时任福州市副市长、后任福建省人大常委会副主任，也是林则徐后裔的林强说："最初，林则徐的出生地到底在哪里，包括他的后代、研究者都说法不一。后来经过详细考证，大部分文物专家都认为是在中山路左营司巷。"

1991 年 7 月，林则徐出生地的具体地址定下来了，被列为"福州市名人故居"，但文物部门还没来得及挂牌。1992 年，福州市有关部门把包括这个地方在内的地块批给了一家房地产开发公司，在此进行旧城改造。文物部门后来才知道，马上发文去"追讨"。

然而，事已至此，如何进行保护呢？

"当时商讨了两种方案：一种是把批出去的地收回来，在原地修复；另一种是就近挪个位置，把建筑物拆下来，构件都记录在案，在旁边复原。"林强说，此事也引起社会各界关注，"1994 年，福建省政协开会时，大部分政协委员都认为，林则徐是民族英雄，是重要的历史人物，出生地应该在原地修复。"

1996 年 2 月 6 日，习近平主持召开市委常委会，专题研究林则徐系列遗迹修复、充实工作，决定成立林则徐系列遗迹保护、开发领导小组，同意林则徐纪念馆、故居、出生地作为福州市文物局的下属单位，归市文物局统一管理。

对于很多人关注的出生地保护问题，会议议定："要抓紧做好收回林则徐出生地的工作，争取今年3月份动工修复林则徐出生地，确保明年7月前建成投入使用。"

具体如何收回，会议还专门出了三条纪要：第一，由市政府发文，明确中山路左营司巷已出让给某房地产开发公司的地块为林则徐出生地；第二，收回林则徐出生地的谈判工作由有关市领导牵头负责，市土地局、规划局、文物局等共同参与；第三，参与谈判的人员要向某房地产公司表明福州市收回该地块的决心，争取以换地的形式收回该地块。如果换地不行，可付收地补偿款，由市财政分期支付。

这次会议后，福州市有关部门迅速与开发商协商，以1200万元的补偿收回了这块地。同时，省长基金下拨200万元，林则徐基金会协助筹资400万元，大力支持林则徐出生地的修复工作。

3月31日，林则徐出生地暨幼年读书处修复工程开工典礼举行。1997年6月30日，修复工程竣工并对外开放。

"开工和竣工两次仪式，习近平同志都亲自参加了。"林强回忆说。

与此同时，位于鼓楼区文藻山路的林则徐故居也逐步完成被占用房舍清退、拆迁等工作。2003年5月，一期修复"七十二峰楼"工程动工，当年8月竣工。2015年8月，林则徐故居二期修缮工程启动，目前正在有序进行中。

习近平为什么高度重视林则徐系列遗迹的保护修复？这源自他对这位民族英雄的推崇。

1990年6月18日，到任福州月余的习近平就到林则徐纪念馆

1997 年 6 月 30 日，习近平出席林则徐左营司故居竣工开放仪式

瞻仰、调研。

1995 年 6 月 3 日，林则徐铜像在福州南大门——白湖亭竖立。8 月 24 日，在福州市纪念林则徐诞辰 210 周年大会上，习近平提出，我们要"继承、发扬林则徐坚贞不渝的爱国精神和气贯长虹的民族正气，学习他清廉刚正的高尚风范，学习他'开眼看世界'的开拓精神"。

到中央工作后，习近平多次提到林则徐"苟利国家生死以，岂因祸福避趋之"的报国情怀，林则徐"海纳百川，有容乃大"的自勉联也被他一再引用。"海纳百川，有容乃大"，如今也成为福州的城市精神。

五

彪炳中国近代史的福州籍先贤，除了林则徐，还有著名启蒙思想家、翻译家和教育家严复。

面对中华民族的空前危机，严复积极倡导变法维新，译介《天演论》等西方经典著作，阐发救亡图存观点。"物竞天择，适者生存""鼓民力、开民智、新民德"……严复在转型时代发出的启蒙强音，影响了一代又一代国人。

习近平十分重视严复思想的研究和弘扬。1993 年至 2001 年，福州及福建先后五次召开严复学术研讨会，习近平十分关心，过问会议筹备情况、出席大会发表讲话、会见专家学者和严复后裔、为论文集撰写序言……

1993 年 11 月，由福州市严复研究会联合中国社科院近代史研究所、福建师范大学、福建省方志办共同主办的"'93 严复国际学术研讨会"在福州举行。这是中国大陆首次举办研究严复的学术盛会，中外学者 100 多人参会，收到论文 80 多篇。

会后，时任福建省委常委、福州市委书记习近平为《'93 严复国际学术研讨会论文集》写了序言。他说："我们的伟大祖国，告别了贫穷落后，正在一天天走向繁荣富强。在这样的历史时刻，我们要继承和发扬严复的爱国主义精神，改革创新的思想，提倡科学教育实践和创造知识渊博的精神财富，为祖国现代化建设事业作出更大的贡献。"

1997 年 12 月，福建省严复学术研究会主办"严复与中国近代化"学术研讨会，时任福建省委副书记习近平为研讨会题词："严谨治学，首倡变革，追求真理，爱国兴邦。"

2001 年是严复逝世 80 周年。当年 11 月，福建省政协、福建省严复学术研究会等牵头召开纪念严复逝世 80 周年学术研讨会，并汇编论文集《科学与爱国——严复思想新探》（由清华大学出版社出版）。时任福建省省长习近平担任论文集主编，并作序言，对严复的爱国情怀和启蒙思想给予高度评价："严复的这些译著和评论，在当时因循守旧、固步自封的清王朝统治下的旧中国思想界，宛如巨石投入深潭死水，产生了极为深刻的影响。时至今日，严复的科学与爱国思想仍不过时。"

严复晚年最后一段时光是在三坊七巷郎官巷 20 号的宅子里度过的，1921 年 10 月 27 日病逝于此，2021 年是其逝世 100 周年。

2021 年 3 月 24 日，习近平总书记赴福建考察期间到访三坊七巷，听取福州古厝和三坊七巷保护修复等情况介绍，步行察看南后街、郎官巷，参观严复故居，向游客和市民频频招手致意。

习近平走进位于郎官巷 20 号的严复故居。故居建于清代，坐北朝南，厅堂高敞、气韵不凡，正厅两旁为东、西厢房，现辟为展厅，生动再现严复学贯中西的风云人生。

"严谨治学，首倡变革，追求真理，爱国兴邦"，严复故居墙上，习近平在闽工作期间所作题词清晰有力。

步入展厅，"读史数行泪，看天万古心""震旦方沉陆，何年得解悬"，一行行泣血之作，总书记凝思着、感叹着。这位转型时代的启蒙先驱，这片热土上的丰富历史画卷，总书记再熟悉不过。

三坊七巷历史文化街区保留了唐宋时期遗留下来的坊巷格局和大量明清古建筑。当年正是在习近平的重视和推动下，三坊七巷才免遭破坏，一大批历史文物古迹得以保留至今。

在此次考察中，习近平强调，保护好传统街区，保护好古建筑，保护好文物，就是保存了城市的历史和文脉。对待古建筑、老宅子、老街区要有珍爱之心、尊崇之心。

闽都之光，薪火相传。

郎官巷严复故居

炸药包下抢救"南方周口店"——万寿岩

一

从三明市区驱车约 30 公里，到达三元区岩前镇岩前村，空旷的平地之上，一座金字塔形状的孤峰傲然耸立，这便是万寿岩。

岩前村的老人回忆：岩前村的"岩"就是指万寿岩，这里自古以来就是村民寄托信仰之地，每年正月村民都会上山祈福。万寿岩属喀斯特地貌，岩上有奇花异草，岩底有流水叮咚，一直是村民的钟爱之地。

由于万寿岩山上的石灰石可作为助溶剂和沉淀剂，用于冶炼钢铁，20 世纪 70 年代，福建省属重点企业，也是三明当地最大的企业——三明钢铁厂斥巨资买断万寿岩的开采权，就地建起采矿厂等四座工厂，并专门修建了 30 公里公路直通位于三明市区的厂区。

1989 年 7 月，三明市文化局成立市溶洞调查小组，首次发现万寿岩灵峰洞、船帆洞内保存有哺乳动物化石。于是，将其列为三明市古脊椎动物化石保护点。

开采还在持续进行。知道了万寿岩有"宝"的岩前村村民，担心矿山开采危及山体，于是推举"五老叟"——陈蕃发、邓贵凰、王远林、王远耀、王月明作为代表，呼吁社会各界一同保护万寿岩。

"五老叟"都是万寿岩所在的岩前镇岩前小学离退休教师。据王远林老人回忆，从 1998 年 6 月起，他们不断与企业进行协商，要求停止开采。10 月，"五老叟"写下《为抢救岩前文物古迹呼吁书》，递交三明市政府。

不久，三明市政府召开专题会议，在高度重视万寿岩的文物价值的同时，也肯定了企业的矿山开采使用权，但要求企业在开采布局上进行适当调整。然而，开采并未停止。

1999 年 2 月 9 日（腊月廿四），得知矿山连夜开钻机，打下七个炮口，岩前村部分村民冲上岩顶理论。企业停止了开采，但认为村民侵犯了他们应有的矿山开采权，一时间双方剑拔弩张。

1999 年上半年，"五老叟"又写了《关于请求停止岩前镇万寿岩溶洞文物遗址开采的紧急报告》，送到市里有关部门，并邮寄给省里和中央有关部门。

二

一方是投巨资买断开采权的企业，一方是坚称"山里有宝"的村民。"矛盾最尖锐时，村里老人干脆坐在埋了炸药的开采点上。"时任岩前村党支部书记王源河说。

对企业来说，肯定不想舍弃这个"富矿"。根据测算，万寿岩石灰石矿藏丰富：地上含量 3000 万吨、地下含量 1 亿吨，以当时企业的生产规模，可以持续开采上百年。

一旦停止开采，不仅造成企业直接经济损失 6000 余万元，而且石灰石矿源将中断，每年预计损失产值近 1 亿元。不仅企业心痛，当地政府也心痛。1999 年，三明市全市的地区生产总值只有

217 亿元。

一时间，争议声不断：仅仅因为几块哺乳动物化石就影响经济发展，是不是"捡了芝麻，丢了西瓜"？

"政府必须尽快把问题搞清楚：万寿岩是不是文物？是文物就要保护，不是文物就应该尊重企业的开采权。"时任三明市副市长严凤英回忆。

在三明市政府的协调下，文物保护部门与企业达成初步意向：按照文物保护惯例，由企业出资 7.5 万元作为专项考古经费，支持福建省博物馆、三明市文物管理委员会办公室、三明市博物馆组成联合考古队，限期一个月，对万寿岩遗址进行第一次抢救性考古发掘。

"一个月后，该保则保，该炸则炸。"对于这样的决定，严凤英坦言，"能挖出什么，谁都无法确定。唯一能确定的是，我们绝不能做历史的罪人。"

三

如今年逾古稀的陈子文，曾任福建省博物馆文博研究员，于 1999 年 9 月起负责万寿岩遗址的现场发掘工作。

一个星期过去了，考古队未发现任何足以保住万寿岩的文物遗迹。大家心急如焚。又一个星期过去了，刨出的泥土足足堆了一人高，考古队仍一无所获。

有人抱怨："老陈，这里没东西，换一个地方吧！"陈子文撂下一句"狠话"："不挖到洞底岩体，绝不罢休。"

挖到离地表 1.7 米深时，鹅卵石铺就的地面显露出来。由于当时福建旧石器时代考古仍是一片空白，考古队员并未将其与旧石器时代相联系。

有一天，一名考古队员的高呼划破了船帆洞的沉寂："看啊！这是巨貘的牙齿！"巨貘在一万年前已灭绝，其化石具有分期断代的作用。

队员们这才回过神来，再次观察裸露的鹅卵石，发现每一颗都有人工打制痕迹。旧石器时代主要使用打制石器，新石器时代普遍使用磨制石器。这意味着，万寿岩很可能是旧石器时代遗址。

为了获得权威认定，三明市派人赴北京邀请中国科学院古脊椎动物与古人类研究所三位研究员，到万寿岩考察。

1999 年 11 月，文物考古界泰斗、曾参与周口店北京人遗址发掘工作的中国科学院院士贾兰坡对万寿岩遗址出土石制品进行鉴定，当即在鉴定书上题写："这个遗址很重要，必须保护"。

考古队员重返灵峰洞，又发掘出 70 多件年代更为久远的人工石器——根据铀系法测定，大约距今 18.5 万年。

万寿岩遗址的重要性逐渐凸显，但"合法开采"仍在继续。

四

1999 年 12 月底，福建省文化厅向省政府提交了《关于三明万寿岩旧石器时代洞穴遗址保护有关情况的紧急汇报》。

2000 年 1 月 1 日，时任代省长习近平作出重要批示，明确指出：保护历史文物是国家法律赋予每个人的责任，也是实施可持续发展战略的重要内容。万寿岩旧石器时代洞穴遗址作为不可再生的珍贵文物资源，不仅属于我们，也属于后代子孙，任何个人和单位都不能为了谋取眼前或局部利益而破坏全社会和后代的利益。

习近平要求，"三明市政府立即采取有效的安全防范措施，加强对洞穴遗址群的保护；协调、帮助三明钢铁厂尽快在异地选定新采矿点，做到保护文物和发展生产两不误"。同时，决定由省财政拨款 50 万元，用于万寿岩遗址群的考古发掘和保护工作。

时隔不到一个月，1 月 25 日，习近平在福建省人大常委会《关于依法保护三明万寿岩旧石器时代洞穴遗址的意见》上再次批示："省政府高度重视三明古代遗址保护，已于去年底专题协调，做过初步保护安排。请省文化厅进一步提出全面保护规划和意见。"

两次批示，字字千钧，句句铿锵。

"随后，我们立即停止了在万寿岩的爆破开采，易地选定了新的采矿点，又将石灰石加工厂房和万寿岩山体无偿划拨给文化部门。"时任三钢矿山公司党委书记李兰九回忆。

"经济建设与遗址保护的矛盾尖锐，在这关键时刻，习近平同志的批示一锤定音，对万寿岩遗址的保护起到了决定性作用。"陈子文说。

回忆起当年的一幕幕，几位参与保护的专家表示："当年能舍弃一时经济利益，毅然决定支持保护遗址，没有惊人睿智和长远战略眼光，是不可能作出这样的决策的。"

在此基础上，福建省文物局随后请了七批专家前来考察、发掘，进一步鉴定万寿岩的文物价值。

三次抢救性考古发掘，共发现 2000 余件石制品和大量哺乳动物化石，其中船帆洞挖掘出距今 4 万年、面积 120 平方米的人工石铺地面，为国内首次发现，堪称中国最早的"室内装修工程"。

这当中，船帆洞发现的一个石核和三块石片距今2万至3万年，经鉴定，其在技术和类型上与台湾地区发现的锐棱砸击石片和石核相同，这对研究闽台史前文化渊源意义重大。

全程参与考古发掘的三明市文物保护中心主任余生富说："万寿岩遗址是我国南方典型的洞穴类型旧石器时代遗址，也是华南发现最早的旧石器时代洞穴居住遗址。它的发现，填补了福建省旧石器时代考古的多项空白，也为闽台史前文化同源提供了新的证据。"

万寿岩遗址的发掘，将古人类在福建活动的历史提前到18.5万年前。在此之前，福建发现最早的有人类活动的历史仅1万年。

"北有周口店，南有万寿岩"，万寿岩遗址声名远扬。

推动武夷山、福建土楼申报世界遗产

一

2021年7月，第44届世界遗产大会在福州成功举办。这是继2004年在苏州举办第28届世界遗产大会后，我国第二次承办世遗大会。在本届世遗大会上，"泉州：宋元中国的世界海洋商贸中心"成功列入《世界遗产名录》。

至此，福建省的世界遗产增至五处，包括世界文化与自然双遗产武夷山，世界文化遗产福建土楼、鼓浪屿：历史国际社区、泉州：宋元中国的世界海洋商贸中心，世界自然遗产中国丹霞（福建泰宁），跨入世界遗产大省行列。

虽然谋划经济社会发展的工作极为繁忙，但习近平对文化和自然遗产的保护、申报世界遗产工作仍然高度重视，经常关心过问。

20世纪90年代末，"奇秀甲于东南"的武夷山开始申报世界遗产。时任省委副书记习近平很关注申报的进展，积极协调推动有关工作。

1999年12月1日，在摩洛哥召开的第23届世界遗产大会上，武夷山被列入《世界遗产名录》，成为我国第四项世界文化与自然双遗产，也实现了福建省世界遗产零的突破。

12月2日，时任代省长习近平致信武夷山市委、市政府，祝贺申遗成功。

贺信说："多年来，武夷山市委、市政府高度重视旅游事业，坚持改革开放，不断争创新的发展优势，在拥有一批国家级金牌的基础上，今年1月又被国家旅游局命名为首批'中国优秀旅游城市'，10月被中央文明委、国家建设部、国家旅游局授予全国文明风景名胜示范点称号。今天，武夷山申报'世遗'又获得成功，这是全市人民在市委、市政府领导下，艰苦奋斗、团结拼搏的结果，也是各级各部门辛勤工作的结果。武夷山申报'世遗'成功，这不仅是武夷山市的大喜事、南平市的大喜事，同时也是福建省的大喜事，它为我省填补了一项空白，巩固提高了福建旅游在全国乃至世界的地位和知名度。希望武夷山市再接再厉，进一步抢抓机遇，充分发挥并运用好这一巨大优势，以此为新的起点和契机，再创旅游经济发展新的辉煌，为我省旅游业的腾飞和跨世纪发展作出新的贡献。"

半个月后，1999 年 12 月 17 日至 18 日，习近平到南平市调研，就第二年的政府工作报告征求基层干部群众的意见。在调研结束的讲话中，他高度评价了武夷山荣膺"双世遗"。

他说："武夷山申报'世界文化与自然遗产'获得成功，这是了不起的成绩。我一直以为武夷山有可能就是获得自然遗产，文化遗产在全世界这么浩瀚的文化海洋里，我觉得可能拿不下来。但出乎意料，'双世遗'申报获得成功。'世界文化与自然遗产'这个无形的价值是无法估量的，它对于武夷山今后的旅游事业的发展有着非常深远的意义，它会很快地带来旅游上的一个热潮。这篇文章要好好做。"

世界遗产，既要利用，更要保护。申遗成功后，为保护"双世遗"立法提上议事日程。

2001 年 9 月 29 日，习近平主持召开省政府第 34 次常务会议，审议有关武夷山"双世遗"保护条例。此后，经多次修改，《福建省武夷山世界文化和自然遗产保护条例》于 2002 年 5 月 31 日经福建省九届人大常委会第三十二次会议审议通过，自 2002 年 9 月 1 日起施行。

如今，每年都有数百万中外游客畅游武夷山，领略世界遗产的奇秀风光，感受厚重历史文化。

武夷山申遗，具有厚重历史的城村汉城遗址是重要组成部分。位于武夷山市兴田镇城村的汉城遗址距今已有 2200 多年历史，于 1958 年第一次全国文物普查时被发现，经过持续的考古勘探与重点发掘，发现城墙、城门、宫殿、作坊、墓葬等遗迹，出土了陶器、砖瓦等大量文物。这一遗址是迄今为止我国南方发现的面积最大、保存最好的汉代城址，具有很高的历史、科学和艺术价值，1996 年被列为全国重点文物保护单位。

1999 年，联合国教科文组织世界遗产考察团在城村汉城遗址实地考察、验收后，赞其为"中国的庞贝城"，认为这一遗址是"环太平洋地区保存最完好的汉代王城遗址，是中国古代南方城市的一个典型代表，在中国和世界建筑史上占有重要地位"。

在申遗过程中，福建省文化厅就着手筹建闽越王城博物馆，以承担城村汉城遗址的保护管理工作。习近平担任主任的福建省委机构编制委员会积极予以支持。

2001 年 1 月，福建省委机构编制委员会办公室批复同意成立福建闽越王城博物馆，作为省文化厅直属的事业单位，先期核定编制 15 人，主要承担闽越王城遗址的考古、研究、保护、管理与宣传展示等工作。

习近平很关注武夷山"双世遗"保护工作，2001 年 12 月 20 日，他专程考察了武夷山城村汉城遗址。

在参观了闽越王城博物馆、察看了城村汉城遗址后，习近平说：武夷山作为世界文化与自然双遗产地，自然景观方面开发得较好，历史文化方面还有待发掘，因为文化与自然是不可比拟的，武夷山正是因为有了古汉城等才有了今天的"双世遗"。古汉城就是一块文化国宝，要认真研究，合理开发。

习近平指出，开发要有严密的计划，原则是保护性地开发，不能盲目从事，如果地方的能力有限就先保护好这些遗迹，待后人再来开发研究。总之，汉城遗址的开发要按科学规律办事，形成可持续开发研究态势。

近年来，福建省文博考古工作者持续加大对汉城遗址的考古发掘力度，出土了大量珍贵文物，同时加快了城址的保护和国家考古遗址公园的筹备建设工作。2013 年 12 月，城村汉城考古遗址公园被列入第二批国家考古遗址公园的立项名单。

二

武夷山不仅拥有丹山碧水，而且文化底蕴深厚，最具代表性的就是朱子文化。

在朱熹 71 年生命中，"仕宦九载，立朝四十六天"，近 50 年都居住在武夷山，他也踏遍了这片土地。武夷山成为朱子理学的摇篮，这里也留下了诸多朱子文化遗迹。

在福建工作期间，习近平十分关注朱子文化遗迹保护、朱子理学研究和传承等工作。

1998 年 10 月 21 日，时任福建省委副书记习近平调研南平建阳考亭外资果场农业发展项目后，察看了正在重建的考亭书院。他一路仔细了解朱子的生平事迹，在石牌坊下驻足良久，了解书院的前世今生，之后拾级而上，来到建设中的文公祠前，绕着还未拆除脚手架的文公祠走了一圈。

他仔细询问：书院原来就有这么大的规模吗？考亭书院有没有什么图纸？古籍中有没有什么记载？

得知南平不仅保存了相关史料，还成立朱子文化研究会，着力传承保护弘扬朱子文化，习近平语重心长地说："你们有这些文物史料，要加强保护和传承。"

此后，建阳市（现为建阳区）加大了对书院的保护力度，在重建时尽量保持原貌，全力把历史古迹保留下来、把朱子文化弘扬出去。

对朱子理学研究和传承，习近平的关注始终不渝。正是在他的支持推动下，院地合作，首开先例，宋明理学研究中心落地在朱子理学的发祥地武夷山，对于弘扬中华民族优秀文化遗产、促进海内外学术交流意义重大。

2002年初，中国社会科学院致函福建省，建议在朱子理学的发祥地福建武夷山设立中国社会科学院哲学所宋明理学研究中心。时任福建省省长习近平高度重视，批示要求办好，并拨款支持。

经三年精心筹备，2005年10月20日，"福建社会科学院·中国社会科学院哲学所宋明理学研究中心"在南平师专（今武夷学院）挂牌成立。多年来，该中心不断阐发朱子文化精髓，努力守护朱子文化根脉，已成为福建省乃至全国朱子理学研究的重镇。该中心共编辑出版学术类和普及性著作23部、1000多万字，系统梳理传统文化典籍，让书写在古籍里的文字都活起来，惠泽流芳。

2021年3月22日，习近平总书记来到福建考察，首日就来到了武夷山九曲溪畔的朱熹园，详细了解朱熹生平及理学研究等情况。

故地重游，鉴古知今，一路感慨于所见所闻，习近平表示："我们走中国特色社会主义道路，一定要推进马克思主义中国化。如果没有中华五千年文明，哪里有什么中国特色？如果不是中国特色，哪有我们今天这么成功的中国特色社会主义道路？我们要特别重视挖掘中华五千年文明中的精华，弘扬优秀传统文化，把其中的精华同马克思主义立场观点方法结合起来，坚定不移走中国特色社会主义道路。"

三

武夷山秀美风光甲天下，福建土楼则以独具特色的景观名扬天下，特别是戴上了世界文化遗产"桂冠"之后，更闻名于世。

1986 年，邮电部发行了一套普通邮票《民居》（志号为普 23），展示全国各地最具特色的民居，其中，代表福建民居的是一座精美的土楼，设计原型取自龙岩永定闻名遐迩的承启楼。

像这样的土楼，遍布龙岩永定、新罗，漳州南靖、华安等地。因其形状独特，还曾被美国的间谍卫星拍到，误以为是中国的导弹发射基地，一时传为趣谈。

1998 年起，永定、南靖都启动了土楼申报世界文化遗产工作，后来，华安县也加入土楼申遗行列。三个地方一开始都误以为土楼申遗是排他性的——有他无我，有我无他，所以暗中较劲，相互比拼。

针对这种情况，1999 年底，福建省政府领导在实地专题调研后定调：不争论、重发展、重开发，一致对外，扩大宣传，艰辛努力。

龙岩、漳州两地对土楼捆绑申遗没有异议，但对"署名权"——到底是叫"客家土楼"还是"闽南土楼"，各执一词。

时任福建省副省长，同时也是学者的汪毅夫说："福建土楼有两个分支，一个是客家土楼，一个是闽南土楼。客家人认为，客家土楼是客家文化的象征，是客家人创造的；闽南人另有看法，闽南地区也有土楼，并且已经有闽南土楼成为全国重点文物保护单位，闽南土楼不是客家土楼。主管申报工作的国家文物局领导和专家则认为，无论以客家土楼还是以闽南土楼为主体进行申报，文化上的意义都较为狭隘，是难以申报成功的。"

"笔墨官司"打到了习近平那里。2000年4月30日，习近平主持召开省长办公会议，研究了土楼申遗有关问题，有关部门和市县负责人、专家学者在会上畅所欲言。

参加了这次会议的时任副省长潘心城回忆："习近平同志在会上说，漳州属于闽南语系，漳州土楼已经是国保单位了。福建到处都有土楼，现在整个福建的土楼都要申报世界遗产，我们就称为福建土楼，这样八闽大地都有份，大家觉得这样是不是很好呢？大家觉得习近平同志说得有理有据，又顾全大局，纷纷表示同意。"

这次会议还确定了申遗的"福建土楼"范围为"两片一线"，即永定县湖坑镇、下洋镇、高头镇，南靖县书洋乡、梅林乡，华安县仙都镇大地村等。

为加强土楼申遗工作，这次会议还决定成立福建土楼申报列入世界文化遗产名录领导小组，由潘心城任组长，汪毅夫和省文化厅厅长任副组长，有关省直单位、市县负责人为成员。

后来，福建省政府正式确定由永定、南靖、华安三县的"六群四楼"共46座土楼，以"福建土楼"的名义申报世界文化遗产。

2001年10月11日至12日，习近平结合全国人大、省人大代表视察活动，深入永定县调研，先后视察了棉花滩水电站建设工地、龙湖风景区等地。

在谈到加快经济发展步伐时，习近平特地提到了土楼资源。他说，龙岩的旅游资源开发超前了，这很好。龙湖要建成生态旅游区，进一步完善整体规划，高标准、高质量地建设好龙湖，实现人与自然的和谐，防止造成旅游污染和生产性水资源污染。永定有世界级旅游品牌资源——客家土楼，要做好"东有客家土楼，西有龙湖"的旅游文章，加快发展，增强经济发展后劲。

如今，永定已经形成"东楼西湖"大旅游发展格局：东边，世遗土楼，每年吸引海内外无数宾客，寻奇探幽；西边，龙湖风景区已成为国家水利风景区、省级旅游经济开发区，湖域面积65平方公里，是福建省最大的人工湖。"东楼西湖"交相辉映，全域旅游发展红红火火。

解决了申遗名称争议之后，龙岩、漳州两地齐心协力，加快文化遗产保护、环境整治提升等工作，福建土楼申遗进入快车道。

2008年7月7日，在加拿大魁北克召开的第32届世界遗产大会上，福建土楼成功入列《世界遗产名录》。

十年申遗，几代接力，一朝梦圆，八闽大地又多了一张世界级名片。

十、新闻界既是益友，又是良师

复刊《闽东报》①

一

"如果没有习近平同志亲自推动，《闽东报》不会这么快复刊。我也不会改变命运，从一个基层通讯员变成党报总编辑。"回首 30 多年前艰辛创业的点点滴滴，已退休 10 多年的《闽东日报》原总编辑王绍据颇为感慨。

"1989 年 8 月 27 日，我永远都记得这一天。"王绍据说，当天早上 7 点，他从福鼎出发，经过四个半小时车程到达宁德地委大院，第一次见到习近平。这场会见，为的就是《闽东报》复刊。

改革开放以后，《厦门日报》《闽北报》等福建省其他地市的党报相继复刊。然而，由于人才、经费等原因，《闽东报》复刊一直搁浅，宁德地区成为当时全省唯一没有复刊党报的地市。

1988 年 6 月，习近平赴任宁德地委书记，当时宁德地区既没有报社，也没有电视台。他多次在地委会议上强调：任何工作，舆

---

① 《闽东日报》系中共宁德市委机关报，前身为《新农村报》，创刊于 1952 年 4 月 1 日。1958 年 7 月改版为《闽东日报》。1961 年 3 月又改版为《闽东报》，隔日出版，继而改为周三报。1969 年停刊。1989 年 11 月 1 日《闽东报》复刊，先是对开四版，周报，后扩为周二报。1993 年 7 月 1 日起改报名为《闽东日报》。

论先行，宁德没有报纸怎么能行！

时任宁德地委宣传部部长郑仲腾带队赴南平、三明等地学习党报复刊的经验，形成详细的考察报告和初步设想并上报。

1989 年 5 月 12 日，宁德地委向福建省委提交《关于恢复〈闽东报〉的报告》。由此，《闽东报》复刊迈出了实质性的一步。

5 月 23 日，习近平主持召开地委专题办公会，听取郑仲腾《关于〈闽东报〉复刊初步方案》汇报后说："各地区都要有份报纸，这是趋向，广大新闻界要下决心，不管多大困难都要办起来。"

会议确定了办报的指导思想：因陋就简，艰苦创业，先办起来，逐步完善，打好基础，稳步发展。会上，复刊时间、机构规格、人员编制、经费来源等事项也一一议定。

6 月 15 日，地委专门成立了《闽东报》复刊筹备领导小组。

二

筹备领导小组成立后，面临的第一个大难题就是：报纸的核心采编团队如何组建？

当时讨论了两种方案：请《福建日报》的记者、编辑来帮助复刊，或者高薪到外面请人来办。然而，这两种方案都不理想：一是《福建日报》的记者本来就有很多事情，这边复刊工作量很大，难以两头兼顾；二是当时财政非常困难，一些地方干部的工资都发不出来，何谈高薪请外援。

由于两种方案都无法落地，最后决定就地取材，在宁德本地寻找办报人才。

经过前期调查摸底，一位中学校长、一位国企科长与福鼎县委报道组组长进入了候选名单。

1989 年 7 月，习近平再次主持召开专题会议，根据考察情况，确定让福鼎县委办副主任、报道组组长王绍据负责复刊具体工作。

王绍据热爱新闻事业，熟悉基层情况。1984 年，王绍据给《人民日报》编辑部写了一封信，反映福鼎赤溪村的贫困状况。当年 6 月 24 日，《人民日报》以《穷山村希望——实行特殊政策治穷致富》为题，在头版刊登了这封读者来信，还配发了题为《关怀贫困地区》的评论员文章。

1989 年 8 月 26 日，宁德地委办工作人员打电话给王绍据说，地委书记习近平同志请他第二天来一趟地委大院。

在办公室，习近平与王绍据谈起报纸复刊之事，请他来负责复刊的具体工作，尽快把《闽东报》重新办起来。

"听他讲完，我吓了一大跳，一时没反应过来，脱口就跟他讲了三句大实话。我说：'习书记，我一没有文凭，小时候家里穷，13 岁就辍学了；二没有办过报纸，毫无这方面经验；第三，现在宁德地区财政这么困难，要办一份报纸谈何容易啊！'"

习近平听了以后，针对王绍据说的三个困难一一解答："文凭不是问题，关键是有敢于担当的责任心。我看到你 1984 年在《人民日报》上发表的读者来信，当时你敢于揭露宁德贫困状况，为广大群众疾呼，引起广泛讨论。冲这一点，就说明你对闽东有感情，对党的事业有担当，我相信你。关于经验问题，你毕竟在基层写过新闻稿，在复刊工作中还可以边实践边学习，不断积累经验。经济上，现在我们财政确实非常困难，但地委决定从'牙缝'里挤出十万块钱给你作为'起家本'，相关人员由你组织，用两个月时间把报纸拿出来。"

"我完全没想到，我与习近平同志素不相识，第一次见面，他就对我如此信任，又如此坦诚，打消了我所有的顾虑。我下定决心不辜负他的期望，把《闽东报》重新办起来。"王绍据说。

王绍据当天回到福鼎，第三天即8月29日就到复刊筹备组报到。

三

复刊工作就此紧锣密鼓地开展起来。

因为人才紧缺，筹备组有意从宁德教师队伍中抽调五六人加入采编队伍，这引起了教育局局长的"抗议"。

习近平出面协调，他笑着对教育局局长说："局长，要不你跟王总编对调一下位置，你去当报社总编，如何？"教育局局长听后，心服口服地"放人"了。五个人，组建起最初的办报队伍。

初步解决了人员问题，办公场所的租金又成了一大难题。王绍据向习近平汇报后，习近平选定社址，协调宁德军分区出租四间房子作为办公室，但租金较贵，一个月要600多元。

在一次地委办公会上，习近平对军分区政委赵文法说："政委，军民一家亲，房租这么贵，亲不起来啊，能不能免了？"赵文法爽快答应。就这样，房租免了，解决了办公场所的难题。

两个月时间，学校抽调、部门支援、社会招聘……所需办报人员很快配齐。从零开始，一班人马夜以继日，每天忙碌十多个小时。

习近平当时经常晚饭后到军分区散步，有时候会到办报的地方找王绍据聊天，关心过问办报的进展。

"他经常和我讲一些办报的想法。讲得最多的有这样三条：一是新闻工作要把握时代脉搏，既要结合当前形势传达好、宣传好、贯彻好中央的各项方针政策，又要着眼闽东实际，为振兴闽东服务；二是报纸要形成一面旗帜，成为地委的喉舌，发挥正确的舆论导向作用；三是报纸内容要接地气，要反映群众真实的心声和呼声。"王绍据说，习近平很推崇毛主席讲过的一句话："一个报纸既已办起来，就要当作一件事办，一定要把它办好。这不但是办的人的责任，也是看的人的责任。"①"可见，他对办好《闽东报》、对做好闽东的新闻工作有很深入的研究，也有深刻的思考。"

四

1989 年 11 月 1 日，《闽东报》正式复刊，每周出一期。习近平参加了复刊大会，并给各记者站颁发牌匾。从此，宁德有了宣传党的路线、方针、政策的主阵地，闽东人有了摆脱贫困、加快发展的重要推手。

习近平撰写了热情洋溢的复刊词《坚定方向　弘扬正气　振兴闽东——为〈闽东报〉复刊而作》，发在第一期头版头条。

---

① 毛泽东：《〈中国工人〉发刊词》（1940 年 2 月 7 日），《毛泽东选集》第二卷，人民出版社 1991 年版，第 728 页。

"她的办报宗旨是：坚持党在社会主义初级阶段的基本路线，坚持新闻的党性和人民性相统一的原则，密切结合闽东的实际与特点，宣传贯彻党的路线、方针、政策，及时传达地方党组织和政府的工作意图和部署；正确发挥舆论引导和舆论监督的作用，弘扬正气，全心全意为人民服务，为社会主义服务，促进两个文明建设的健康发展。在编辑方针上，将坚持以经济建设报道为主，以正面报道为主，以地方消息为主，以新闻报道为主。大力宣传本地区各条战线的新成就、新人物、新典型、新经验，探讨新问题。帮助广大干部群众了解信息、拓宽思路、增长才干，促进闽东经济的振兴，推动社会主义各项事业向前发展。""期望《闽东报》重展当年雄姿，紧扣时代脉搏，在坚持四项基本原则、坚持改革开放、建设社会主义新闽东的宏伟大业中奏出时代的强音。"

复刊大会还邀请了中央驻闽、省属新闻单位负责人参加。时任新华社福建分社副社长肖辉家回忆："听了介绍，感觉《闽东报》复刊工作很艰难，资金紧张，人才匮乏，连办公场所都是问题。习近平同志到闽东工作，力排众议，坚决主张《闽东报》复刊，而且调用从未办过报纸的王绍据主持《闽东报》的工作，可见习近平同志对新闻工作的重视，在用人问题上也是独具慧眼，不拘一格。"

五

1989年11月8日，复刊一周，习近平主持召开地委办公会议，专题研究《闽东报》复刊后亟待解决的人员、经费等问题。

1990年5月3日，已到福州任职的习近平回宁德交接工作，又专程到闽东报社召开宣传、新闻工作座谈会，看望员工，亲切话别。临别前，他反复嘱托报社班子，要把报纸办好，为闽东争光。

调离宁德后，他依然牵挂着《闽东报》的成长。

为解决办公场所问题，1996年，闽东日报社决定建设新的采编大楼。8月10日，举行了简短的奠基仪式。

王绍据说："当时习近平同志已经是福建省委副书记，但他是我们的老书记，又是推动《闽东日报》复刊的决策人，我们还是抱着试试看的心态给他发了请帖。本以为他公务繁忙，脱不开身，可没想到当天他专程赶到这里，就为了出席仅有十分钟时间的奠基仪式。这对我们闽东报人是一种莫大的支持和鼓舞。"

一年后，闽东日报社搬进了新家。

1999年6月，《闽东日报》复刊十周年，习近平为报社题词："为振兴闽东服务"。

后来，闽东日报社因盖新大楼向省财政厅告借的200万元周转金只能偿还100万元，剩下的100万元无力负担。2000年底，时任总编辑王绍据再次向习近平"求助"。习近平了解来龙去脉后，表态要支持《闽东日报》发展，并交代省财政从扶持老区发展的角度予以解决。

2000年，王绍据带队走访宁德市蕉城区洪口乡，考察了这个曾是全省最困难乡镇的脱贫历程，写了一篇7000多字的《走进特困乡——来自闽东最后一个省定特困乡洪口的报告》长篇通讯，发表在9月14日的《闽东日报》上。

没想到，习近平注意到了这篇通讯，还作了100多字的批示："从贫困到富裕是广大农民的千年夙愿，洪口乡发生的变化只是初步的，希望全乡干部群众继续发扬艰苦奋斗精神，立足本地实际，走科技兴农的道路，尽快将昔日贫困落后的洪口乡建设成为富裕兴旺的社会主义新洪口。"

"他离开闽东，仍然牵挂着闽东，也一直关心着《闽东日报》的发展，还特别乐于看到《闽东日报》在闽东脱贫致富路上发挥应有的作用，我想这也是他当初推动报纸复刊时的初衷吧。"王绍据说。

2004年，《闽东日报》复刊15周年之际，时任浙江省委书记习近平还特意发来贺信，并提出殷切希望："希望你们按照'贴近实际、贴近生活、贴近群众'的要求，编排、创办更多读者喜爱的版面、栏目，采写更多的优秀作品，为宁德的三个文明建设作出积极贡献。"

六

2014年是《人民日报》刊登反映宁德福鼎赤溪村贫困状况的群众来信和评论员文章30周年，5月6日，《闽东日报》刊登了整版报道《"中国扶贫第一村"的幸福嬗变》，摘要简报呈送给习近平总书记。他看了赤溪村的变化，作了100多字的批示。

2016年2月1日，《人民日报》头版刊发文章《脱贫路上的赤溪村》，第10版整版刊发长篇通讯《"中国扶贫第一村"脱贫记》。2016年2月19日上午，习近平总书记通过人民网同2000公里之外的宁德赤溪村视频连线。长期关注赤溪村、也是赤溪村荣誉村民的王绍据在现场再次"见"到习近平，并进行了视频连线。

当天，视频连线开始后，先由赤溪村党支部书记杜家住向习近平汇报一分钟，习近平再和他进行对话，之后就轮到王绍据。

看到习近平总书记就像站在面前一样，王绍据一下子就激动了，铆足了一股劲，大声地说："总书记，新春好！请允许我代表乡亲们向您拜个年！""回想您在宁德工作期间的日日夜夜，我们都历历在目，记忆犹新，我们大伙都想念您啊！""赤溪村脱贫致富有如此变化的今天，我想就印证着您在批示中的16个字，那就是'艰苦奋斗、顽强拼搏、滴水穿石、久久为功'。""总书记啊，乡亲们热切盼望您回宁德走走，到赤溪村看看！"

这些话把习近平总书记的感情牵动起来了，他说："绍据，我看到你也感到很高兴！听说你已经退休了，这真是啊，当年还是个小伙子，现在已经退休了。我也记得当年我们一起共同下乡的情况，应该说我们当时下乡还是比较深入的。所以，我现在特别注重我们在地方工作的同志能够深入基层，新闻战线的同志也要接地气，深入基层，这样才能了解真实的情况。"

习近平同时勉励他："绍据同志，你在那边也是当地的一个'活地图'，也是个'活字典'。一个很好地帮助大家一起，协助大家总结宁德的一些扶贫经验；一个提供一些实际情况，这样为下一步我们全国全面摆脱贫困、建成小康，你还可以发挥余热。"

王绍据说："听着总书记的亲切话语，望着他充满喜悦的神情，我一直热泪盈眶。"

两次扩版《福州晚报》

一

1989 年夏天，福建日报社编委、资深报人林爱枝调往福州市，任市委宣传部部长。每天看市委机关报《福州晚报》，是她的"必修课"。

《福州晚报》创刊于 1982 年，一直是四开四版的小报。看惯了《福建日报》这样的对开四版大报，再看《福州晚报》，林爱枝心里有点堵："虽然是市委机关报，但办得不够大气，给人的印象不好，而且与省会城市不般配，与当时的经济发展不契合，尤其与对外开放的形象不适应。"

于是，她产生了一个想法：推动《福州晚报》扩版。然而，当时福州市的底子还比较薄，全市每年的宣传经费仅有七万元，党报扩版不是随随便便就能实现的。

1990 年 4 月，习近平调任福州市委书记。一上任，他就同市委班子成员一一谈话，了解各人负责领域的工作情况。

林爱枝向他简要汇报了福州宣传工作的大概情况和存在的短板，比如，宣传经费少、没有一份完整的机关报等。

习近平说："咱们定个规矩：你在年初定个全年的工作计划，然后上常委会讨论通过，后续工作就按照讨论通过的来做。在工作中有什么重大事项，你觉得有必要上常委会研究决定的，就随时告诉我。也就是说，任何工作，无论有多大困难，分管常委都要先克服，实在解决不了的你随时找我，我会帮助你。这就叫'年初得令而去，年终交令而来'。"

"听了他这一番话，让我心情大不相同。在感到沉甸甸的责任和压力的同时，更多的是激发出了工作的热情。"感受到了信任的林爱枝，坚定了扩版的想法。

回去后，她认真做了功课，专门找时间向习近平汇报，重点提了建议《福州晚报》扩版的事，并谈了扩版的思路："《福州晚报》不仅要扩版，风格也要有所变化。我们应该坚守党报的性质，同时也要具备一些晚报的特点，这样我们就更能贴近群众生活，为广大老百姓提供知识和服务。"

"对，就这样做。你分析的都符合实际。"习近平听了汇报高兴地说。

"福州是省会城市，现在又面临改革开放的新形势，各方面工作都应该紧紧跟上，和省会的新时期新任务相配合。扩版考虑得很好，应该适时提上议事日程。"习近平要求林爱枝先牵头制定出一个详细方案，上常委会讨论通过，再实施。

1991 年 3 月 20 日，福州晚报社向福州市委呈报了《关于筹备改办对开大报的请示报告》，分析了将《福州晚报》改办成大报的必要性、可行性，以及需要解决的编制、经费、职称指标等问题。

3 月 30 日，习近平主持召开福州市委常委会议，专题讨论《福州晚报》的扩版工作。会议给出了结论："鉴于改办大报势在必行，而且改办大报的基本条件已经具备，会议决定：《福州晚报》自1992 年元旦起，改为对开四版大报。"

习近平福建足迹（下）

二

一石激起千层浪。扩版消息传来，福州晚报社沸腾了，大家都认为这是《福州晚报》发展的新开端，纷纷为如何扩版出主意、提建议。

不过，林爱枝和晚报社的班子成员深知，扩版不单是"量"的扩大，更要有"质"的提升。

林爱枝说，扩版，在当时还不是寻常的事。唯有充分做好筹备工作，让条件成熟，扩版才会成功。其中，关键的是采编队伍素质的整体提高和报纸特性的确定。

经过数月紧张讨论、修改、提升，福州晚报社制定出《关于改办对开报的初步方案》，于 1991 年 7 月 9 日报送福州市委。

五天后，习近平作出批示："总的想法很好，要进一步抓紧筹备。爱枝同志要继续做好指导协调，如需汇报可随时联系。"

每当扩版工作遇到重要关节和难题，林爱枝就及时向习近平汇报，请他定夺。"习近平同志总是不辞辛苦，亲力亲为，和我一起对每一个版的特点都进行仔细分析。"林爱枝说。

习近平说："《福州晚报》所担任的机关报任务，就由一二版全权负责，这两个版面必须有质有量地担当起来……其他各版，则要按各自的业务定位办出自己的特色，让读者翻开报纸就能找到自己喜欢阅读的内容。同时，整张报纸风格要和谐，有趣味性、有知识性。"

每个版面怎么办出各自的特色？习近平还一一支招。

针对体育版，习近平说："我们报道全国性的重要赛事，自然要及时、准确，避免疏漏，但在此基础上，也不要只是讲干巴巴的结果：这个运动员得了冠军，那个运动员得了亚军。我们也要把平时教练员艰苦奋斗、运动员刻苦训练的故事挖掘出来，展现给读者，这样才会引起大家的兴趣。"

他还建议开设一个理论版："一个机关报，没有理论支撑，这个报纸的分量是不够的。好的理论文章可以提升晚报的学术水平，也能提高党员干部学习理论、运用理论的兴趣和能力。"

针对计划推出的《兰花圃》副刊，习近平出谋划策说："你最好找几个知名的作家来当副刊的'台柱子'，把作品的水平带动一下，增加可读性。这样一来，大家看了你的副刊，才会觉得这确实是一个坚实的阵地，有利于进一步培养我们的通讯员、专栏作家。"

三

在习近平的指导之下，《福州晚报》扩版思路越来越明晰。

为稳妥起见，1991 年 10 月至 12 月，《福州晚报》进行了扩版试刊，每周二为对开四版的大报。

1991 年 12 月 31 日，正式扩版的前一天，《福州晚报》头版发表了习近平的署名文章《进一步发挥喉舌、桥梁和纽带作用——祝〈福州晚报〉扩版成功》。

对于扩版意义，习近平说："这不能仅仅是容量、版面的成倍扩大，而应作为宣传质量的提高和功能、作用的进一步发挥的新起点，这才是市委对《福州晚报》的真正要求和扩版的意义之所在。"

1992 年元旦，在创刊十周年之际，《福州晚报》由四开四版小报变身为对开四版大报，如期与读者见面。

报纸容量增加了，《福州晚报》增设了不少专版、专栏，如《闽
海神州》《广闻博见》，新设了理论版——《理论与实践》，还有《旅
游天地》、周末版，增加了许多知识性、可读性的内容，更加生动
活泼。

遵循习近平的建议，《兰花圃》副刊聘请名家写专栏以提高质
量，秦牧、郭风等知名作家都定期供稿，使文艺副刊的作品文学性
更强、水准更高。

实际上，习近平这一办报理念直接形成了《福州晚报》扩版后
的办报方针："党报性质、晚报特色"。"这在当时的全国晚报家族
中是独一无二的。"林爱枝说。

值得一提的是，《福州晚报》扩版第一天的头版，还发表了
习近平在宁德工作期间写的《滴水穿石的启示》，作为新年寄语。

习近平写道："新年到了，晚报的同志要我写篇短文。我思酌
再三，偶翻旧作，发现在宁德时写的《滴水穿石的启示》一文。细
读之，感到在今天，在经济发展相对较快的福州，也来提倡'滴水
穿石'的精神，是大有裨益的。《汉书·枚乘传》说：'泰山之溜穿石，
单极之绠断干。水非石之钻，索非木之锯，渐靡使之然也。'任何
一种事业的成功，都不可能一蹴而就，关键在于'渐靡'、在于坚
持、在于积累、在于韧劲。这就是新一年，以至今后更长时期里，
我们应该发扬的一种精神。"

1992 年 7 月，这篇富有哲理之文被收进福建人民出版社出版
的《摆脱贫困》一书中。

第一次扩版后，《福州晚报》赢得了突飞猛进的发展，发行量

逐月攀升，渐渐地从一个不起眼的"小报"发展成为全国晚报家族中名列前茅的一员。

《福州晚报》顺利扩版，也让资深报人林爱枝对她的"班长"习近平更加刮目相看："他对宣传口工作的熟悉程度，他对办报办刊有如此清晰的思路，完全出乎我的意料。"

四

《福州晚报》扩版，带来办报水平的提升、影响力的扩大，但也带来了"成长的烦恼"。

《福州晚报》创刊以后，就一直在加洋路的一栋五层小楼里办公，但厂社混杂，采编部门、发行部门、印刷厂全部在一起。扩版后，人员增加，更加显得办公条件滞后，空间严重不足。

1992 年春的一天，林爱枝思忖再三，找习近平"诉苦"："现在报社的编辑部、印刷厂地方太小了，办公和印刷条件都不行，扩版以后跟不上形势了。以后给报社盖个楼才能解决。您有空可以去报社看一下。"

"好，我去看。"习近平爽快答道。

果然，没过几天，习近平就来到福州晚报社考察，情况确实如林爱枝所说，很拥挤局促。"我了解情况了，很快给你答复。"临走前，他对林爱枝说。

不久，在检查创建全国卫生城市工作时，习近平对同行的林爱枝说："你们不是一直申请要盖晚报办公楼吗？好，我同意盖楼，但有个条件，就是你要进行第二次扩版，这样我就批准给你盖楼。

咱俩交换。"

"习书记，原来您打这个主意啊！"原本只想盖大楼的林爱枝大笑。

习近平说："是啊，最迟明年，《福州晚报》就要考虑再次扩版，不要等形势逼迫我们了再手忙脚乱往前赶，那样工作就滞后了。"

林爱枝回去就召集晚报社的班子商量。然而，不同于第一次扩版消息传开之后大家的群情激昂，这一次却是顾虑重重，众说纷纭。

"现在不比以前，市财政没给补贴，亏本了怎么办？""第一次扩版我们已经铆足了劲，连续扩版很可能力不从心啊！"……诸多顾虑的核心，实际上是扩版与发行、经营的矛盾。

带着这一矛盾，林爱枝再次找习近平面谈。习近平给她算了两笔账：

一笔是政治账。福建省的经济马上会进入一个快速发展的阶段，福州作为省会城市更是一马当先，信息的爆炸式增长很快就会和过少的版面承载量形成矛盾。《福州晚报》所承载的宣传作用，也会在扩版的过程中有效地发挥出来。

另一笔是经济账。《福州晚报》作为一份综合性的日刊报纸，如果版面不够多，就难以给市民提供足够的资讯，资讯量的多少又直接决定读者对报纸的需求，报纸不扩版，经营工作也上不去。

结论是："无论算政治账还是算经济账，扩版都只有好处没有坏处。"

习近平还不忘和林爱枝说的"交换"："你报纸的规模扩大了，人员规模、办公场所自然也要扩大，我给你盖大楼是顺理成章的事。你说是不是这个道理？"

一席话，说得林爱枝心服口服："习书记，我明白了。"

就这样，扩版和盖楼这两个目标，都议定了。

五

习近平不是说说而已，而是高度重视，再次出高招、办实事。

1992年7月24日上午，习近平到福州晚报社现场办公，专题讨论进一步发展晚报新闻事业问题。

习近平充分肯定了《福州晚报》扩版取得的成效："今年晚报取得扩版成功，达到预期目标，特别在'强化服务中心，深化晚报特色'方面所取得的进步，使机关报的性质和晚报的特色得到了较好体现，实现了历史性的飞跃。"

他的期许更高："当前应当清醒地看到，与我市改革开放和经济发展的形势相比，特别是与我市作为对外开放的国际化城市相比，我们的新闻事业还很不相适应，还有很大差距。新闻事业作为一个城市发展的主要标志之一，应当把过去的成绩和进步作为继续前进的信心和动力。"

因此他提出："扩版后整个士气旺盛，状态良好，民气可用，应乘这个机会再发展。"发展的新目标就是1993年再扩版。

再一次扩版，扩什么？习近平再次支招："我们这张一报两用的报纸，首先要突出党报性质。头版要有更多的版面反映机关报的性质，不要都是豆腐块，布局应该有些有分量的东西。"

"报纸宣传要全面，要掌握分寸。报道要力争雅俗共赏，要有空谷幽兰，也要有人间烟火。"

"侨港台是我们的特色，要在侨港台方面多做努力。乡土文化也要有所反映，福州的历史人物可以逐一介绍。言论方面还要加强。言论要紧扣当前的中心，要加强力量，使之更加深刻。"

……

根据习近平的要求，福州晚报社再次启动扩版工作，研究制定了再次扩版和筹建新闻大楼的方案，确定了扩办八版的方针与步骤，以及需要解决的人员、设备等问题。1992年8月20日，方案呈报给福州市委。

8月29日，习近平主持召开市委常委会，听取有关情况汇报，同意《福州晚报》再次扩版的方案和实施细则，即从1993年元旦起，由对开四版扩为对开八版大报。

习近平要求，福州晚报社要继续执行"坚持党报性质，注重晚报特色"的办报宗旨和编辑方针，不断改进和探索版面设置，突出改革开放和经济建设的主旋律，增加国内国际信息容量，努力办成一张融思想性、指导性、知识性、服务性于一体的开放型的机关报性质的晚报。

此后，福州晚报社研讨、细化扩版方案，并再次派人外出"取经"。一个月后，9月30日，《福州晚报》在头版头条刊登消息《〈福州晚报〉明年元旦起扩为对开八版》，宣示了扩版信息：扩版后的《福州晚报》，力求每天给读者献上数万字涉及政治形势、经济发展、社会生活、文化体育、科学知识、文学艺术、伦理道德、衣食住行、天文地理、古今中外趣闻逸事等无所不包、无所不有的信息，使晚报真正起到宣传党的主张，传播知识信息，反映群众呼声，回答现实问题，丰富文化生活的作用，成为广大读者的灯下客。

1992 年 10 月 10 日，习近平主持召开会议，听取了《福州晚报》总编辑叶茂春关于再扩版的情况汇报，研究议定了若干事项，包括：

关于财政政策问题。今后三年（1993 年至 1995 年），晚报社仍按 35％上缴所得税，市财政再全部返还给晚报社，用于新闻大楼建设。

关于选调业务骨干问题。晚报社拟从外县（市）调入五名急需人才，其户口指标由市人事局负责解决……

人员、经费等关键问题的解决，给福州晚报社吃了定心丸。报社继续完善提升扩版方案，并于 10 月 27 日、11 月 10 日向市委呈报了详细的筹备进展情况。

六

1993 年元旦，全新的《福州晚报》亮相，对开八版，更加大气。

版面扩充了，周一到周日每天都是八个版，内容更加丰富了，从版面安排可见一斑：

一版——国内外和本市重要新闻；二版——文化新闻；三版——国内国际新闻；四版——体育新闻；五版——本市综合新闻；六版——社会新闻和《国际经济》《港澳台之页》；七版——副刊（《兰花圃》）；八版——文摘类专刊和《读者来信》及美术摄影画刊等。每逢星期六，第五至八版则为读者提供一份别具一格的周末刊。

《福州晚报》第二次扩版后，不但容量扩大了，质量也提高了，发展蒸蒸日上。1994 年，在第二次扩版一周年座谈会上，与会者听到自费订阅率达到 43% 之多，都很振奋。

林爱枝说："这个自费订阅率，在当时全国众多机关报中是一个很高的数字。这是怎么来的？时任《福建日报》总编辑、我的老领导林振夏一再问我这个问题。我想，我们无非是按照习近平书记确定的'党报性质、晚报特色'方针，具体做了点工作。"

不仅如此，两次扩版还带来人才培养、事业发展比翼齐飞的良好效应。

"这次扩版还锻炼了整个报社队伍，客观上给采编人员一次展示自己、提高自己的机会。随着扩版，几位中层干部进入社一级领导班子，还有一批业务骨干也成了独当一面的中层领导。"林爱枝说。

在指导《福州晚报》扩版的同时，习近平也积极关心支持晚报人的另一个心愿：建设新闻大楼。

1996 年 6 月 1 日，福州晚报社新闻大楼打下第一根桩。一年零三个月后，1997 年 10 月 28 日，坐落于白马河畔的新闻大楼正式启用。形如钢琴的造型，寓意着福州晚报社将在新征程上奏出更响亮的新闻乐章。

"两次扩版成功并取得丰厚成果后，我深感习近平同志眼光长远，做事果断，为《福州晚报》支了妙招，盖了大楼，也为《福州晚报》的未来发展争取了主动。"20 多年后再回首，时任《福州晚报》总编辑叶茂春感慨地说。

到省里工作后，习近平仍然关心着《福州晚报》。

1996 年 11 月 15 日至 21 日，由福州晚报社承办的中国晚报工作者协会第 11 届年会在福州举行。时任福建省委副书记习近平出席开幕式，发表了热情讲话，希望"晚报要着力发挥'短、新、活、快、近'的特色，强化导向意识……努力提高报纸质量，多出精品，赢得读者"。

2001 年 10 月，在《福州晚报》即将迎来创刊 20 周年之际，时任福建省省长习近平发来贺信，称赞晚报 20 年来"注重晚报特色，充分反映社情民意，发挥了党和人民的喉舌作用，为人民群众奉献了一份优质的精神食粮"，希望晚报全体同志"继续坚持正确的办报方向，发扬成绩，继往开来，把《福州晚报》办成一流的文化精品"。

创设新闻"两会"制度，支持出版事业

一

1988 年 6 月底，调任宁德地委书记没多久的习近平，打电话给时任福建日报社宁德记者站站长卓新德，约他到办公室谈事情。

出生于 1952 年的卓新德，1977 年到福建日报社宁德记者站工作。十多年行走闽东大地，他熟知这里的一草一木。

当时，宁德本地既没有党报也没有电视台，福建电视台也没有在此设立记者站。本地仅有一个地委下属的电视宣传中心站，相当于福建电视台宁德记者站，但也仅有一个工作人员。

严格说起来，当时的闽东，新闻"正规军"仅有福建日报社宁德记者站一家。

会面的地点就在习近平办公室外间不到十平方米的简易接待室。寒暄之后，习近平开门见山，说出约见的主题："为了加强与福建日报记者站的沟通，也便于你们及时了解地委的工作安排和全区的工作进展情况，我们是不是可以设立个新闻'两会'制度？"

新闻"两会"制度？卓新德此前闻所未闻，觉得很新奇。

习近平随后详细解释："一个是新闻'月谈会'制度，我们两个人每月碰头一次，由我介绍地委一个月工作安排和一些重要工作的进展情况，以及取得的阶段性成果和全区性的重要事件；你也向我介绍每个月《福建日报》的宣传要求和记者站的采写计划、报道线索，以及新闻界和群众对地委工作的意见、建议和要求"；"另一个是'新闻通气会'制度，由地委办主任向记者通报每季度地委、行署正在抓的重点工作、阶段性成果、全区性重要事件，并当场答复记者需要了解的事情。"

"这是我们新闻记者求之不得的好事啊！"卓新德当即表示赞同。

随后，两人商定：每月 10 日召开"月谈会"，每季度最后一个月的 20 日召开"新闻通气会"，若遇特殊情况需改期，则提前通知。

"新闻'两会'，就相当于现在大家都知道的新闻发布会。在当时，定期召开新闻'两会'，在福建省乃至全国都是绝无仅有的。"卓新德说，"这是在党委政府和新闻媒体之间建立起常态沟通交流机制，更有利于开展工作。"

实际上，不仅限于正式的新闻"两会"制度，卓新德在晚上散步的时候碰到习近平，也会和他边聊天边交流信息。

二

新闻"两会"制度设立后，习近平经常从这个渠道了解社情民意，作为决策参考。

对卓新德来说，则是催生了鲜活新闻，在全省发展格局中排位靠后的闽东频频亮相《福建日报》。当时，《福建日报》只有四版，上个新闻稿件并不容易。

1989 年春节前夕，党政机关一年一度的春节慰问活动即将开始。这也是习近平调任宁德之后第一次组织开展的春节慰问活动。

按照惯例，春节慰问的形式都是一个"套路"，就是各个部门轮流转。

作为老记者，卓新德觉得可以改革一下慰问形式，于是就在当月的新闻"月谈会"上提出来："习书记，宁德存在重复慰问的问题。"

怎么个重复法？卓新德直言不讳：往年，宁德地区的春节慰问都由各部门单独进行。比如，有的村既是老区村，又是贫困村，还是少数民族村，这个村就要接待老区办、扶贫办、民委等好几批慰问组。"村里一天要放好几次鞭炮接待，各个部门的领导也忙得团团转，两头不讨好。"

习近平听罢，立即拍板：马上改革！

几天之后，宁德地委、行署对春节慰问作出了改革决定，凡属地直机关慰问的重点单位，由地委、行署统一慰问，避免重复与浪费，慰问活动重在政治、思想上关心鼓励，帮助群众解决实际问题。同时，要求各县也要按照合并、从简、节约的原则，统一组织慰问，并利用慰问的机会，深入基层同群众交流思想，切实帮助解决实际问题。

1989 年 1 月 18 日，宁德市九仙山畲村和霍童老区迎来了改革后的首批春节慰问组。

习近平领队，带着民委、老区办、扶贫办等多部门负责人与干部、群众亲切座谈，倾听他们的批评与建议，并对"五老"人员提出的问题进行分门别类，交托给各有关部门及时处理解决。

据此，卓新德写成《合并　从简　节约——宁德地区改革春节慰问活动》一文，1989 年 1 月 22 日刊发在《福建日报》头版上。

"对省级党报来说，地市的常规性慰问活动很难在报纸上报道。宁德的春节慰问活动不仅报道了，而且还是在头版，这在当时几乎是没有过的。"时隔 30 多年，已退休的卓新德仍记得这一次的"不可思议"。

1989 年底，习近平偶然从新闻"月谈会"上得知，当地农民每年春耕买化肥需花费不少成本，而廉价的农家肥却少人问津。他决定带头做个示范，引导农民改变用肥习惯，节约生产成本。

几天后，他带着宁德地、市领导、干部和环卫工人共 70 多人，冒着霏霏细雨，把 200 多担农家肥运送到蕉城镇福山村。村里农民说："真新鲜，干部送肥下农村，二三十年前的事又重现了！"

百来米长的山坡小路上，习近平挑着满满两大畚箕的农家肥，噔噔上坡，步履踏实轻快。有位年轻干部说："老习挑担蛮有功底。"习近平说："当年插队时，二百来斤在肩上不觉得吃力，现在不行了。劳动真能锻炼人！"

跟随下乡的《福建日报》记者见此情景，写成《宁德地市干部送肥下乡》一文，刊发在 1990 年 1 月 2 日《福建日报》头版。

三

对新闻宣传工作的重视，习近平深受福建省委原书记项南的影响。

20世纪80年代初，项南在繁忙的工作间隙，还经常为《福建日报》撰写评论。据统计，在他主政福建的五年间，共为《福建日报》撰写了25篇评论。

习近平曾对福建许多干部说："老书记项南说过一句话：'不会运用报纸广播的领导，是手工业式的领导'，这对我触动很大。"

调任福州市委书记后，习近平一如既往地重视新闻宣传工作，并通过召开座谈会、沟通会等形式，善待媒体，善用媒体。

1990年6月4日，福州市委、市政府召开新闻界座谈会，15家中央驻闽、福建省和福州市新闻单位的40多位负责人、记者出席。习近平强调："现代领导需要通过新闻媒介同群众建立联系，任何忽视新闻工作的倾向都是要吃亏的。"

习近平说："新闻界既是益友，又是良师。市委、市政府将一如既往保持同新闻界的密切联系，同大家一起更好地运用新闻舆论工具，贯彻落实好党的方针政策。既欢迎大家正面宣传福州，以鼓舞福州人民的斗志，提高福州的知名度；也欢迎大家指出福州存在的问题，以利于我们改进工作。"

此后，福州市委、市政府进一步加强与新闻媒体的沟通交流，并延续在宁德建立新闻"两会"制度的做法，建立了"双月会"制度。

1994年10月，福州市委、市政府公布《关于建立在榕新闻单位联系制度的通知》，正式建立与新闻单位联系的"双月会"制度，规定每逢双月 10 日前后召开福州市新闻座谈会。

新闻座谈会的形式不拘一格，可以由市领导或有关单位领导发布新闻、答记者问，也可以采取印发新闻标题、提供新闻线索交由新闻单位自行选择，分别深入采访等办法，还可以召集部分有关新闻单位进行专题座谈，组织专题采访等。

通知要求，各级各部门要主动加强与新闻单位的联系，为开展采访活动提供各种便利；对新闻单位的批评建议和要求，要正确、认真对待，迅速及时地采纳改进，并认真负责地向新闻单位反馈。

除了主动支持新闻媒体的采访工作，习近平还善于运用媒体平台推动工作，公开机关单位电话即是一例。

20 世纪 90 年代，还没有建立信息公开制度，有些机关单位把电话做了保密处理，人民群众办事普遍存在找人难、打电话难等问题。

1994 年 1 月，习近平听到有群众反映这个问题，立即交代市委办、市政府办负责人，马上把包括市委、市政府、市直机关单位的电话全部登报公开。不久，这些电话就公布在《福州晚报》上。

"当时习书记要求设立值班室接听电话，还培训大家怎么接电话，怎么倾听群众心声。"时任福州市委办工作人员陈承茂说，"公开电话这个举措在全国极为少见，受到群众的广泛好评，充分反映出他当时要改变福州市工作作风的决心。"

四

"现在回头来看，当年无论是建立新闻'两会'制度，还是建立'双月会'制度，都体现出习近平注重发挥媒体作为党和人民的喉舌的作用，用舆论推动工作、服务人民群众的初心。"2020 年 8 月 26 日上午，卓新德在与年轻记者座谈时说。

在平时的工作中，习近平十分重视群众的批评建议，每天都认真阅读报纸发表的群众意见，对群众的批评、建议亲自阅批，亲自督促有关部门认真解决。

以 1991 年为例：4 月 6 日，《福州晚报》刊登《话说福州价"半"半价》一文，反映商业城部分个体户没有明码实价问题，6 月 23 日《福州晚报》刊登《福州一奇——所有"的士"计程仪都不用》等群众来信，习近平阅后都作了批示，有关部门立即进行研究，采取措施，解决问题。

7 月 9 日，《福州晚报》刊登了《修车岂能乱要价》等几则群众来信。习近平看到后，批示给各级领导干部："报刊上刊登的群众来信，反映了群众的呼声和要求，是党和政府及时了解群众意见、建议的重要渠道。各级各部门领导要善于通过这一渠道，掌握群众的脉搏，倾听群众的呼声，克服工作上存在的薄弱环节，进一步改进工作作风和工作方法，努力密切党与群众的联系。"

习近平要求各有关单位要继续发扬"马上就办"的工作精神，认真落实，改进工作，决不允许对群众的意见采取听而不闻、视而不见、文过饰非的态度。市委办公厅要加强对报刊上群众来信落实情况的督促检查工作，使群众反映的问题事事有着落、件件有回音。

来信《修车岂能乱要价》后来有了回音。7 月 30 日，《福州晚报》刊登了涉事的鼓楼区自行车修配公司的回复："6 月 26 日早，董同志与一姑娘相撞，造成姑娘的车前轮、前叉、三脚架弯曲，外胎破裂，挡泥板、辐条断损。西洪路修车门市部职工估价30元：其中更换的车胎、挡泥板等零件材料费就16元多，修正前叉、车环、三脚架等工费在15元之内，属正常收费。为此，特请贵报与读者说明情况。店内职工没有解释清楚，造成误会，这是我们应该引以为戒的。"

不仅对福州市属媒体，对中央媒体、省级媒体上反映的社情民意，习近平也非常重视，时常亲自推动解决。

1995年3月19日晚，福建日报社记者吴孝武接到福州市鼓楼区马道街池乾新村住户来电，对方声音激动："市委书记习近平来池乾新村了！"

原来，就在八天前，《福建日报》编辑部收到一封题为"危屋报告"的读者来信，署名"马道街池乾新村群声"。这封信诉称，因福州市政府招待所基建施工，导致污水上涌，严重影响居民生活，甚至威胁楼房安全。

吴孝武调查后发现，来信情况基本属实："此前，居民们已多次向有关单位反映此事，但要么互相推诿，要么没人理睬，问题久拖不决。"于是，他写就《污水横流 浸漫危屋——池乾新村居民紧急求援》一文，刊于3月18日的《福建日报》。

时任福建省委常委、福州市委书记习近平看了这则报道后，当即批示有关部门抓紧解决问题。

3月19日晚，习近平还和福州市委秘书长林文斌、副市长林永诚带领有关部门领导直赴池乾新村查看现场，并要求区、街及有关部门尽快清理新村公用道路的积水和淤泥，做好工地防污截流工作。

现场考察的第二天，相关部门就拿出了排污方案，交由市政工程处将地下排水管道改道。

第三天，分管副市长林永诚召集有关部门研究，决定由市政府拨款十几万元，重新疏通下水道；下午，鼓楼区、池乾新村所在的安泰街道办事处有关负责人到新村了解情况，会同有关单位解决问题。

随后，吴孝武写出跟踪报道《池乾新村居民"紧急求援"刊出后　市委市政府领导现场考察　有关部门正在着手解决》，刊于3月25日的《福建日报》。

没过几天，池乾新村的污水退了，居民的生活秩序恢复正常。

"当时，很多住户和我说，这是个不算大的事，但没想到市委书记亲自来督察！"吴孝武说。现今，池乾新村居民们早已住上了新房，但他们仍然对"市委书记夜访督察"一事津津乐道。

五

不仅是对省属媒体，对中央媒体驻闽机构，习近平也是关爱有加、倾力支持、善待善用。这一点，许多与他有过交往的新闻工作者都深有体会，有些人从习近平在河北正定工作时就与他打过交道。

福建省新闻出版局原局长白京兆，20世纪80年代初在光明日报社福建记者站工作，他至今还记得一段"正定往事"。

1984年夏的一天，主持光明日报社福建记者站工作的副站长白京兆，到北京开光明日报社记者站站长会。会快开完时，光明日报社领导招呼广东、福建、浙江、江苏四个站的站长到正定县走一走。

第二天一大早，白京兆一行人坐着中巴从北京出发，将近中午时分到达正定县委大院。"我记得，县委大楼是两层楼的青砖房子，很破旧。习近平同志身穿白衬衫、绿军裤，很朴素。"白京兆回忆。

随后，大家就围坐在铺着绿军毯的会议桌前热烈交流起来。习近平说："我们正定属于内地，与你们沿海省份相比，各方面都差得比较多。我想请你们当经济顾问，把沿海好的东西，包括发展经济的招数、好的项目往正定送一点。我们是内地，但也要改革开放。"说着，习近平给四位站长分别递了名片。从正定回福建后，白京兆不定期地给习近平寄一些材料。

1985年春末，白京兆等人到北京开会，又顺道到正定参观学习。习近平高兴地对他说："你寄的材料我都收到了，非常感谢。沿海有很多宝贵经验，我也很想带着县里的干部到福建等沿海一带看一看。"

对习近平善待善用媒体的态度和做法，新华社福建分社原社长肖辉家也记忆犹新。1998年，肖辉家从新华社海南分社调任新华社福建分社社长，与习近平常有工作上的联系。

肖辉家回忆，2000年、2001年的春节前夕，习近平先后两次到福建分社看望慰问记者，同大家合影留念，并向大家介绍省里的情况，希望多多宣传报道福建。

在2001年的见面会上，肖辉家向习近平汇报了分社的宣传报道工作。习近平作了即席讲话，感谢福建分社为宣传报道福建所做的工作。

习近平说，对新华社的报道，不管是公开报道还是内参报道，他都是支持的，充分肯定的。特别是内参报道，对福建省的工作很有参考价值，他经常运用这些报道来指导自己的工作。

肖辉家深受鼓舞，当场讲述了一件往事：1985年10月，整党工作正在全党范围内展开，他随时任福建省委书记项南到闽西北山区了解整党工作情况。根据项南的讲话精神及后续调查，他写下一份内参《山区县的整党要着重解决干部扎根山区问题》。当时主管整党工作的中央政治局委员、书记处书记习仲勋看了这份内参后作出批示：内参报道很好，建议公开发表。随后，肖辉家修改内参稿件，于1985年11月9日发出新华社公开电稿，第二天的《人民日报》转载了这篇报道。

"我记得，习近平同志笑着肯定说，是啊，领导干部就是要善于同媒体打交道，善于运用新闻报道宣传党的主张，发现问题，解决问题，推动实际工作。"肖辉家回忆说。

六

除了新闻事业，对出版事业，习近平也是尽心支持帮助。很多福建出版人都记得"两个一"——一栋位于福州市鼓楼区东水路的福建出版中心大楼和100万元古籍整理专项经费，这些都得益于习近平的关心支持。

1990年7月，张黎洲从福建日报社副总编辑任上调任福建省新闻出版局局长。彼时，出版局党组有"三大工程"目标：盖新出版大楼、冲刺"五个一工程"奖、引进一批人才。

"首要的就是盖出版大楼。"张黎洲回忆，"当时，出版局没有独立大楼，办公室又窄又小，木质地板老旧，走上去嘎吱作响。而福建新闻出版工作在全国处于前列，排名十位出头，又具有闽台特色和优势。可以说，我们的办公环境与出版工作很不相称。"

为了这个"头号工程"，福建省新闻出版局成立了基建办，由时任副局长白京兆具体分管，每周局党组会都讨论此事。

实际上，出版大楼早在 1987 年就已立项，但由于种种原因一直没有动工，其中最关键的原因就是规划面积与实际需求相比少了。

"原来规划只有 6 亩地，但我们实际测算需要 8 亩多地。旁边多出来的 2.8 亩地，属于福州市政三公司，如果以当时的市场价格拿下来，我们要花不少钱。但当时我们是自筹资金建新大楼，拿不出更多的钱。"白京兆回忆。

为此，张黎洲和白京兆一起找到时任福州市委书记习近平，陈述难处，习近平表态说"要研究一下"。

后来，他们又一次向习近平汇报此事。习近平表示同意，他让工作人员拿出福州地图，仔细察看新大楼周边建设情况。得知选址是在东水路、得贵巷一带，他说："这一带还没有高楼，你们想办法建 20 层以上吧。"

在习近平的支持下，福建省新闻出版局支付了 100 万元，以优惠价格获得了福州市政三公司 2.8 亩土地的使用权。

1992 年底，新的出版大楼打桩动建；1995 年底，24 层的大楼竣工；经半年时间装修，1996 年夏天投用。"20 多年过去了，这栋大楼仍在为新闻出版工作服务。"张黎洲说。

对于获批 100 万元古籍整理专项经费的过程，时任福建省新闻出版局局长杨加清记忆犹新。

2002年的一天，习近平请福建高校的专家学者座谈，也请杨加清参加。

"习近平同志很重视古籍整理工作，问了我福建现在有多少人在搞这项工作，还问了有什么困难。我说，古籍整理工作比较专业，断句很难，校勘也难，最大的困难就是缺经费、缺人才。没想到，习近平同志当场就表态：'你回去写个古籍整理规划报上来，省里批点经费给你们。'"杨加清回忆。

回去之后，杨加清就和福建人民出版社负责人商量此事，很快起草了一份福建省古籍整理出版规划，报给习近平。

2002年8月22日，福建省政府办公厅下文通知省新闻出版局：经省政府领导同意，省财政厅已下达100万元专项经费用于资助古籍整理出版。

在这笔经费的支持下，福建人民出版社加大了"八闽文献丛刊"的编辑出版工作力度，陆续整理出版了《荔枝谱》《全闽诗话》《名山藏》《闽中十子诗》《沈文肃公牍》等20多种颇具价值的古籍图书，为福建历史文献的保存和传承树立了标杆。

更令福建出版人难忘的是，在福建，习近平出版了他的第一本著作《摆脱贫困》、博士论文《中国农村市场化研究》（被《关于社会主义市场经济的理论思考》一书收录），还主编了《现代农业理论与实践》《福建农村市场化发展探索》《福州市20年经济社会发展战略设想》等六种图书。

2001 年 5 月，习近平在福建省新闻出版局调研

作者习近平

一

1990 年 12 月 1 日，星期六。当天的《福建日报》第四版上刊登了一首谱了曲的词《念奴娇·忆焦裕禄》，署名："习近平 / 词，沈云 / 曲"。这是"作者习近平"第一次以文艺副刊作者的身份亮相《福建日报》。

填制这首词，源自习近平对"县委书记的榜样"焦裕禄的崇敬之情。2014 年 3 月 17—18 日，习近平在河南省兰考县调研指导党的群众路线教育实践活动，在兰考县委常委扩大会议上，他深情回顾了这段历史："我当知青、上大学、参军入伍、当干部，我心中一直有焦裕禄同志的形象，见贤思齐，总是把他当作榜样对照自己。焦裕禄同志始终是我的榜样。一九九〇年七月十五日，我任福州市委书记时，以《念奴娇》的词牌填了一首《追思焦裕禄》，发表在《福州晚报》上。"

其时，习近平刚刚到任福州市委书记两个多月。1990 年 7 月 9 日，《人民日报》头版刊发了新华社著名记者穆青、冯健、周原撰写的长篇通讯《人民呼唤焦裕禄》。

7 月 15 日深夜，习近平读了这篇文章，深受触动，于是填了这首《念奴娇·追思焦裕禄》。

"我记得 7 月 16 日早晨，市委办公厅工作人员将习近平同志的手稿送到报社，值班的杨振荣副总编辑看到后直呼'太感人了'，马上安排将这首词排在头版显要位置。"30 年过去，时任《福州晚报》编辑部主任范金玉对刊发过程仍印象深刻，"那天值班的编辑记者看后，都觉得这首词情真意切，很感人！"

习近平在福建工作期间，在关心、支持《福建日报》新闻宣传工作的同时，还身体力行为《福建日报》撰稿。据统计，习近平在《福建日报》上共刊发 32 篇署名文章。

梳理这些文章可以发现，习近平在福建有关加快经济和社会发展的阶段性思考成果，基本上都在《福建日报》上刊出，包括《摆脱贫困·跋》，谋划福州发展的思考《再造一个"金三角"》和《关于扩大开放的若干思考》，率先提出"数字福建"思考的《缩小数字鸿沟　服务经济建设》，总结"晋江经验"的《研究借鉴晋江经验　加快构建三条战略通道》等。

1992 年 7 月，习近平将其担任宁德地委书记期间，致力闽东地区脱贫致富、加快发展的实践和思考文章，汇编成《摆脱贫困》一书，由福建人民出版社出版。

习近平请省委原书记项南作序。

"近平同志和他的'一班人'，在宁德近两年的工作中，带头'四下基层'，对宁德的特点和历史，作了仔细的调查和认真的思考，所以提出的设想，比较切合实际。一扫时下那种说大话、说空话、说套话的弊病。"项南对习近平在宁德的扶贫工作作了如是评价。

1992 年 8 月 27 日，《福建日报》第二版最上面的版面，刊登了项南为《摆脱贫困》一书写的序和习近平写的跋。

这也是《摆脱贫困·跋》第一次在新闻媒体上亮相："我是崇尚行动的。实践高于认识的地方正在于它是行动。""全书的题目叫做'摆脱贫困'，其意义首先在于摆脱意识和思路的'贫困'，只有首先'摆脱'了我们头脑中的'贫困'，才能使我们所主管的区域'摆脱贫困'，才能使我们整个国家和民族'摆脱贫困'，走上繁荣富裕之路。"近30年之后，再读这篇跋，仍然给人以深刻思考和启迪。

"作者习近平"的署名文章中，最独特的当属三登《福建日报》的《〈福州古厝〉序》。

2001年开始，福建人民出版社组织福州民俗专家撰写"福州民俗文化丛书"，包括《福州习俗》《福州老街》等。《福州古厝》是丛书中最后与读者见面的，首印于2002年5月，作者曾意丹毕业于北京大学历史系，曾任福州市文物局局长，是福州知名的文史专家。

"《福州古厝》一书的撰写前后花了一年左右的时间，图文资料都是曾老师当年一步一个脚印，无数次走访、拍摄来的。"《福州古厝》策划编辑、福建人民出版社社长刘亚忠回忆说。

曾意丹很珍视这本凝结心血之作，期望这本书能唤起更多人"珍惜爱护古建筑"。《福州古厝》付梓之际，他特意邀请时任省长习近平作序。习近平在福州工作期间，为保护文物和文化遗产做了大量实实在在的工作，更提出了许多富有远见的工作思路，与曾意丹相识，正是这一时期。到省里工作后，习近平仍一如既往地重视文物和文化遗产保护。收到曾意丹的邀请后，习近平欣然应允，他在序言中回顾道："我曾有幸主持过福州这座美丽古城的工作，曾为保护名城做了一些工作，保护了一批名人故居、传统街区，加强了文物管理机构，增加文物保护的财政投入。衷心希望我的后任和全省各个历史文化名城的领导者比我做得更好一些。"同时，他也把自己多年来一以贯之的关于文化遗产保护的思考作了阐发："保护好古建筑、保护好文物就是保存历史，保存城市的文脉"，"发展经济是领导者的重要责任，保护好古建筑，保护好传统街区，保护好文物，保护好名城，同样也是领导者的重要责任，二者同等重要"。

2002 年 5 月 24 日，《福建日报》文化版头条刊登了这篇序言。

党的十八大之后，以习近平同志为核心的党中央高度重视并加大对文化遗产的保护。

2014 年底，在福建省委及省委宣传部的部署指导下，《福建日报》组织撰写了重磅文章《"像爱惜自己的生命一样保护好文化遗产"——习近平在福建保护文化遗产纪事》，刊发于 2015 年 1 月 6日。习近平当年撰写的《〈福州古厝〉序》也重新刊发。

2019 年 6 月 8 日，在中国文化和自然遗产日来临之际，《人民日报》重新发表了习近平这篇关于文化遗产保护的重要文章，在全国引起热烈反响，《福建日报》6 月 9 日予以转载。

17 年时间，一篇序言，三登《福建日报》，这也展现了习近平热爱文化的情怀与境界。

二

20 年过去，已退休多年的《福建日报》记者魏章官，还完好保存着一封已经略微泛黄的信：

章官同志：

　　来信收悉，随寄材料已阅。农业产业化是农村生产经营方式的一个重大变革，需要在理论上不断深入研究和实践上加快推进。你的系列文章谈得不错，既有理论观点，又有实践事例，重点突出，内容也比较全面。但我感到有一些问题还需要作进一步探讨，如农业产业化经营已经 10 多年了，为什么水平提高不快，效果不够突出？农业产业化的"龙头"本质上究竟是企业还是市场？产业化与市场化、专业化之间究竟是一种什么关系？当前我省推进农业产业化的难点和关键在哪里？希望你能够对这些问题再做一些深入研究，将农业产业化谈得更透彻一些。以上意见妥否，供你参考。

习近平

二〇〇二年元月十日

　　这背后是一段"习近平评报"的故事。

　　魏章官是专家型记者，曾任福建日报社农村采访处处长，时任福建日报社要闻部主任，采写的"三农"报道较多。习近平担任福建省委副书记、省长期间，他经常跟随调研采访。

　　"我感到他非常平易近人，而且求真务实，说管用的话。"魏章官回忆说，"习近平同志十分重视'三农'工作，对'三农'实情非常了解和熟悉，对'三农'问题的分析深入浅出，独到精辟；对破解'三农'问题的办法举措，常常独辟蹊径，别具一格，一些话可以让记者直接搬来作评论标题。"

魏章官至今还记得习近平的精彩之论："建新村不等于建新房"，不能搞强迫命令一刀切，搞形式主义，把旧房都拆除建新房，加重农民负担，要"新旧两相宜"；不能提倡农民老板回乡占地盖别墅，盖了只是春节回来住几天，平时"别墅成别野"；不能强调搞什么国庆多少周年"献礼工程"，工程建设有自己的规律，要严格按规律办事，工程质量第一，不要赶时间抢进度，要"慎提献礼工程"等。

"习近平同志讲的实话、管用的话，我基本上都作为标题，写了评论文章刊登于《福建日报》，多篇被评为好稿。"魏章官说。

不仅如此，根据习近平有关"三农"工作的讲话精神，加上自身多年的积累，魏章官精心撰写了"农业产业化系列谈"，从2001年9月27日至11月7日，连续九周，刊发于《福建日报》经济版，每周一评，每篇千字，主题包括"生产必须基地化规模化""发展中介流通业""农业'入世'靠什么"等。

九篇"系列谈"发表后一个月，魏章官给时任省长习近平写了封几十字的短信，附上九篇评论的剪报，拿到报社收发室，写上"习近平省长亲收"寄出去。没想到，仅过了五天就收到了习近平的回信。

"习省长的回信，实际上是作了一次重要的评报，既肯定系列文章谈得不错，又提出'有一些问题还需要作进一步探讨'。"魏章官说，信中提了农业产业化为什么水平提高不快、效果不够突出等四个问题。"如今想来，习近平同志的'四问'仍然有很强的现实针对性和指导意义，仍然需要我省有关部门和新闻媒体在理论上和实践中加以深入的探讨和破解。"

"这'四问'起码可以做四篇大文章。可惜，限于本人水平和其他的因素，当时没有继续'系列谈'下去。"回想往事，魏章官仍觉得不无遗憾。

三

对省委机关报《福建日报》，习近平始终关爱有加。

"《福建日报》是我最喜欢读的党报之一，是每天必需的'早餐'。"1990年12月，时任福州市委书记习近平在同记者座谈时说。

在这次座谈会上，他说：党报党刊始终是我们党密切联系群众的桥梁和纽带，是党和政府的喉舌，也反映了广大人民群众的声音。各级各部门和干部群众要把党报党刊作为自己的良师益友，在阅读、学习中了解全局、掌握政策、提高认识、指导工作。

对《福建日报》的重点策划、重头报道，习近平也不时肯定、表扬和鼓励。

20世纪90年代中期，全国上下推动脱贫致富奔小康，《福建日报》也开辟专栏，浓墨重彩地进行报道。

1996年7月22日，全省农村小康宣传工作座谈会召开，时任省委副书记、省委农村小康工作领导小组组长习近平出席会议，并点名表扬了《福建日报》。

他说："《福建日报》不仅以显著位置报道省里有关农村小康建设的会议精神、调研活动和各地的做法经验，而且还先后在一、二版上推出'铁心拼搏奔小康'等栏目，影响较大，反应很好。下一段各新闻单位要总结推广宣传工作上的成功做法和典型经验，突出加大整体宣传力度。"

"我知道会议的主题，也知道习近平同志会谈怎样搞好农村小康宣传工作，但没想到他还特地点名表扬了《福建日报》，而且连具体的栏目和文章都知道，可见他对宣传工作的重视。"参加了此次会议的《福建日报》记者陈世旺回忆说。

1999 年是《福建日报》创刊 50 周年。8 月 23 日，时任代省长习近平致信祝贺，勉励党报工作者"在跨世纪发展的征程中，再接再厉，为建设海峡西岸繁荣带作出更大的贡献"。

2002 年 8 月 25 日，福建日报报业集团挂牌成立。出差在外的时任省长习近平特地发来贺信，希望福建日报报业集团"努力造就一支政治强、业务精、纪律严、作风正的新闻工作队伍，做强做大报业集团，不断扩大影响力，把报业集团建成我省宣传战线唱响主旋律、打好主动仗的主力军和主阵地"。

2009 年是《福建日报》创刊 60 周年。7 月 2 日，时任中央政治局常委、中央书记处书记、国家副主席习近平致信祝贺，希望《福建日报》"坚持以人为本、坚持正确导向。更加贴近实际、贴近生活、贴近群众，不断提高舆论引导能力"。

除了《福建日报》等纸媒，对广播电视事业，习近平也很关心，多次接受福建电台、电视台的采访，纵论福建改革开放和现代化建设事业。

2002 年 7 月 31 日，福建省"十五"期间社会事业重点建设项目——福建广播电视中心开工建设，时任省长习近平出席开工仪式，并为其培土奠基。2011 年 1 月 1 日，福建广电中心正式启用，全省广播电视硬件设施水平跃上一个新台阶。

记者们的朋友

一

1988 年夏的一天，习近平突然造访宁德地委办公楼电视宣传中心站。

此时，记者邢常葆正在设备前编制电视艺术片《太姥情》。听到自我介绍后，邢常葆才知道，这是新到任的地委书记。

习近平是来了解《太姥情》情况的。当时，片子还未剪辑完成，习近平看了剪好的部分，觉得拍得不错，他说："闽东的山水很漂亮，以后你们要加大宣传。"

在邢常葆的印象中，这位新来的地委书记既年轻又亲切，没有大领导、大干部的架子，很平易近人。

此后，习近平有公务活动，作为宁德地委下属电视宣传中心站唯一的工作人员，也是宁德全地区唯一的电视记者，邢常葆都会跟随报道。

久而久之，邢常葆发现，习近平很关心新闻事业。

当时的宁德地区没有电视台，也没有报社。

"他让我了解一下办一个电视台需要多少钱，我找了一位懂技术的领导询问，电视采、编、播加上覆盖，可能要 300 多万元。对那时候的宁德来说，300 多万元是天文数字。习书记对我说：'还是先办报纸，电视台的事你也再问问，能不能少花一点钱。'"邢常葆回忆。

调离宁德前，习近平特意在会上强调，宁德电视台一定要办起来！

经过宁德地委、行署的努力，1990年12月底，宁德电视台经国家广播电影电视部批准建立，1991年2月播出第一期新闻节目《闽东新闻》。

按照习近平提出的"少花钱"想法，宁德电视台组建时未做信号覆盖，只配备了两三台设备、五六个人，总计花了100多万元。制作完成的节目送到宁德差转台，依靠福建电视台的力量，等他们的新闻播完，再插播宁德的节目。

2000年底，时任福建省省长习近平来宁德调研时得知，筹建宁德电视台新大楼的资金缺口较大。为此，他专门批了150万元帮助解决资金问题。

二

在不少媒体工作者的眼中，习近平不但关心新闻事业，而且很懂新闻规律。

在《摆脱贫困》收录的《把握好新闻工作的基点》一文中，他阐述了如何加强新闻队伍建设："要发扬艰苦奋斗精神，深入调查研究。""调查研究是新闻工作者的基本功，是新闻工作者成才的根本途径；只有坚持调查研究，才能把自己锻炼成思想端正、作风扎实、业务过硬的新闻工作者。"

"那时候，他喜欢和新闻记者聊时事、谈看法，地委的各项工作会议和活动，他都邀请各路记者去参加。"邢常葆回忆，当时的新闻版面有限，有些活动记者参加了也不一定能报道，因而常常感到为难。

了解了大家的难处，习近平说："我叫大家来开会，不是一定要你搞报道，你们可以从这些会上了解到第一手资料，有的事可能刚刚有意向，刚刚起步，这时候你们不用报道，可以关注、追踪，再过几个月，'火候'到了，来龙去脉你们都掌握了，相信就能写出厚重的稿子来。"

"那时候，除了研究人事问题的常委会，其他各类会议他都破格让记者参加，尤其是经济发展方面的决策性会议，都对记者敞开大门，这在以前是不可能的。"邢常葆回忆，在习近平的鼓励和调动下，记者们逐渐尝试在会议活动中找选题，也能沉下心来写稿子，为闽东发展鼓与呼。

当时，宁德地区经济发展滞后，交通闭塞，新闻宣传工作也和各方面工作一样，必须克服重重困难。习近平常对记者们说："你们新闻报道工作需要地委行署做什么，可以跟我说，我们全力支持！"感念新闻工作者的奔波劳苦，他主动为他们排忧解难。

宁德电视宣传中心站原有一台上海牌二手车，由于宁德山路多、路况差，车子颠来倒去没几年就坏了。邢常葆每次下乡采访，身扛摄像机、充电器、灯光等设备，在中途多次换乘，很不方便。他斟酌再三，将困难告诉了习近平。

习近平听罢，马上找来常务副专员，请他解决购车经费问题。习近平说："新闻工作讲究时效问题，而且搞电视采访的不像文字记者，要带着一堆机器，没车不方便，咱们还是想办法支持一下。"

后来，行署真的给电视宣传中心站配了一台新车。

习近平不止善待本地媒体，对驻宁德地区的省属媒体也是关爱有加。

彼时，宁德正处于摆脱贫困、加快发展的关键时期，群众反映情况、表达诉求比较多，福建日报社宁德记者站常常接待来访群众，帮助群众向地委、行署反映需求，促进许多问题得以解决。

"习近平同志在宁德时曾多次赞扬，福建日报社宁德记者站是地委、行署接待群众来访的'第一接待站'。"时任福建日报社宁德记者站站长卓新德说。

为此，地委、行署特意赠送了一台原装进口空调和一套转角沙发给记者站，用于接待群众。"当时，连地委、行署都没有这么好的空调，可见他对做好新闻宣传工作和群众工作的重视。"

三

调到福州市、福建省委、省政府工作之后，习近平仍然关心新闻事业，关怀记者冷暖安危，因而成了很多记者的"朋友"。

担任省委副书记时，习近平分管"三农"工作。当时，张红在福建日报社担任对接"三农"工作的经济采访部主任，两人在工作中交往较多。不过，最让她难忘的是1998年跟随习近平的雪域高原之行。

当时，福建省对口支援西藏林芝地区。习近平率第二批福建援藏干部进藏，同时迎接第一批援藏干部返闽。

6月17日清晨，经过3000多公里的飞行，习近平一行在拉萨贡嘎机场下机。按照惯例，他们要留在拉萨短暂休息，但习近平为了深入了解第一批援藏干部情况，下了飞机就率先遣队马不停蹄向林芝进发。

平均海拔逾 4000 米的雪域高原，空气含氧量只有平原的60%。就在当天夜里，留在拉萨的援藏干部及陪同人员，30 人中有 15 人因高原反应强烈被送入医院输氧挂瓶。

贡嘎机场到林芝八一镇有 530 多公里，路是未经修缮的土石路，路线弯曲，碎石遍地。

驶上海拔 5000 多米的米拉雪山，穿过一道道大红横幅和象征吉祥的经幡，车队沿垂直落差达 2000 余米的尼洋河顺流行驶，一路尽是大川陡谷，断壁悬崖。

刚上路，大家还挺兴奋：乘的是西藏的车，走的是西藏的路，赏的是西藏的景，藏族司机在车内放的音乐却是闽南语歌曲《爱拼才会赢》。但很快，由于缺氧和行车颠簸，张红和很多同行者开始头昏脑涨。"脑袋几次撞上车顶，想喝口水，杯子都难以送到嘴边。"她回忆。

第二天中午，车队停在坝上的几棵白杨树旁，大家下车吃午饭。一路劳顿，秘书和随团医生晕得趴在车上，习近平搬了块石头坐在白杨树下，打开分给自己的干粮盒，就着矿泉水大口吃面包。看到张红耷拉着脑袋坐在一边，便拿个干粮盒递给她，关切地说："还是要吃点东西。"

抵达林芝八一镇，已是晚间 8 点多。当天，随团医生产生严重的高原反应，习近平连忙安排他休息，宽慰他说："放心，我身体好，不需要医生一路陪着。"

安顿下来后，张红觉得精神好多了，连着吃饭、洗澡、洗衣服，还谢绝了氧气袋。不料躺下没多久，难以抑制的胸闷、头晕再次袭来，她开始大口喘息，一丝尚存的求生意识使她咬牙挣扎着起床，深一脚浅一脚到楼下服务台求救……

一看她脸色发紫，嘴唇发黑，服务台的藏族小伙子三步并两步往楼上跑，不一会儿，拎来了一个大氧气袋。

吸了氧，回过神后，张红一抬头看见墙上的挂钟，时针已经过了凌晨1点。

"这么迟了！你拿来谁的氧气袋呀？"她问。

藏族小伙子说："没事，那个年轻人听说有人不行了就让把氧气袋拿来。"

那个氧气袋让张红平安度过进藏的第一个夜晚。第二天，她半开玩笑地问一起进藏的队友："昨晚是哪位年轻人见义勇为，把氧气袋让给我了？"

"是我。"习近平笑着回答。

惊讶之下，张红心中溢满了感动：初来乍到世界屋脊，氧气袋可是生命安全的保障，习近平竟毫不犹豫让给了她。

在张红的印象中，习近平重视宣传，也珍视与媒体人的友谊。

2002年10月9日，习近平调任浙江前夕，特地托秘书给张红来电："习省长要调到浙江工作了，后天走，明天上午10点半，你有空过来一下。"

第二天，大家齐聚在习近平办公室里，与他依依惜别。习近平对大家说："闽浙两地靠得近，大家来往很方便，今后，我就是福建的'省外乡亲'。"一番话，令在场许多人热泪盈眶。

四

前去话别的除了张红，还有陈慧瑛，这是习近平在厦门工作时就结下的"布衣之交"。

1985 年冬的一天，厦门市深田路 46 号，厦门日报社。到厦门工作不到半年的市委常委、副市长习近平，向报社的人打听一个人。

"陈慧瑛同志在哪里?"

"她在五楼。"

他就噔噔噔地上楼去了。上了楼，报社的同志向他介绍："这就是陈慧瑛。"

握了手，他满面笑容地说："你就是老陈啊! 你的报告文学、散文还有散文诗都写得很好，我很喜欢，你为宣传特区的人和事做了很多工作。"

当时，厦门经济特区创办没多久，百业待兴。陈慧瑛不到 40 岁，已在厦门日报社工作八年，在副刊当文艺编辑，而且，还一边做编辑，一边当记者，主动采写新闻，几乎每周都有一篇比较大的文章刊登在《厦门日报》上，很多人喜欢读她的文章。

见到一位素昧平生的年轻人这样鼓励，陈慧瑛也不知道该如何回答。她本以为习近平是来投稿的，一经介绍才知道这是分管文教宣传工作的副市长。

原来，刚到厦门时，习近平业余时间常邀请记者、作家、文学青年聚在一起，谈文学、谈艺术。这次见面后，陈慧瑛就成了其中的一位。

在陈慧瑛的印象中，习近平和大家亲密无间，大家也从不把他当官员看待。他自己也会写诗、随笔和小说，后来发现，他竟然还写过电影剧本。

1986年初春的一天，《中国工人》杂志主编郭晨从北京到厦门来。他是作家，也是陈慧瑛的朋友，这次到厦门，除了向陈慧瑛约稿，还请她带着去见习近平——他们原来就曾相识。

厦门日报社在深田路，习近平住在图强路，离得很近，拐个弯就到了。到了习近平住处，三人谈文学、谈艺术，谈北京、谈厦门，无所不谈。

陈慧瑛了解到，在北京工作时，习近平就和郭晨一起创作了一部电影文学剧本，名叫《基督医生》。后来，这个剧本分六期连载在1986年5月至6月的《厦门特区文学报》上。

那段时间，习近平与作家、记者、编辑们的布衣之交，在厦门文学界传为佳话。

此后，陈慧瑛与习近平在工作上的交集并不多。但年深日久的"布衣之交"情谊却愈发厚重，陈慧瑛印象最深的是两次为习近平送别。

第一次送别是1988年6月，习近平调离厦门前往宁德工作的时候。那天，陈慧瑛到漳州龙海采访，晚上6点左右，当地同志告诉她，县委办有厦门来的长途电话。

她一听，以为家里有事，急忙赶到县委办，拿起电话，没想到电话那头传来了习近平的声音："陈大姐，是我，我打电话来向你告别。"

"你怎么知道我在龙海呀？"

"我打电话到你家，你爱人老吴告诉我，你到龙海采访去了。"他告诉陈慧瑛，"组织上要调我到宁德工作，明天就走。"

"那我赶回去为你送行！"陈慧瑛一听，就想着赶紧回厦门。

龙海与厦门隔海相望，当时无论走陆路还是走水路，都需要不少时间。

习近平说："龙海开船过来要有潮水，明天要下午涨潮时才能开船，我明天上午就离开了。陈大姐，以后你到宁德来看我吧。"

陈慧瑛没有听他的。为了能赶回厦门送行，她决定连夜乘车，取道漳州回去。第二天一早6点多，她赶到图强路习近平住的宿舍。

习近平一看到陈慧瑛，又惊又喜，快步走过来，双手与她紧紧相握。

分别时，习近平一再嘱咐说："大姐，到宁德来看我！"

第二次送别，是在习近平从福建省省长任上调往浙江任职的时候。

2002年10月10日上午10点多，时任厦门市人大常委的陈慧瑛正在人大办公室上班，忽然接到习近平秘书打来的电话，说："省长交代我告诉你，明天中午一点钟，他就乘飞机去杭州上任了，今后你去浙江，一定要去看他。"

陈慧瑛这才知道，习近平要调到浙江任职了。当时，厦门还有一位同志也听说了这个消息，与陈慧瑛约定一起去福州为习近平送行。

第二天上午，他们从厦门赶到福州，在省委大院见到了习近平。习近平握着陈慧瑛的手说："大姐，你来了我很高兴。"随即交代秘书去沏茶。

"大姐，我要到杭州去了，不知道你有什么指导意见？"

"不敢不敢，我冒昧从厦门赶来，您临行前又百务交集，我看您一眼就走。"

习近平连说不着急，又请他们喝茶。随后，让秘书给他们拍了合影。

五

习近平以诚待人、细心体贴的风范，许多新闻记者都曾亲身体会。

1989 年 10 月 26 日，时任宁德地委书记习近平陪同一位省主要领导顶着风雨，到福安县范坑乡毛家坪村调研农业。福安电视台特约记者郑广萍用衣服包着摄像机避雨。习近平看在眼里，悄然走过去，为他撑伞挡雨。

1990 年春天，习近平陪一位省领导到寿宁县中意合作板材公司调研，寿宁县委报道组记者郭晓清为居高拍摄一个镜头，顺手拿起一只四脚凳踩在上面。习近平立即走过去扶着凳子，说："年轻人，小心一点儿，别掉下来。"

习近平在福州工作期间，也是如此细心。时任福州电视台新闻中心主任岳福荣回忆，作为地方电视台记者，他不仅要采制本地播放的新闻节目，还要给省台和中央台传送新闻。为了赶时效，岳福荣常常要在活动现场完成采访。习近平总是欣然应允，从来没有拒绝过一次，采访结束时他还经常微笑着再问一句："这样可以吗？够不够？"

时任《福州晚报》副总编辑陈臣治经常跟随习近平调研。"每篇稿子他都审看、圈阅。"直爽的老陈说，"他讲话不煽情、短而实，有逻辑、有新意，记下来就是一篇文章。"

福建日报社老报人张黎洲对习近平以诚待人的风范，也深有体会。1987 年 2 月，张黎洲从云南日报社调任福建日报社副总编辑，1990 年 7 月调任福建省新闻出版局局长。他与习近平有过两次印象深刻的长谈。

1988 年 10 月，宁德县撤销，设立县级宁德市。12 月 31 日，举行了宁德县撤县设市庆祝活动。张黎洲作为福建日报社的代表，参加了庆祝活动。

原本以为参加完庆祝活动就没什么事了，没想到会后时任宁德地委秘书长林思翔找到张黎洲："习近平书记说，想见你一面，吃完晚饭后到他的住处聊一聊。"

张黎洲回忆："当天晚上谈了两三个小时，习近平同志讲的最多就是闽东地区如何摆脱贫困，特别是摆脱意识上的贫困。他说，脱贫不能单单靠输血，要靠造血，输血只能帮助一段时间，造血就可以有源源不断的动力。当时，对如何脱贫，一般的观念都是靠输血扶持。我就觉得，习近平同志的想法很有新意。"

第二次长谈，是在 1990 年中秋节前后。

当时，张黎洲因为连续值夜班，血压很高，高压 200 多，低压 120。这导致他有点小中风，在省立医院住院两个星期，中秋节前后在家里休养。

一个周六的上午，张黎洲在位于福州华林路福建日报社宿舍大院的家中休息，突然听到有人敲门，他开门一看，没想到是习近平。

"老张，听说你生病了，我来看看你。"当时，习近平调任福州市委书记没多久。听说张黎洲生病了，习近平特地问到了他家的住址，走到他家探望。"30多年前习近平同志特地来探望我的情形，至今历历在目，令我十分感动。"张黎洲说。

"得知我的身体没有大碍以后，他就跟我聊起来，谈的主要内容，还是扶贫。"张黎洲回忆，习近平明确地说，报社要加强扶贫的报道，要有新意、有深度的报道。

这次谈了一个多小时。让张黎洲感触很深的是，习近平虽然调离了宁德，但还是牵挂着闽东的摆脱贫困工作。

在省领导任上，习近平与记者们也是真诚相交、真诚相待。

1999年11月，时任福建省代省长习近平率经贸代表团赴重庆开展三峡库区移民对口支援工作，福建电视台记者赖晗随团采访。

重庆万州是赖晗的家乡，当时他的父亲已于三年前病逝，母亲独居在家。得知情况，习近平专门给赖晗放假，要求他："你不要'三过家门而不入'，赶紧抽时间回家一趟，也请代我向你母亲问好。"

赖晗回到家中，把习近平的问候转达给母亲，老人十分感动，连连赞叹："这位领导了不得啊！对人真贴心。"老人灌了香肠，要儿子一定捎给习近平尝尝地道的重庆小吃。

1999年末，上海东方电视台新世纪采访团和福建人民广播电台"大众话题评说"栏目组，联合制作一小时的直播节目，希望邀请习近平在直播间接受采访，并回应上海、福建两地听众关心的话题。

收到同行的请求后，时任福建人民广播电台新闻部副主任姚燕玉没有多想，利用一次会议间隙，拿着采访方案直接找到习近平。

习近平爽快答应："只要我不出差，都可以！"

约定的日子到了，习近平提前半个小时来到直播间，在同主持人简单交流后就走了进去。数不清的热线电话让时间飞逝，一个小时很快过去。下午 1 点直播结束，习近平又和大家一起到楼下食堂简单用餐。

20 多年过去，往事历历在目，姚燕玉感慨："习近平同志很随和，对记者工作非常理解，找他采访，他都很支持！"

十一、青山绿水是无价之宝

千 年 大 计

一

在《摆脱贫困》一书中，黄振芳是为数不多被"点名"的人。

黄振芳进入习近平的视野，始于习近平在闽东的第一次深入调研。

从厦门经济特区来到全省发展最为滞后的宁德地区，习近平面临寻找突破路径，率领闽东加快发展、摆脱贫困的重任。

甫上任，1988年7月初习近平就和地委几位负责同志，翻山越岭，历时一个多月深入闽东九县，以及毗邻的浙南温州、苍南、乐清等地调研。

对于此次调研，时任宁德地区行署专员陈增光记忆深刻：九个县跑下来，习近平作了一次全面总结。"他的这次讲话在闽东吹响了思想大解放的号角。"

讲话精神后来形成调研文章《弱鸟如何先飞——闽东九县调查随感》。习近平在文章中说，要使弱鸟先飞，飞得快，飞得高，必须探讨一条因地制宜发展经济的路子。闽东走什么样的发展路子，关键在于农业、工业这两个轮子怎么转。

他说，在农业上，"靠山吃山唱山歌，靠海吃海念海经"。"'吃山'，要抓好林、茶、果。林业是'一封就成林'。周宁县的黄振芳家庭林场搞得不错，为我们发展林业提供了一条思路。"

在寻找闽东脱贫的路径上，兼具生态效益、社会效益和经济效益的林业引起了习近平的关注，振兴林业被习近平摆上了闽东经济发展的战略优先位置。

在 1989 年 1 月发表的《闽东的振兴在于"林"——试谈闽东经济发展的一个战略问题》中，习近平开宗明义："在闽东这样一个贫困地区，山林资源是一个重要的优势。'什么时候闽东的山都绿了，什么时候闽东就富裕了。'闽东群众的这句话，说出了一个很深刻的道理：闽东经济发展的潜力在于山，兴旺在于林。"

在文章中他提出了自己的思考："我认为，从一般的意义上理解，林业有很高的生态效益和社会效益，比如森林能够美化环境，涵养水源，保持水土，防风固沙，调节气候，实现生态环境良性循环等。从特殊的意义上理解，发展林业是闽东脱贫致富的主要途径。林业是闽东财政收入的重要来源之一，是地方农业、工业和乡镇企业发展的重要依托，是出口创汇的重要基础。森林是水库、钱库、粮库，这样说并不过分。"

二

当时的闽东，振兴林业面临的形势令人喜忧参半。

党的十一届三中全会后，各项改革加快推进。1981 年，以稳定山权林权、划定自留山和确定林业生产责任制为核心的林业"三定"政策出台；1982 年，解放农村生产力的家庭联产承包责任制出台……时代正在剧变。

时任福建省委常务书记项南从福建的实际出发，提出了大念"山海经"的战略，倡导大力发展林木、果树、茶叶等经济作物，闽东的林业建设迎来第一波热潮。

另一方面，新旧思想在落后的闽东短兵相接，不少人仍担心政策会变。特别是林业收获周期很长，鼓励造林的"谁造、谁有、谁受益"的政策能不能落实好，不少群众仍疑虑重重。

习近平需要一个有说服力的榜样来消除群众的疑虑。

1988年7月，在周宁调研时，造林大户黄振芳的故事引起了他的关注。

黄振芳是周宁县有名的"造林大王"。1983年，年过半百的黄振芳冲破农村长期认"祖宗山"风俗的种种阻力，带领全家创办家庭林场，开垦荒山50亩，贷款8万元造林。三年时间，黄振芳和家人造林1207亩，并在速生林中套种马铃薯、玉米等经济作物，"以短养长"，在全县产生了巨大反响。

得知黄振芳在山上造了一大片林，把整个家都搬上山去了，习近平决定上山看望。当时车子开到乡镇后，习近平撑着雨伞一路步行近一个小时才到山上。

黄振芳说："他看到几个山头都是我造的林，树苗都长得比较好，表扬我为闽东绿化植树带了个好头。他鼓励我，人穷不能志短，更要振奋精神往前奔。"

1989年1月3日，黄振芳又在山上见到了习近平。这一次，习近平还在距林场入口约一公里处种下了三棵杉树。

"他高兴地握住我的手说，你这林场搞得好，值得推广，还交代地区、县里来的领导要帮助好好总结。"黄振芳没想到自己一个种树的，很快能走进机关里作报告。

一个多月后，2月23日，黄振芳就成了习近平的座上宾。他和其他七位农民代表一起，在行署礼堂的主席台为地直机关的干部作改革十年的形势报告。"没有党的富民政策，也没有我黄振芳的今天。"这个造林大户在报告会上感慨地说。

黄振芳的故事也登上了1989年2月25日的《福建日报》头版，标题叫《山鸡飞上凤凰台》。

他们的报告，给在场干部不小冲击。有的干部感慨地说："我们思想确实不如老百姓，群众才是真英雄。"

三

靠山吃山唱山歌，靠海吃海念海经，需要榜样带动，政策推动，更需要对现状有清醒的认识。

在《闽东的振兴在于"林"——试谈闽东经济发展的一个战略问题》中，习近平把闽东林业问题分析得鞭辟入里："从横向比较，从长远的发展看，闽东林业所面临的问题是相当严峻的，森林覆盖率与绿化程度均低于全省的平均水平；近年来营林多，也砍得多，森林赤字多达30万立方米。同时全地区还有340多万亩宜林荒山尚未绿化，近50万亩疏林地尚未改造，许多宝贵的林地资源白白闲置抛荒，山的整体优势没有充分发挥。"

习近平说："古人云居安思危，何况我们今天已经无'安'可居！我们更必须把振兴林业真正摆上闽东经济发展的战略位置，要有一种高度的自觉性和强烈的紧迫感。"

"要坚持'谁造、谁有、谁受益'这一权利长期不变，要坚持可以转让的原则。在山权不变的前提下，允许和鼓励跨地区联合开发。"习近平给林农们吃了定心丸。

1989 年 1 月，宁德地区召开了规模空前的林业工作会议。习近平在会上指出，林业不但蕴藏着很高的经济利益，而且还有生态效益和社会效益，林业在发展经济和满足人民生活需求等方面占有重要地位，并起着十分重要的作用。

宁德地委、行署提出，苦战七年，确保 1995 年实现荒山绿化任务，全区绿化程度达 70%，森林覆盖率达 51%，达到或超过省定的指标。

在 1989 年 5 月召开的全省林业工作会议上，福建省委、省政府作出《关于加快造林绿化，大力发展林业的决定》，提出建设林业"三五七"工程，即用三至五年时间完成所有宜林荒山造林，七年实现八闽绿化的任务。

当时，省里要求宁德地区在五年内实现绿化达标。但是，地委、行署自加压力，将原目标调整为三年内消灭荒山。

要把山歌唱得更加响亮，完善林业责任制和健全林业经营机制是习近平的两个抓手。这两方面的工作分别抓住了林业发展的两个主体——管理者和经营者。

1989 年 4 月，宁德地区行署制定出台《关于发展我区林业生产若干问题的意见》，就"巩固林业'三定'成果、自留山、集体山地承包经营、集体林木承包经营、山地开发利用、控制森林资源消耗、发展食用菌原料、封山育林、林业违规的处理"等九个事关林业发展的问题作出明确规定。

在习近平的推动下，全区层层落实林业工作责任制，层层签订造林绿化责任状，把林业工作列入任期和年终的考核内容。同时，建立地、县（市）、乡（镇）领导造林示范点，实行科学造林，扩大工程造林面积。无论是管理者还是经营者都找到了明确的定位。

"森林是水库、钱库、粮库"这个后来被简称为"森林'三库'"的实践，把闽东林业发展推上了快车道——

1989年，宁德共有480位党政领导带头创办造林绿化示范点514个，面积18.3万亩，有力推动了全区造林绿化。

1990年，宁德全区造林专业户、重点户发展到7009户，造林联合体4630个，全区乡村林场发展到438个。乡村林场林木集中连片，长势良好，成为闽东乡村集体后备森林资源的重要基地。

1989—1991年短短三年间，宁德地区共完成造林更新面积227.9万亩，提前一年完成了消灭荒山任务；1992年，宁德地区完成更新造林319万亩，经省统一考核验收，提前完成"三五七"造林绿化工程任务。

"筚路蓝缕，以启山林"，《左传》中这句名言的意思是驾着简陋的柴车，穿着破旧的衣服去开发荒山野林，艰苦创业。习近平说："这句话用来形容我们闽东的创业者十分形象。"

四

如果说，在崇山峻岭的贫困山区，那一片绿是振兴的底色，是脱贫致富的生产方式，那么，在车水马龙的繁华都市，那一片绿则成了改善人居环境的亮色，是诗意栖居的生活方式。

20 世纪 90 年代初，钢筋水泥快速地覆盖着城市，绿化却被远远地甩在身后。当时，福州市区和所辖县城绿化覆盖率只有 17% 左右，低于全国、全省平均水平。

"造林绿化是推动福州两个文明建设的一项重要工作。"在福州任职期间，习近平大力倡导和推进"绿化福州"工作，强调"城市绿化一定要坚持见缝插绿的原则"。

1990 年 10 月 20 日，习近平主持召开福州市委常委会议，研究城市绿化工作。会议讨论修改了《福州市城市绿化五年发展规划》等文件。会议明确，狠抓五年，实现城市绿化率翻一番的任务。

1991 年 3 月 11 日，在福州开展全民义务植树运动十周年纪念暨表彰大会上，习近平再次强调："绿化福州大地是我们这一代人不可推卸的神圣而又光荣的任务，我们要振奋精神，鼓足干劲、埋头苦干、扎实工作，使锦绣河山更加壮丽，使'榕城'不负威名！"

福州别称"榕城"。榕城人能享受到"垂一方之美荫，来万里之清风"的福利，必须要感念宋代福州太守张伯玉。

据史书记载，北宋治平二年（1065 年），张伯玉编户植榕，倡导每户植榕，辅以奖惩措施，致使"绿荫满城，暑不张盖"。于是就有了陆游《度浮桥至南台》中的"白发未除豪气在，醉吹横笛坐榕阴"。

在福州市委政研室原主任林璧符的记忆中，习近平非常关注榕树。林璧符说："他看了很多有关福州榕树的读物，对榕树非常了解。他一直倡导大家知榕、爱榕、护榕，并且他自己也身体力行。"

1990 年 6 月 25 日，习近平到福州平潭县调研，看到岛上生态环境不尽如人意，绿化树种单调，除了相思树就是木麻黄，数十年就得更新。

习近平强调，平潭要绿化海岛，种树抗风。要因地制宜，多选择树种，榕树树大根深，适应性强，有条件的地方要多种。

"他还亲自动手在县林业局院内栽种一株榕树。"林璧符说，如今那棵榕树已经长成高约 20 米、冠幅约 26 米的参天大树，树姿雄伟挺拔，枝繁叶茂，庇荫一方清凉天地。

此后，在绿化、花化、彩化平潭岛工程中，榕树成为受欢迎的抗风树种之一，在平潭落地生根。

榕树造福了代代福州人的生活，更造就了代代福州人的精神。

1994 年，福州市园林局把书稿《榕树与榕树盆景》呈送给习近平并请他作跋，习近平欣然命笔。1996 年该书正式出版。

这篇跋的标题是《让榕树造福榕城》。

榕为大木，犹荫十亩。习近平在跋中写道："榕树是福州的市树，千百年来与福州的发展历史紧密相连。它枝繁叶茂，苍劲挺拔，荫泽后人，造福一方，在调节气候、绿化环境中发挥了重要作用；它又具有顽强的生命力，多么贫瘠的土地，乃至乱石破崖，它都能破土而出，盘根错节，傲首云天，象征着不屈不挠的福州人精神。"

"现代化的城市需要绿来点缀。"跋的末尾简短有力。

2014 年 11 月 1 日至 2 日，习近平总书记再次来榕调研，他对陪同考察的福州市领导说："现在许多地方都在植草坪。我在福建福州时，就提倡多种树，少种草。榕树遮风挡雨，成活率高。抓生态，榕树是很好的选择，福州要多种榕树！"

如今的福州，路边、河岸桥头、墙头崖缝……随处都有榕树的影子：盘根错节，树冠如盖，遮日挡雨，顽强生存，造福一方。

2002 年 3 月，习近平在福州金牛山公园参加全民义务植树

五

从宁德到福州，绿把山区和城市连成一条充满生机的生命线，在奔腾的时代中，描绘下天蓝、山绿、水清的画卷。

当习近平来到省里工作，曾经践行的理念有了更广阔的施展空间，也有了更加纵深的影响。

习近平强调指出：福建自然条件优越，林业基础较为扎实，建设林业强省是时代的呼唤、历史的重托。

1997 年 3 月 8 日，时任福建省委副书记习近平来到南平市政和县外屯乡稠岭村调研。当时的外屯乡与政和全县一样，循着"菇菜猪起步，竹茶果致富"的发展路子，开展种菇、养猪、植竹，但由于大量种菇，树木被砍伐，生态环境也受到破坏。

"那天我向习近平同志汇报，外屯乡农民仅种菇这一项年人均收入就达到 800 元，全县年种菇 8000 万袋需砍伐阔叶林木材 4 万立方米以上。"时任外屯乡党委书记许绍卫回忆说，习近平在稠岭村口的竹林小道上，远眺前方形似佛像的佛子山说，稠岭村靠山吃山种菇这条发展路子是对的，但是要平衡好经济发展与生态保护的关系。

"临别前，他又叮嘱，这里自然风景很好，不能老砍树，要改变发展思路，发挥山区的生态优势，既要保护好青山绿水，又要让村民富起来。"许绍卫说，这一番话深深触动了自己，经过认真研究，外屯乡率先在全县提出"少种香菇多护树，保护生态也致富"的发展理念，保护森林资源，积极谋划佛子山风景区。

今天的佛子山风景区，已获得"国家级风景名胜区""国家地质公园"两块国家级金字招牌，稠岭村也先后被评为国家 AAA 级旅游景区、"福建省生态村"、"中国传统村落"。

1998 年 3 月 11 日，时任福建省委副书记习近平专程带队到莆田市湄洲岛义务植树造林。在湄洲岛低洼沙地湖石淉，与当地干部群众一起栽植下了小叶榕、夹竹桃、海枣、芒果、扶桑等数千株树木。

"那是岛上第一次引进这么多树种，"时任湄洲镇副镇长唐亚味回忆说，"曾经的湄洲岛，生态脆弱，荒漠化严重。百姓戏称'风卷石子飞，草帽当锅盖'，不仅风沙大，且森林覆盖率不足 10%，树种只有稀疏的黑松和木麻黄。当时我们也觉得，岛上种树只要防风固沙就够了，那次植树造林，才让我们有了建设生态体系的理念。"

湄洲岛国家旅游度假区管委会台湾事务办公室主任唐国清说："我记得当时习近平同志穿着雨靴参加植树劳动，前后将近一个小时时间。他还强调，要建园林式的海岛，为两岸交流构建更加美好的形象。"

这成为湄洲岛华丽嬗变的肇始。

从 2000 年开始，湄洲岛每年实施不同主题的绿化工程，先后获评全国绿化模范县（区）、全国造林绿化先进单位、"中国十大最美海岛"，绿化覆盖率从 1998 年的 37% 提高到如今的 59.8%。

2007 年 11 月 1 日，国家林业局、中国生态道德教育促进会向福建省莆田市湄洲岛授牌——"中国生态文明建设湄洲岛示范基地"，这标志着我国第一个海岛生态文明建设示范基地诞生。

1998 年 10 月 22 日，习近平来到延平区王台镇溪后村调研。

溪后村杉木丰产林是闻名中外的"绿色金库"。

关于这个"绿色金库"的故事可以溯源到 1919 年春。当时，溪后村的三位青年农民用插条的方法种下杉木，经精心抚育，形成一片杉木丰产林。

1955 年，周恩来总理在印尼万隆会议上宣布，溪后村这片杉木丰产林亩蓄积量超过 70 立方米，为全国之最。1958 年，王台公社被国务院授予"绿色金库"称号，周恩来总理亲笔签署奖状。

当地干部向习近平介绍说，1 立方米的杉木大约可卖到 300 元至 400 元。溪后村 1919 年种的这片杉木丰产林亩蓄积量超过 70 立方米，其他地方杉木林亩蓄积量普遍只有 10 立方米左右，与溪后村差距很大。

习近平感慨道："如果闽北的杉木林都有这么高的蓄积量就好了。"他还用半开玩笑的语气指着相隔的两座山头，对两名乡镇主要负责人说："你们是掉到金库银库里头了。"

习近平还指出，种林就跟种菜一样，不能种下以后就不管了，要讲究科学和技术，通过提高科技含量，来支撑效益、提高效益。

六

林业是一项长期、艰巨的千秋大业。

2010 年 9 月，时任中共中央政治局常委、中央书记处书记、国家副主席习近平来闽调研时指出："福建森林覆盖率全国最高，要把福建的生态环境保护好，让老百姓切身感受到城市美好的环境。"

此去经年，那些凝结于山岭间、城市中的智慧，已经在福建更广袤的土地生根、发芽，并且更加枝繁叶茂。

2020 年，福建林业产业总产值 6660 亿元，是"十二五"末的 1.8 倍，位居全国前列；森林覆盖率达 66.8%，连续 42 年全国第一；水、大气、生态环境全优。绿色，成为福建最美最亮的底色。

2019 年，福建实现了全省九市一区全部获评国家森林城市，县级城市全部获评省级森林城市两个"满堂红"。

绿色成就了八闽大地"水库、钱库、粮库"的源头活水，绿色同样让百姓收获着更深层次的幸福指数。

画好山水画

一

金溪碧波逶迤，青山郁郁葱葱，茂林修竹，白墙黛瓦，擂茶飘香……

这如诗如画的地方便是福建省三明市将乐县高唐镇常口村。

1997 年 4 月 11 日，时任福建省委副书记习近平到此调研考察，语重心长地说："青山绿水是无价之宝。"正是牢记这句嘱托，20 多年来，当地一路画好山水画，才有了今天的美丽图景。

20 多年前，常口村和福建山区的诸多乡村一样，青山绿水，但百姓生活困顿，收入不高，村集体开支更是捉襟见肘。

"当时，我们村是个典型的'三无村'。三无，就是没有一条水泥路，没有一幢新房子，没有一盏会亮的路灯。"常口村党支部书记张林顺回忆道。当时，村民靠种植水稻、烟叶等的微薄收入度日，人均年收入仅 2000 多元，村集体年收入不足 3 万元，"生活只有两个字：艰苦"。

张林顺干了 26 年村干部，当年的贫困在记忆里刻得太深：当时村部穷得几乎揭不开锅，买支笔、买个本都要在附近的供销社赊账，几百元的账都还不上，后来供销社听说是常口村部赊账就当场拒绝；每到腊月二十五六，常口村干部们就不敢在村里冒头了——怕人要账；村干部工资都开不出来，过年前一两天，发点钱回家，凑合把年过了。

二

转折出现在 1997 年。

1997 年 4 月 9 日至 13 日，习近平到三明调研两个文明建设、农业农村工作和脱贫致富奔小康情况，风尘仆仆，走村入户，问冷暖、话发展。

常口村是习近平 1997 年 4 月 11 日到将乐调研的第一站。

上午 10 点，习近平来到常口村老村部。站在院子里，他就和村民、村委们聊了起来。

"村财有哪几块收入？每年总共收入多少？村民一年收入有多少？"

"都有哪些致富的好路子？未来有什么打算？"

......

细细问着，认真听着，习近平的目光越过眼前的金溪河，河对岸是一片原始林，树木葱茏，一片生机。

"这里山太多了，村里人也没细究过山名。那座山由于在河对岸，大家就随便叫它'过河山'，山上是祖宗留下的 2000 多亩原始林。"张林顺说。

望着树林，习近平若有所思，语重心长地说："青山绿水是无价之宝。你们要画好山水画，扎实抓好山地开发，做好山水田文章。"

他还对常口村干部说，生态林业也是未来林业，我们要把林业产业和林业生态统一抓好，要把水土保持摆上重要位置，否则将来就会满目荒山、两手空空。

"听到这番话，顿时头脑中好像'嗡'的一声，豁然开朗！"张林顺说。

张林顺此前在外务工，1994 年回村担任村干部，和村委会的一班人正为村里的发展找出路。

当时，常口村人正面临抉择的烦恼。

20 世纪八九十年代，周边乡镇企业发展起来，其中不少是生产木筷的企业，一家企业看中了对岸那片天然林，开价 20 万元，想买下树林做木筷原料。

当年，林业政策并不严格，对穷怕了的村民来说，"卖山"似乎是变现最快的致富途径。一二十万元对常口村来说是一个不小的数目。

然而，常口人心里都清楚，那座山的山体多为坚硬的岩石，土壤瘠薄，很多树生长在悬崖峭壁上，一旦砍掉，很难补植，生态更难恢复。

卖，还是不卖，村民们各执一词。

"直到那天，习近平同志的一席话让我们顿悟，我们应该守好青山，这是我们的无价之宝！"张林顺说。

调研中，习近平明确提出要加快脱贫致富奔小康步伐，推动农村各项事业全面发展。

他还对村干部们提了几个要求：党的建设要以"五个好"① 为目标，基层干部要一心扑在农村，要和群众打成一片；要选准发展的路子，要因地制宜，选准了路子就要锲而不舍地去实现；小康工作要给百姓带来实实在在的好处，而不是搞虚假，做"数字上的小康"。

走出村部后，习近平来到早芋种植大户邱彩立家中。按照习俗，邱彩立为客人端上了本地的擂茶。

"将乐擂茶有特色、很好喝。"习近平和村民坐在一起品尝着擂茶，边喝边夸，一边问着邱彩立家中有几口人，收入来源主要靠什么，一年收入大概有多少，家里老人身体健康状况和孩子学习情况……他与大家在轻松愉快的氛围中畅谈。

擂茶香中话家常，时过多年，邱彩立记忆犹新。她回忆说："习近平同志当年走进我家，我拿出擂茶招待他，他还叮嘱说要勤劳致富、重视教育、团结邻里，这些后来都写进了我们村的村规民约。"

三

习近平的嘱托，为常口村留下了一座青山，也让村民们的思想由此转变。

---

① 即领导班子好、党员队伍好、工作机制好、工作业绩好、群众反映好。

村里的党员干部群众一致认为，应当把调研讲话精神写进村规民约，传承给子孙后代。

1997年6月，常口村全体村民、村民代表、党员们经过反复讨论，制订出村规民约：爱国爱村、爱护集体、遵纪守法、维护公德、勤俭持家、勤劳致富、计划生育、严教子女、尊老爱幼、赡养老人、村邻和睦、互帮互助、移风易俗、反对迷信、拥军优属、助残济困、禁黄禁赌、惩恶扬善。

村规民约涉及村民生产、生活的各个方面，传递着社会新风尚。为使子孙后代铭记，常口村将村规民约镌刻在石碑上，隆重地立在老村部门前。

"1997年，习近平同志在三明调研时就强调这样一个理念：一定要牢固树立保护生态环境就是保护生产力、改善生态环境就是发展生产力的意识。"福建省人大常委会原副主任、时任三明市委书记黄贤模说。

那年4月9日至13日，黄贤模一路陪同习近平到沙县、泰宁、将乐、明溪等地调研。黄贤模说，调研中习近平告诉他们："现在的青山绿水，似乎看起来没有多少价值，但从长远看，是无价之宝，将来的价值无法估量。要保留山的优势、水的优势，做好生态保护这篇大文章，才能促进内地的崛起。"

那次在三明考察途中，还发生了一桩趣事，至今被当地群众引为美谈。

4月9日下午，习近平在沙县开完全省农村小康建设示范县工作会议后，到泰宁县考察农村建设、旅游开发，走访慰问困难群众。在泰宁上清溪，习近平一行坐上竹排顺流考察。

"千奇藏幽谷，万芳盈一峡。"那天阳光灿烂，上清溪的良好生态和美丽景致令人赞赏。当竹排行至景区水路一半时，忽然一条小红鲤鱼从溪中跳到竹排上。大家非常兴奋，用鞋套装水把小红鲤鱼放进去。艄公激动地说，从来没有听说在本地有鲤鱼跳上竹排，他高兴地唱起了山歌。竹排靠岸后，习近平小心地将小红鲤鱼放回溪中，大家情不自禁地鼓起掌来。

黄贤模深有感触地说："习近平同志非常重视生态环境，经常强调生态建设和生态保护的重要性。早在他任省委副书记时，所到的任何地方，生态建设情况都是重点考察的内容。他在生态建设方面的真知灼见，高屋建瓴，很精辟，有着深刻的指导意义。"

四

留得青山在，不怕没柴烧。常口村民算清了生态账，发展之路自然也有了答案。

守住青山绿水，绘出心中最美山水画——

在常口村，山林成了大家的宝贝，天然林一点都不能动，人工林合理采伐、科学补植。在引进企业的同时，常口村改制集体林权11396亩，占全村林权总面积的90%，村里利用林地资源和上市林业公司开展合作造林项目，既解决村民就业问题，又实现林业长效发展。如今，常口村森林覆盖率达92%，处处见绿，移步见景，先后荣获"省级园林式村庄""省级生态村""省级水利风景名胜区"等荣誉称号。

发展生态经济，"山水田"写出好文章——

环境再美再好，"钱袋子"没鼓起来也不行。依托生态优势，常口村着力发展休闲旅游业、观光农业、特色养殖业，优质企业接踵而至，生态农业纷纷落地，村集体与企业共同投资种植脐橙……通过资源入股、出租土地，村集体和村民收入持续增加。村里引来"常口生态漂流"项目，村里靠优质的自然资源入股，不用出一分钱就可分红增收。

2019年4月，常口村被列入"全福游、有全福"旅游精品线路。当年12月，位于常口村的常青旅游区获得了国家AAA级旅游景区称号，成为远近闻名的美丽乡村和休闲旅游的好去处。

"好生态才能引来这些好项目，让村民安居乐业。"张林顺说，现在回头看，不禁后怕：如果当时卖了山，出多少钱都不能买回这些树木与青山。

五

岁月荏苒，风物变迁。曾经沉睡的"绿色"资源被唤醒，不断转化成发展的资本，给百姓带来真金白银。

通过绿色发展，2020年，常口村人均收入达到2.6万元，比1997年增长10多倍；村集体收入139万元，比1997年增长40多倍。

此时的张林顺，已是高唐镇常口联村党委书记——富裕起来的常口村"以富帮穷"，和周边常源、元坪、高山坊、陈坊、邓坊五个村组建联村党委，带动周边村共同致富。

作为几个村的当家人，他考虑的早不再是如何让村民"有米下锅"，而是如何让接连落地的生态项目早日见效：如何推进总投资

7000 万元的"山水林田湖草"项目；如何落实与福建省旅游集团签署的总投资 6 亿元的旅游合作协议；如何加快推进"两山学堂"综合性文旅康养基地建设；如何加快打造常口擂茶品牌，新建常口擂茶生态一条街……

"我们常口为什么能有今天？我想，一靠政策好，二靠方向明，三靠人努力。"张林顺说，习近平总书记当年那句"青山绿水是无价之宝"，就是方向。

2019 年 3 月 10 日，习近平总书记参加十三届全国人大二次会议福建代表团审议。

当选第十三届全国人民代表大会代表的张林顺，作为发言代表之一，向习近平总书记汇报"建设美丽乡村"相关工作。他说："总书记，1997 年 4 月 11 日，您来到我们常口村，到村民家中，和大家一起喝擂茶、拉家常……"

"总书记听到'擂茶'二字，马上记起往事，对我说：'那是我第一次喝擂茶，里面有米吧？还有芝麻、茶叶、橘皮……'"张林顺说，总书记对村子印象深刻，殷殷关切村里环境卫生整治得如何，厕所问题解决得好不好，生态漂流水质怎么样……并再次叮嘱：加快老区苏区发展，要有长远眼光，多做经济发展和生态保护相协调相促进的文章，打好污染防治攻坚战，突出打好蓝天、碧水、净土三大保卫战。

习近平还委托张林顺向邱彩立一家问好，向乡亲们问好。

当晚，张林顺就和村民们视频连线，向他们转达了总书记的嘱托和问候。

视频电话的那头，是聚集在村民孙桂英家中的乡亲，听着喜讯，一起鼓掌欢呼。

距离孙桂英家 100 米开外，就是常口村的老村部。1997 年立下的村规民约碑依然矗立，只是有了岁月的痕迹，被村民们珍重地用玻璃罩上。

除了这块老石碑，常口村的一切似乎都变了：村居依山傍水、错落有致，村容整洁有序，所有电线下地，天然气管道齐全，建有灯光篮球场、农民公园，还有按国家标准建设的乡村露天游泳池，宛若一个大公园。

老村部旁，是常口村新建的村部。这座三层小楼门口立着一整块气派的花岗岩，上面刻着党的十九大之后新修订的村规民约：饮水思源、牢记嘱托、爱党爱国、践新思想、爱护集体、发展生产、勤劳致富、勤俭持家、遵纪守法、村邻和睦、移风易俗、乡风文明、尊老爱幼、助残济困、创星评户、崇文重教、绿水青山、金山银山、永续利用、惠泽子孙。

还两湖碧波清澈

一

"32 年过去了，海风海浪依旧，厦门却已旧貌换新颜。一座座摩天大楼拔地而起，夜晚到处是灯火辉煌，抬头仰望是清新的蓝，环顾四周是怡人的绿。""火红繁茂的凤凰木、一飞冲天的白鹭鸟，都是这座城市开拓进取、敢拼会赢精神的象征。"

2017 年 9 月，金砖国家领导人第九次会晤在厦门举行，习近平总书记回首在厦门工作的往昔岁月，深情讲述厦门故事。习近平说："今天的厦门也是一座高颜值的生态花园之城，人与自然和谐共生。"

得益于一以贯之的生态优先绿色发展理念，"旧貌换新颜"的故事在日新月异的八闽大地不断上演。而习近平在福建工作期间谋划厦门筼筜湖整治、推动福州西湖整治，是其中的精彩一章。

二

厦门的生态觉醒始于 20 世纪 80 年代中期。

1985 年，32 岁的习近平从河北正定南下履新，担任厦门市副市长。在厦门市委、市政府的领导下，他牵头编制《1985 年—2000 年厦门经济社会发展战略》，着重研究了厦门经济社会发展的 21 个专题，其中明确提出"创造良好的生态环境，建设优美、清洁、文明的海港风景城市"。

上任伊始，他抓禁止乱砍滥伐树木、禁止鼓浪屿乱采沙石工作，打响了一场自然资源保卫战。

1986 年 1 月 10 日，厦门市八届人大常委会第十八次会议上，时任厦门市委常委、副市长习近平代表市政府发言。他开宗明义："保护自然风景资源，影响深远，意义重大。""我来自北方，对厦门的一草一石都感到是很珍贵的。"

关于环境保护与建设发展的关系，习近平阐述了他的观点：

"由于愚昧造成的破坏已经不是主要方面了，现在是另一种倾向，就是建设性的破坏，这种破坏不一定就是没有文化的人做的，但反映出来的又是一种无知，或者说是一种不负责任。"

生态环境的保护意识源于对问题的敏锐把握。

在城市快速发展的过程中，环境问题逐渐显露，其中最突出的就是位于厦门本岛西边的筼筜湖污染。

"万顷筼筜水接天，夜来渔火出云烟。"筼筜湖，曾是深入厦门岛的内湾渔港，"筼筜渔火"早在清乾隆年间就已成为著名的厦门八大景之一。湾内成群白鹭聚集栖息，湖中小岛因而得名"白鹭洲"。

20世纪70年代，由于修堤围海造田，筼筜湖变成近乎封闭的内湖。城市污水大量排入，水体发黑发臭，蚊虫孳生，鱼虾白鹭绝迹，筼筜湖好景不再，周边百姓叫苦不迭。

"筼筜湖何时不再黑臭？"20世纪80年代，市民群众发出了关于治理筼筜湖的呼声。

1988年3月30日，习近平主持召开关于加强筼筜湖综合治理专题会议，打响了这场整治环境污染的大硬仗。

"1987年，厦门经济特区扩大到全岛以后，近平同志在主抓发展战略的同时，还主抓八大工程中的信息工程、筼筜港（筼筜湖的旧称）污水治理和特区道路工程及其他重大项目。"时任厦门市计委常务副主任吕拱南回忆道。

就在这场会议上，明确了要建立综合治理机制，组建由相关职能部门和专家组成的筼筜湖治理领导小组，创造性地提出了"依法治湖、截污处理、清淤筑岸、搞活水体、美化环境"的"二十字方针"。

"二十字方针"为筼筜湖治理指明了方向。在相关职能部门和专家的参与下，一整套治理方案出炉。

但难题也出现了：经费从何而来？

三

"按照方案，筼筜湖治理每年要花1000万元。30多年前的1000万元是天文数字，占当时全市基本建设支出近10%。"

"这1000万元要不要拿、怎么拿，市政府感到很棘手，讨论的时候也有不同声音。"时任厦门市政府党组书记王金水说。当时，习近平分管财政，他全力支持，几位市领导共同作出每年投入1000万元治理筼筜湖的决定。

在根治污染的决心之下，厦门不仅连续三年每年投入1000万元财政资金，还同时多渠道筹措排污费、土地批租收入、借款和技改资金，力度空前。

落实"二十字方针"，历任厦门城市管理者不断创新方法，持续截污清淤，引入海水搞活上游水体，推进湖区绿化和园林景观建设，实现治标与治本相结合，湖区整治渐入佳境：

1990年6月底，纳潮入湖搞活水体工程建成。

1992年6月，投资1.1亿元的筼筜湖一期整治工程完工。

1996年12月16日，长11.28公里、面积约132万平方米的筼筜湖夜景工程启用。

1998年，筼筜湖整治工程被联合国开发计划署评为东亚海域污染防治和管理示范区的示范工程后，厦门继续推进筼筜湖综合治理二期工程，并于 1999 年 9 月基本完成。

2005 年，厦门投入近 8000 万元专款，启动了厦门有史以来对筼筜湖最彻底、规模最大的一次整治行动。

2018 年 9 月，筼筜湖被提升为厦门唯一的市级湖泊。

……

一张蓝图绘到底，一任接着一任干。作为厦门环境整治的重点工程，筼筜湖整治工作历时 30 多年，经历四期综合整治，投入资金约 11.3 亿元，终获胜果。如今，曾经的臭水湖，蝶变为碧波荡漾、繁花似锦的"城市绿肺""厦门城市会客厅"，成为"一城春色半城花，万顷波涛拥海来"的厦门胜景中最亮眼的一笔。

四

"烟雨偏宜晴更好，约略西施未嫁。"辛弃疾眼里的福州西湖，在 800 年后的今天，风姿更加动人——青碧湖水倒映翠绿的大梦山，湖中红莲成片、水鸟盘旋；飞虹桥畔垂柳，桥下游船；湖边古树森森、曲径通幽，沿环湖木栈道漫步，一路可经过"荷亭唱晚""大梦松声""西湖书院"……一派风流景致。

西湖公园是福州八大历史文化风貌区之一，也是福州迄今为止保留最完整的一座古园林。这座让福州人民引以为傲的福建园林明珠，曾经历过痛苦的涅槃。

"如今的美丽西湖，要归功于习近平对生态保护、人居环境一以贯之的关注，他一直对包括西湖在内的福州内河整治高度重视。"福州市规划设计研究院集团有限公司董事长高学珑说。

作为一名老规划人，高学珑在福州工作 30 多年了，亲历了三轮福州内河整治，见证了西湖的美丽变迁。

1990 年春，习近平调任福州市委书记，当年底即作出冬春新建（续建、扩建）西湖公园北区（左海公园）等六个公园的决策，创下了福州市年度公园建设数量和市财政投资最高纪录。

1992 年 8 月，在福州的一次内河治理会议上，习近平提出了内河治理要"全党动员、全民动手、条块结合、齐抓共治"的十六字方针。

"90 年代初，习近平同志主政福州时，正是福州水系治理的第一个重要节点——污水管理下去，污水厂建起来。"高学珑记得，1992 年底福州第一座污水处理厂祥坂污水处理厂开工，时任福州市委书记习近平亲自为基石培土。

福州西湖自晋初凿，历经 1700 多年，历史上多次清淤疏浚。据记载，清代每过四五十年就要对西湖开展大规模清淤。1985 年，福州市实施了自林则徐督工疏浚之后 150 多年来最大规模的西湖综合整治工程。全民动手，历时 8 个月，投入义工 40 万人次，清淤 18 万立方米。1994 年 9 月，时任福建省委常委、福州市委书记习近平组织实施西湖清淤整治。西湖治理由过去的人海战术逐步过渡到动用机械设备和挖泥船，由发动全民参与改为注重专业队伍实施。

多年来，福州市和省里有关部门在西湖的开发、建设和污染治理上花了不少气力，做了很多工作，取得了一定成效。然而，受周边土地的大量开发、排污大量增加等影响，整治成果未能得到巩固，污染问题未能得到根治，福州西湖逐渐变得"憔悴"不堪。

分析表明，多方雨污排入导致西湖污染：随着西湖周边土地的大量开发以及市民用水量的不断增多，通湖口、卧湖口、钱塘口、北大口等四大排水口污水量由 1985 年的每天 1 万吨增加到每天 4 万吨，原沿湖周边污水管道容量满足不了要求，每日有 1.8 万吨生活污水直接流入西湖；西湖汇水面积大，马鞍山、屏山、象山、冶山等地汇聚的雨水，携带着大量的泥沙经河道流进湖里——水体部分指标超过地表水Ⅳ类标准，湖水发臭发黑。

2000 年 12 月 30 日，《海峡都市报》刊发了记者的调查文章《西湖在哭泣》，描述了福州西湖当时的惨状：变小、变丑、变脏，如同一个发臭的垃圾池子，湖面漂浮着污染物，甚至有死鸭子。同时配发的文章《西子何时不再哭泣》发出呼吁："期盼有英雄救美，拯救西子姑娘！"

随后，《救救西湖》《西湖不治理，市民心中永远有痛！》《园林局长有话要说》《左海也笑不起来》等系列稿件陆续发表。

"政之所兴，在顺民心。"媒体的报道引起了时任福建省省长习近平的重视。

"看了《海峡都市报》关于西湖被严重污染的系列报道，心中感到刺痛。"2001 年 1 月 6 日，习近平对系列报道作出批示："人民群众关注的热点问题一定要及时解决，西湖的污染必须得到根治。"

在这份批示中，习近平提出：根治西湖污染，把西湖建设得更加秀丽美好，是人民政府义不容辞的责任。应将根治西湖污染列为人民政府为群众要办的实事之一，以福州市为主，省、市两级政府共同抓好这项工作；请福州市政府召集有关部门并邀请部分专家和人民代表，共同研究、尽快提出根治西湖污染、建设西湖景区的规划和实施方案，提交省政府审定后立即启动治理工程，力求取得显著成效。

习近平强调："城市建设和管理部门要认真总结西湖景区污染的教训，举一反三，改进工作，使我们的城市规划和建设品位高、精品多，经得起世人评说和历史检验；城市管理严格、扎实、井然有序，给人民群众创造一个美好、舒适的生活环境。"

省市有关部门坚决落实，整治行动进入快车道。

1月8日，福州市委领导带队到西湖公园调研，召开现场办公会，提出解决方法。

福州市城乡规划设计院迅速组织专业骨干，日夜加班，在有关部门配合下，规划设计西湖整治工艺、截污设施建造、园林景观修葺等方案。其间，市建委等部门多次组织邀请省市专家进行论证。不到一个月，这个按正常程序需要半年时间的施工图就出炉了。

高学珑当时担任福州市城乡规划设计院院长，他说，方案以"根治污染"为整治目标，基本思路是实行"清淤、截污、引水、管理"等综合治理的办法。

当月，在一个新闻座谈会上，习近平对《海峡都市报》的领导说："你们报纸对西湖问题的系列报道，我都看了，很好。这是事关市民生活环境的大问题，应继续追踪。我将约见福州市领导商讨整治措施。"

五

约见来得很快。

2001 年 1 月 31 日，是春节后上班的第一天。按习近平的要求，省政府召开省市有关部门的协调会，探讨整治西湖的具体事项。

2 月 2 日，春寒料峭。习近平等一行人顶着湿冷细雨沿西湖徒步，察看主要污染源及屏西河、铜盘河、梅峰河、芳沁河等周边污染源。

行至西湖公园开化寺——林则徐当年治理西湖的总指挥部，一行人在营建于明代的宛在堂召开了整治西湖的现场办公会。

会上，福州市领导汇报了整治方案。有关专家从水利、水文角度进行专题论证，对引水科学分布等五个方面提出修改意见。习近平说，福州沾山水灵气，因西湖而秀，西湖是福州发展的历史见证，我们根治西湖，是对历史、对人民的负责。

"西湖不仅是福州的西湖，也是全省人民的西湖。"他说，省里会在财政资金和政策调整上给予积极支持，省直各部门和驻军也会全力配合……各级政府要想人民之所想，办群众之所求，切实提高为人民服务的质量。

很快，省委、省政府把根治西湖列入了 2001 年度为民办实事项目之一，整治行动随即展开。

2 月 12 日，福建省建设厅组织专家根据习近平现场办公会的讲话精神，对整治方案进行优化论证。3 月中旬，福州西湖湖区整治工程动工。

2001 年 2 月 2 日，习近平召开整治福州西湖现场办公会

经过百日奋战，通过"干塘清淤、远距离管道输送"的创新方法，湖面被分成四个区域，分区围堰清淤，共清淤 30 万方，完成截污干渠 1800 米，每天流入西湖的 1.4 万吨污水通过干渠送到污水厂处理。景观修建、沿湖步道建设同步进行，原东、西沿岸被改造为人行步道。

6 月 28 日，福州西湖湖区整治工程如期完工，整治一新的湖区水面清澈，再现轻舟碎影、仙桥柳色。

从那时起，装扮西湖的行动一直在继续：

2005 年，福州西湖公园对游人免费开放。

2007 年 10 月至 2009 年国庆，建设环西湖左海木栈道，营造大西湖浓郁深厚的古典园林氛围，西湖、左海两个公园相连，水陆各半，平分秋色。

2011 年以来，上游的铜盘河、屏西河、梅峰河等内河先后完成截污，西湖的水质得到了进一步提升。福州市城区内河综合整治工程荣获"2012 年中国人居环境范例奖"，该奖项是原建设部设立的全国人居环境建设领域的最高荣誉。

2017 年，福州市再次成立西湖整治提升工作领导小组，进一步推进西湖及周边内河水系治理与长效管理工作……

六

久久为功，春风化雨。

如今，白鹭又在筼筜湖面旋翔，让"鹭岛"变得更加名副其实。消失在城市发展中的"筼筜渔火"，变成今日的厦门新景——"筼筜夜色”。

如今，福州西湖和左海的水体全面贯通，一幅“大西湖”的图景在福州市中心铺展开来，好山好水好景色融入城市，美丽榕城更显灵动。

“生态环境没有替代品，用之不觉，失之难存。”经历过污染之痛的厦门、福州人民愈加珍惜美好的生态，在更高层次保护筼筜湖、西湖的办法也提上了日程——

2020 年 5 月 1 日，《厦门经济特区筼筜湖区保护办法》施行，筼筜湖区保护进入新的历史阶段。

2020 年 7 月 24 日，《福州市西湖历史文化风貌区保护规划》通过专家评审和市政府常务会议审议，开始公示。根据规划，西湖历史文化风貌区将被打造成文化积淀深厚、以“一池三山”为核心的福州古典园林；福州“山—水—城”城市格局展示与历史人文的游览胜地；复合旅游服务功能、福州城市后花园、福州传统文化与传统活动的传承体验地。

筼筜湖、西湖综合整治，成为福建以人为本、生态文明建设的最生动实践样板。它不仅给福建人民打造出一片生态美景，更为福建的生态文明建设蹚出了路子，留下了宝贵的经验财富。

时间，是忠实的记述者。

它记录了筼筜湖、西湖的沧海桑田，也记录下福建人民建设秀美家园的努力。

木兰溪畔水安澜

一

木兰溪，莆田人民的"母亲河"。它从福建戴云山脉的茫茫群山中发端，一路蜿蜒迂回，流经木兰山下，贯穿莆田全境，独流入海，哺育着莆阳大地。

木兰溪全长 105 公里，天然落差 784 米，流域面积达 1732 平方公里。沿途弯多且急，河道狭窄，导致洪水频发；下游地势低洼，兴化湾的海潮常溯溪而上，海水倒灌，导致盐碱灼地；每到旱季，溪水减量，又导致旱灾频繁。因其狂暴，兴化平原上洪涝、潮灾、旱灾不断。"雨下仙游东西乡、水淹莆田南北洋"，这一民谣就是洪灾泛滥的真实写照。

在木兰溪温润与狂暴的夹缝中艰难求生，驯服木兰溪成了莆田人民的梦想。

从唐朝开启治水，兴修水利，筑堤拦洪，修库调蓄，千百年来当地施政者和人民进行了艰苦卓绝的探索，均功效有限，难以根治。

20 世纪 90 年代，在习近平的擘画推动下，梦想终于照进现实。在福建工作期间，习近平多次到现场调研，亲自主导规划，持续关心推动，调动社会力量共同推进木兰溪全流域综合整治。

持续接力，久久为功，曾经水患频仍的木兰溪，如今风光旖旎、泽被乡里，"变害为利、造福人民"的目标终于实现。

二

"清清溪水木兰陂，千载流传颂美诗。公尔忘私谁创始？至今人道是钱妃。"

郭沫若《咏木兰陂》中咏颂的钱妃，就是莆田儿女感念千年的女子——钱四娘。这背后记录的是治理木兰溪进程中一个可歌可泣的故事。

木兰陂，是一座引、蓄、灌、排、挡综合利用的古代大型水利工程，矗立于莆田市城厢区木兰村黄头自然村与陂头自然村之间，距木兰溪入海口 25.8 公里。

这座古陂兴建于宋代。北宋治平元年（1064 年），福州长乐女子钱四娘倾其家资，携来巨金动工围堰筑陂，但因陂址选择不当，刚筑成即被洪水冲垮，她愤而投水自尽。

钱四娘无寸柄而举壮事，其度世济人的精神激励了后来者，林从世、李宏、僧人冯智日先后来莆筑陂，北宋元丰六年（1083 年），终于筑成了技术复杂、样式新颖的木兰陂，为雨季奔腾汹涌的溪水扎上了"腰带"。

木兰陂的建成使得兴化平原有了万顷良田，莆田的经济迅速发展。900 多年来，木兰陂经历无数次山洪的猛烈冲击仍完好无损，成为我国东南沿海拒咸蓄淡的典型代表工程。2014 年，福建莆田木兰陂水利灌溉工程被列入首批世界灌溉工程遗产名录。

"水利无遗，海波不兴，人受其益，将及千年。"木兰陂展现了古人治水的决心和智慧，却没能让莆田人民就此告别洪水的袭扰。

在木兰溪流域治理前，下游河段防洪能力不足两年一遇，洪水频发。1952 年至 1990 年，木兰溪平均每十年发生一次大洪水，每四年发生一次中洪水，小灾几乎年年有。当时溪流下游 70 个建制村几乎年年遭受洪灾，家家户户习游泳、备木盆、筑高门槛，只为水灾时保命逃生、保全口粮。

水患不断，百姓寝不安席。

木兰溪也扼住了莆田发展的咽喉：为便于在雨季前抢收，百姓只敢种植生长期仅两个月的早稻、不怕水淹的甘蔗以及迅速收成的蔬菜；大项目、好项目都不敢落户河流两岸，原有的企业不敢扩大生产。守着肥沃的平原，百姓却一直过着苦日子。

新中国成立以来，党和政府高度重视水利建设，持续推进木兰溪治理。然而，由于木兰溪下游弯度巨大、软基河道、冲刷剧烈等，需要解决一系列世界级技术难题，导致专家意见难以统一。

20 世纪 50 年代至 90 年代，40 多年间木兰溪治理工程曾五次计划、两次上马，但都无果而终。莆田，成了福建全省设区市中唯一的"洪水不设防城市"。

三

1999 年，对于莆田人民，是值得铭记的一年。

这一年，木兰溪再次泛滥，这也拉开了木兰溪综合整治的序幕。

1999年10月9日，第14号超强台风侵袭福建，又逢天文大潮，海水倒灌，木兰陂水位超过历史最高纪录，木兰溪沿岸一片汪洋。数百万人民的生命财产受到严重危害，房屋倒塌近6万间，农田被淹45万亩，近3万名群众寄居他乡，2万名学生被迫停课，直接经济损失达31亿元。

福建省委、省政府主要领导立即作出批示，并赶赴莆田指导救灾，走村入户慰问受灾群众。

10月11日，时任代省长习近平到莆田市城厢区城南乡新溪村（现属荔城区镇海街道）察看灾情。村里的新溪小学位于木兰溪畔，1973年就曾因木兰溪水患而搬迁过一次，而此次它再度被洪水冲垮。

习近平来到新溪小学慰问受灾教师、学生。他要求尽快为学校选址、恢复重建。在他的关心下，福建省财政厅迅速拨款55万元，加上社会各界的爱心捐赠，新校区仅用11个月就重建完成，至今仍在使用。

10月17日上午10点左右，时任福建省委书记陈明义、代省长习近平等一行人来到莆田市新度镇蒲坂村。

"那年，洪水来得又凶又急，我们村受灾严重，半夜房子接连倒塌的声音就像放鞭炮一样。清点后全村共500多间房屋倾倒，191户村民无家可归。"时任蒲坂村支部书记郑仁明回忆道。

陈明义、习近平等一行人直奔房屋倒塌最多的前戴自然村。面对当地干部群众，习近平说："是考虑彻底根治木兰溪水患的时候了！"

木兰溪启动系统治理进入了倒计时。

郑仁明记得，那一天，习近平要求，要妥善做好受灾群众的安置工作，确保受灾群众能吃饱、穿暖、住好；要抓紧重建工作，确保在春节前让受灾群众搬进新居。习近平允诺："等你们在春节前建好一层新居的时候，我再来看望。"

一诺千金，12 月 14 日，习近平再次来到蒲坂村，检查灾后重建情况。当时，大部分村民家都盖了一层了，有些第二层，有些第三层，习近平看到以后很满意。在安置房最集中的前戴自然村，他叮嘱当地干部，要抓紧时间将房子盖好，让灾民们早日乔迁新居，但也要根据实际情况安排进度，不要因为赶时间而影响质量。

这天，许多老百姓都自发围过来，邀请习近平为重建的新村种一棵树。"他很高兴地答应了，临上车之前，种下一棵小叶榕。"郑仁明说，现在这棵小叶榕枝繁叶茂，长成了参天大树。

榕树种下不到两周，蒲坂村村民们从莆田电视台晚间新闻里看到了更令人激动的消息：1999 年 12 月 27 日，在喜迎新世纪来临之际，木兰溪下游防洪工程开工。时任福建省委书记陈明义、代省长习近平等来到木兰溪畔为工程开工奠基。

一锹锹挥土，一根根落桩，彻底治理木兰溪"千年水患"的大幕就此拉开。

四

谋于前才可不惑于后。

在挑战木兰溪这个世界级的水利难题之前，有过缜密的酝酿。

在习近平担任省委副书记主管全省农林水工作时，木兰溪治理工程方案论证报告，就已摆在他的案头。

　　木兰溪治理，技术是最大的拦路虎。习近平一直在思虑谋划一个科学而又周全的综合整治方案。

　　"这种大型防洪工程，只有在前期充分调研、科学论证的基础上才能实施。"时任省水利水电厅厅长汤金华回忆说，软基河道、弯多且急、冲刷剧烈……在这些特殊的自然条件下，要建设一道能抗御 30 年一遇洪水的堤防，工程技术上必须"裁弯取直"。但这会给水系生态带来一定影响，于是，有了多个裁弯方案之争。

　　1998 年，省水利水电厅成立了"木兰溪治理专家委员会"，论证通过了"改道不改水"的裁弯方案。

　　1998 年末，根据"裁弯取直、新挖河道"的治理工程方案，在木兰溪下游防洪一期工程可行性研究阶段，福建省水利规划院设计了一套施工技术方案。工程面临的难题是堤防较高，堤基淤泥深厚、含水率高达 70%、强度低，堪称"豆腐上筑堤"；还要保护好堤线附近密集的民房。省水利水电厅要求深化比较堤基处理措施，并采取"请进来、走出去"的办法，汲取全国河道治理的优秀技术。

　　面对技术难题，习近平强调，要借智借脑，广泛听取专家意见。

　　1999 年 4 月 1 日，习近平正在前往南平调研的路上，得知福州在举行一场全国水利系统的学术会议，立刻通知汤金华，让他赶快带莆田市的同志去会上，"找更权威的水利专家，帮忙共同攻克难题"。

　　难题求解终于有了眉目。南京水利科学研究院原院长、中国科学院院士窦国仁和妻子董凤舞联袂接受了这一课题，在南京水科院，他们建立起国内首个"软基河道筑堤"和"河床抗冲刷"物理模型，科学实验与技术试验同步进行。

1999 年 10 月，木兰溪下游防洪一期工程技术论证会在福州举行，邀请来自南京水利科学研究院、中国水利水电科研院、水利部珠江委员会、河海大学、武汉水利电力大学、福建省水利水电厅等单位的权威专家，对工程进行评审论证。

"当时，科学实验、技术试验都验证了物理模型的可行性，但习近平仍非常慎重，要求在张镇村搞个技术试验段进行测试。"汤金华回忆道。

1999 年 12 月 14 日，习近平到莆田除了检查灾后重建工作，还直赴正在进行治理试验的张镇试验段，检查验证方案的可行性。

根据大量实验数据的验证结果，当地采用"明沟降水法"代替"管井降水法"，将新挖河道的淤泥进行晾晒，经技术处理后用于堤防填筑，突破了建筑材料难题；再用"加筋土工布"强化堤基面，以提高固结、增强堤身，用"软体排"保护河床、防抗冲刷。

这个方案既不占耕地，又减少生态破坏，成本也能大幅降低。正是在习近平的正确指引和跟踪督促下，木兰溪"裁弯取直"难题被破解，"软基河道筑堤""河床抗冲刷"难关被攻克，终于找到了木兰溪的治理良方。

五

技术难题破解，为广大干部群众注入强心剂。但接踵而来的，还有资金和征迁问题。

木兰溪庞大的防洪工程建设资金需要几十亿元，仅"裁弯取直"这 16 公里内的工程，就需要上亿元的资金，而 1998 年莆田市财政总收入仅 11.4 亿元，只够"保开门、保吃饭"，资金缺口巨大。

根据施工方案，需要开挖新河道、征地、拆迁，涉及木兰溪两岸 4 个乡镇 15 个村，共 1784 户、6000 多人，安土重迁的传统观念和对安置的顾虑，让他们疑虑重重。

针对资金缺口，习近平立足实际，决定"分期分阶段渐进治理"——能够马上治理的要及时治理，不能马上治理的要制定长远目标，以此分摊资金压力。

"根治木兰溪水患是我省可持续发展的一件大事，除了我们自己要做好工作外，还要积极争取中央和有关部门的支持。"就积极争取资金，习近平两次作出批示，强调："应当以市为主体，省里积极协助，向中央争取更大的支持，上下同心，争取早日完成这一历史任务。"

在他的支持下，木兰溪列入福建省"五江一溪"防洪工程，累计获得中央预算内资金补助 11.73 亿元；莆田市财政也将全市每年土地收入拿出一定比例用于木兰溪治理；全省上下掀起了为木兰溪捐款的热潮：20 年前，机关干部月平均工资只有五六百元，但仅莆田全市机关党员干部就捐出了 243.5 万元。多措并举，群策群力，木兰溪治理的资金难题终于迎刃而解。

为进一步统一思想，促进整治工作顺利推进，汤金华向习近平提出，能否将全省冬春水利建设的义务劳动，安排到木兰溪下游防洪工程现场。

"在那以前，冬春水利建设义务劳动从没有安排到福州市以外。"汤金华回忆说，没想到通知很快就来了：1999 年全省冬春水利建设的义务劳动就安排在木兰溪畔。

1999 年 12 月 27 日上午，时任福建省委书记陈明义、代省长习近平等来到热火朝天的莆田市木兰溪下游防洪工程张镇段防洪堤工地，与当地干部群众、驻军官兵共 6000 多人，一起义务劳动。

回忆起那天的场景，张镇村村民傅石雄仍然激动，他说："听说省里要根治木兰溪，发动大家义务劳动，全村不分男女老少，都争先恐后地跑来参加。"

那时候正值隆冬时节，阵阵朔风中，大家挖土、装土，干得热火朝天。

在工地现场，习近平接受了《福建日报》记者采访。他说："福建是个自然灾害多的省份。省委、省政府历来对防灾、抗灾工作很重视，提出建设海峡西岸繁荣带，包括建设海峡西岸健全的防灾减灾体系。省里前年抓了千里海堤的建设，去年又抓了千里江堤的建设。今年 14 号台风给我省的水利设施带来很大损失。今冬明春我省的水利建设，将着重抓好'五江一溪'的治理工作，水毁水利工程的修复工作，以及防灾减灾体系的建设，在全省掀起一个冬春水利建设的新高潮，变水害为水利，造福全省人民。"

习近平的关切鼓舞起群众的激情，莆田市因势利导，积极推动和谐征迁。对安置房高起点规划、设计、建设，将溪畔的旧村庄改建成高档居住小区，不让群众吃亏……细致的工作赢得了百姓的理解和配合，征迁工作顺利进行，全程没有收到一封信访件，没有出现一个上访户。

君子之德，善始善终，善作善成。防洪工程施工的一路上，习近平始终牵挂在心。

2000 年 2 月 13 日，习近平带领省直有关部门领导检查在新溪、埭里、白埕村的木兰溪防洪一期工程第二标段建设进度。

2000 年 3 月 4 日，习近平在中央人民广播电台的一份内参上作出批示，要求省直有关部门向国家发改委、水利部等部门作专题汇报，争取得到大力支持。

2000 年 11 月 22 日，习近平在湄洲岛调研时，要求莆田市抓紧木兰溪防洪后续工程立项前期工作。

2001 年 3 月 7 日，习近平再次在中央人民广播电台内参上批示："治理木兰溪功在当代，利在千秋，现在已经起步，但力度尚需加大，争取早日完成这一历史任务。"

2001 年 6 月 17 日，习近平在莆田调研上半年经济运行情况时，要求加快木兰溪下游工程建设。

在他的密切跟踪督促下，施工进展迅速。至 2003 年，木兰溪"裁弯取直"工程完成，原来 16 公里的行洪河道，裁直为 8.64 公里，缩短了 7.36 公里。筑堤工程同步建设，这一年，包含木兰溪在内，福建的"五江一溪"千里江堤，历经四年奋战，超额完成建设任务。

2011 年，木兰溪两岸防洪堤终于实现闭合，洪水归槽，木兰溪下游的防洪能力从不足两年一遇提升到 50 年一遇，结束了莆田市主城区洪水不设防的历史。

十年来，莆田市遭受了数十次暴雨、台风袭击或影响，木兰溪流域未发生重大洪涝灾害，也没有出现人员伤亡。特别是与 1999 年第 14 号超强台风相似的 2019 年第 14 号强台风"莫兰蒂"过境期间，木兰溪洪峰流量达到每秒 3100 方，但该防洪工程经受住了考验，下游 20 多万亩良田、70 多个建制村和近百万人口不再受水患困扰。

六

善为国者，必先除水旱之害。

在木兰溪现场调研和治理方案制定过程中，习近平反复强调，一定要"科学治水"，既要治理好水患，也要注重生态保护；既要实现水安全，也要实现综合治理。

2000年11月21日，习近平在莆田仙游景区调研时强调："在开发中尤其要求加强生态保护，切实守护好延寿溪（木兰溪最大支流）源头水质。"

在解决了水患与生存的矛盾问题之后，2012年开始，莆田市委、市政府对木兰溪进行"防洪保安、生态治理、文化景观"三位一体治理，被水利部纳入全国中小流域治理规划。堤防建设、岸坡绿化、生物净化、引清活水……一系列治理措施统筹推进。

为减轻"裁弯取直"对原有生态系统的影响，木兰溪治理采取改道不改水的方式，将原始河道水面实施最大限度保留，形成城市内湖——起名为"玉湖"。玉湖水域面积超过700亩，不仅有效增加了莆田城区水域面积，提升了蓄洪能力，而且丰富了城市生态内涵。在玉湖畔，玉湖新城拔地而起，青少年宫、科技馆、图书馆一字排开。玉湖公园里，随处可见三三两两的市民休憩玩乐。这里，已经成为莆田宜居、宜业、宜游的新乐土。

2014年，莆田市被列入全国水生态文明建设试点城市。由此，木兰溪启动全流域系统治理，视野从对木兰溪"一溪"的局部治理解放出来，统筹兼顾一溪两岸的管控和发展，统筹解决水资源、水环境、水生态、水灾害四大问题，在全流域构筑生态保护、生态治

鸟瞰木兰溪（2019 年）

理、生态修复、生态法治四条防线。

随着综合治理的推进，木兰溪成为全国首条全流域系统治理水系，"木兰溪百里风光带"逐渐清晰，下游 399 条内河与木兰溪互联互通，形成 65 平方公里的城市绿心。木兰溪的防洪、生态、休闲、观光等功能逐一实现。

2017 年，莆田市生态绿心保护修复项目获"中国人居环境范例奖"。2018 年，莆田市全国水生态文明城市试点建设通过验收。

今天的木兰溪，澄澈水波安澜，两岸红荔低垂，"荔林水乡"风情万种。木兰溪水拂过千年前的陂石，也碰触如练的长堤，温柔如母亲的手。

2017 年，木兰溪获评"全国十大最美家乡河"。颁奖词这样写道："是溪流，是江河，无需更名；论大小，论长短，不必丈量。她，化水为乳，滋养着一座'古府新市'；她，以血为脉，成就了一座'文明新城'。她屹立着千年长堤、百代雄陂的治水传奇，她就是莆田人民的家乡河——福建木兰溪。"

治理长汀水土流失

一

2004 年 6 月 10 日，一篮杨梅送到了时任浙江省委书记习近平的案头。

这篮杨梅从 800 公里之外的福建省长汀县跋山涉水而来，那是曾经的水土流失区。

一同捎给习近平的，还有一封信。在信中，长汀人民向老省长习近平汇报了水土流失治理的成效，并带来群众的惦念与谢意。

长汀百姓在信里说："衷心感谢您把治理我县水土流失区的问题，作为当年福建省为民办实事的一大项目，倾力支持，终见成效。如今，该地区水清了，山绿了，果实挂满枝头，长汀人民经常惦念您。欢迎您今后有机会再到长汀老区来指导。"

习近平当天立即回信："欣悉你县几年来全力开展水土流失综合治理，并取得了较好的生态、经济和社会效益，我感到由衷的高兴。1983 年，按照项南书记的要求，长汀开始对水土流失问题进行治理，这几年继续加大了治理的力度。经过多年的努力，如今长汀的面貌发生了很大的变化，希望你们再接再厉，以全面根治为目标，切实把这一工程抓紧抓实抓好，把长汀建设成为环境优美、山清水秀的生态县。"

一篮杨梅，情牵两地，牵出了习近平在福建治理长汀水土流失的往事，也记录下长汀从全国水土流失重灾区到全国生态文明建设示范县的艰难历程。

二

"四周山岭，尽是一片红色，闪耀着可怕的血光。树木，很少看到！偶然也杂生着几株马尾松，或木荷，正像红滑的癞秃头上长着几根黑发，萎绝而凌乱。"这是 1941 年福建省研究院土壤保肥试验区研究人员笔下的长汀。

"长汀哪里苦？河田加策武；长汀哪里穷？朱溪罗地丛。""头顶大日头，满山癞痢头，脚踩砂孤头，三餐番薯头。"这是一首20世纪上半叶在长汀广为流传的民谣。

书上写的，歌里唱的，尽是长汀水土流失带来的穷苦。

长汀，世界客家首府，中央苏区县和红军长征出发地之一。汉代置县，唐开元二十四年（736年）置汀州，成为福建历史上著名的五大州、八闽府之一，是久负盛名的国家历史文化名城。新西兰作家路易·艾黎曾说过："中国有两个最美丽的小城，一个是湖南的凤凰，一个是福建的长汀。"

如今处处山清水秀、草木馥郁的长汀曾是我国南方红土地水土流失最严重的县区之一。

长汀特别是重灾区河田镇的水土流失究竟起于何时，无法详考。不过从"柳村"到"河田"的地名变化或可追溯到至少200年前。

河田，原名柳村，因水土大量流失，山崩河溃，河与田连成一片，形成"柳村不见柳，河比田更高"的景象，后人遂改称其为河田。河田属于红壤区，四周山岭尽为赤红色，像一簇簇燃烧着的火焰，故而又得名"火焰山"。到了夏天，这里的地表温度最高可达76摄氏度，可以烤熟鸡蛋，灼枯植物。

"晴三天，闹旱灾；雨三天，闹洪灾。"严重的水土流失，导致长汀生态环境极为恶劣。一旦连续暴雨，便见洪水滔滔；雨停水歇后，又露沙见底。

"'荒山无寸木，古道少人行。'《永乐大典》中所载的北宋五言律诗《过汀州》，开头两句就哀叹长汀的萧条。"在长汀县水土保持局原局长钟炳林看来，长汀水土流失，除受自然因素影响外，主要起源于社会动荡，形成于缺乏燃料，成灾于群众砍伐。

20世纪40年代，长汀与陕西长安、甘肃天水被列为全国三大水土流失治理试验区。

1940年12月，中国最早的水土保持机构——福建省研究院土壤保肥试验区在长汀河田设立，当时的民国政府试图治理长汀水土流失，但收效甚微。

新中国成立后，长汀水土流失治理工作迎来了生机。从1949年12月成立"福建省长汀县河田水土保持试验区"开始到1983年，长汀县对水土流失进行了初步治理，取得了一定成效。其间，遭遇"大跃进"运动和"文化大革命"，初步治理的成果遭受了严重损失。

1985年，遥感普查表明，长汀县水土流失面积达146.2万亩，占该县国土面积的31.5%，长汀成为中国四大水土流失严重地之一。

"山光、水浊、田瘦、人穷。"短短的八个字，道不尽的是长汀困境。

三

水土不治，百姓难安，更难有美好生活。

20世纪80年代初，改革开放的春风吹遍神州，长汀水土流失治理迎来转机。

1983年4月2日，时任福建省委第一书记项南第一次来到河田，来到八十里河。这里就是40多年前土壤保肥工作志中记述"四周山岭，尽是一片红色"的地方。

就在八十里河，项南点明了长汀是水土流失"冠军"，提出要坚决夺取全省治理水土流失的冠军；就在八十里河，他与随行的省领导及专家、科技人员边看边聊，广为流传的《水土保持三字经》就此诞生。

同年，省委、省政府把长汀列为治理水土流失的试点，每年给予专项补助扶持资金，水土流失治理的序幕就此拉开。

项南多次到河田视察，强调要搞综合开发，建立河田水保农业综合开发区。据统计，1985 年至 1999 年，长汀县治理水土流失面积 45 万亩，减少水土流失面积 35.55 万亩，效果显著。

群众自发捐建的项公亭在河田镇露湖村石灰岭拔地而起，项南对水土流失治理工作的丰功伟绩永远镌刻在这块充满生机的土地上。

四

治理水土流失不可能一蹴而就。长汀面临的是一场经年累月、愈挫愈勇的持久战。

面对亟待治理的 100 多万亩水土流失区，长汀需要更强有力的推动与政策扶持。不过，长汀也没有等待太久。

1998 年元旦，时任福建省委副书记习近平为长汀水土流失治理题词"治理水土流失，建设生态农业"。长汀群众把习近平的题词，镌刻在河田世纪生态园内一块大石头上，这是勉励，是警策，更是动力。

1999 年 11 月 27 日，是长汀水土流失治理划时代的日子。

1999年11月，习近平到长汀县河田镇考察水土保持工作

这天上午 11 时许，一辆中巴驶进河田镇露湖村。车子刚停稳，一位身材魁梧的中年男子走向项公亭。

他就是时任福建省委副书记、代省长习近平。他在龙岩考察棉花滩电站、梅坎铁路、漳龙高速公路等省重点项目过程中，专程到长汀调研水土流失治理工作。

项公亭前，习近平伫立良久。

在习近平《摆脱贫困》一书的序言中，项南这样写道："贫困地区要收到经济、社会、生态三方面的效益，没有愚公移山的精神，不从治山治水这个'笨'工作上下功夫，是改变不了贫困落后的面貌的。"

治山治水的"笨"功夫的确收到了不错的效果。当看到亭子四周板栗成林，近处治理后的山头树木临冬不凋、绿意长葆，习近平脸上有了笑容。

但是，当习近平看到远处连绵起伏、依旧红土裸露的山头时，他的神情转而变得凝重。他对身边的干部群众说："发展是硬道理，但是，污染环境就没有道理，破坏生态和浪费资源的'发展'就是歪道理。"

长汀县委汇报了过去十多年水土流失治理工作的成绩，并提出，长汀是经济欠发达县，仅靠自身的力量难以全部完成，希望省里给予更大扶持。

听罢汇报，习近平要求长汀县尽快起草一份详细材料，报送省政府，指出："长汀水土流失治理工作在项南老书记的关怀下，取得了很大成绩。但革命尚未成功，同志仍须努力。要锲而不舍、统筹规划，用 8 到 10 年时间，争取国家、省、市支持，完成国土整治，造福百姓。"

离开项公亭后，他们前往策武乡黄馆万亩果园。果园是长汀县直机关干部带头开垦的，习近平说："鼓励机关干部种果治理水土流失，干部带劳带资搞开发，这条抓得准，没有等靠要。做什么事情都需要干部带头示范。你要群众做的事，只有干部带好了头，起到了示范，群众才能相信你。"

当天，一行人还参观了当地"种果大王"、全国劳模赖木生的果场。赖木生是长汀县大同镇新民村人，1981 年起开始承包荒山种果树，到 1994 年已达 150 亩，成为远近闻名的万元户。1995 年，赖木生在县里的支持下，投资 40 万元，在河田水土流失区种下500 多亩板栗，带动村民发展万亩板栗基地。

看到满山果树，习近平非常高兴，和赖木生在果树下合影，鼓励他继续发展，扩大规模，带领别人一起致富，治理水土流失。

五

根据习近平的调研讲话精神，长汀县重新调整、修编规划，经省有关专家领导审查后，起草了一份《关于请求重点扶持长汀县百万亩水土流失综合治理的请示》，这份材料成为撬动长汀水土流失治理持续发展的支点。

在这份材料中，长汀县汇报了当地水土流失治理工作的艰巨性、今后 15 年治理规划目标以及主要措施。在材料的最后，还列举了一些请求省政府协调解决的主要问题。比如：请求把长汀县水土流失治理列入省委、省政府为民办实事项目；请求省政府协调省财政厅拨出专项经费，用于长汀治理水土流失；请求省政府将长汀县水土保持煤炭补贴标准由现行的每年 80 万元提高到每年 200 万元；请求省政府将长汀县上报水利部，列入国家水土保持重点县等。

2000 年 1 月 8 日，时任长汀县委书记饶作勋带着请示材料，到省里向习近平汇报。

习近平一接到请示材料，当即批示："同意将长汀县百万亩水土流失综合治理列入省政府为民办实事项目和上报长汀县为国家水土保持重点县。为加大对老区建设的扶持力度，可以考虑今明两年由我省财政拨出专项经费用于治理长汀县水土流失。"

当年 2 月，"开展以长汀严重水土流失区为重点的水土流失综合治理"被列为全省 15 件为民办实事项目之一，确定每年由省级有关部门扶持 1000 万元资金。此后十年，长汀水土流失治理每年都被列入省为民办实事项目。

"这在当时对一个县来说，是不得了的事。"省人大常委会原副主任潘征说，在那之前，省委、省政府为民办实事项目还没有安排到县一级。

潘征说："我当时没有领悟到这件事的意义，后来我理解了。习近平同志抓长汀水土流失治理就是以点带面，推动生态文明建设。水土流失治理好了，生态恢复了，就会给老百姓带来实实在在的利益。"

"斧头收起来""锄头扛起来"。2000 年，长汀县县长签发了《封山育林命令》——这是新中国成立以来长汀县仅有的两个县长令之一，引导农民以煤代柴、以沼代柴、以电代柴，大面积封山育林，让大自然休养生息，同时把治山和治穷结合起来，做到治理水土流失与治穷相结合、与发展绿色农业相结合、与发展生态工业相结合，走开发性治理的新路子。

长汀大规模治山治水的大幕，就此拉开。

六

长汀县河田世纪生态园有个惯例，每个捐种树木的人都会得到一张记载捐种人、树种、日期的植树纪念卡。

2001年10月13日，习近平再次到长汀调研水土流失治理工作。时任长汀县水土保持局局长钟炳林把纪念卡送到了习近平手中。

习近平仔细端详着纪念卡，微笑着说："发纪念卡好，捐资植树有纪念意义，你们的管理责任也更好落实。"

这是一张迟到了一年半的纪念卡。

2000年5月29日，习近平得知长汀县组织干部和群众捐款建设河田世纪生态园，特地托人送来1000元，捐种一棵纪念树。如今，这棵编号为"A-32-01"的香樟已经郁郁葱葱，傲然挺立，荫蔽着往来游人，慕名而来"打卡"者络绎不绝。

发动社会力量捐资建设，以栽种常青树为主、兼种花木，以绿化为主、兼建植物品种园，以科研为主、兼搞农业观光，打造国土教育"户外教室"、水土治理"大观园"……对于世纪生态园的建设情况和设计思路，习近平十分赞许。

世纪生态园的后山就是石壁下水土流失治理现场。在山上，钟炳林顺手从山坡上拔起一株野草递给习近平："这种草叫鹧鸪草，生命力很强，只在贫瘠的地方生长。"

习近平接过鹧鸪草，仔细端详了一番，笑着说："让我们共同努力，艰苦奋斗，把长汀水土流失治理好，就让这种草'只把春来报'吧！"

临走时，习近平在车门前说："我这次是来检查你们承办为民办实事项目的。落实得好，再支持；落实得不好，不再支持。"

钟炳林当即表态："如果落实不好，县摘牌，人摘帽！"

十多年过去后，钟炳林依然记得当时一个让自己诧异不已的细节。他说："当时我汇报了四五个跟水土流失治理有关的数据，他把我刚才汇报的几个数据一下子都说出来了，有好几个数据是第一次对外公开讲的，他记得很清楚，可见他有多在意、多上心，这让我很佩服。"

调研结束六天后，10 月 19 日，习近平对长汀水土保持工作再次批示："再干八年，解决长汀水土流失问题。"

知山知水方能治山治水。对于长汀水土流失治理，习近平有笔明白账：长汀县水土流失面积 1985 年 146.2 万亩，到 1999 年是 110.65 万亩，15 年治理 45 万亩，减少水土流失面积 35.55 万亩。按照这种速度，长汀的水土流失治理还需 46 年。这两年加大了治理力度，一年治理十几万亩，八到十年可以完成现在的治理任务。

习近平说："水土保持是生态省建设的重要内容，又是生态省建设最薄弱的地方，对水土流失特别严重的地方要重点治理……以点带面，总结经验，对全省水土保持工作起到典型示范作用。"

2004 年 6 月，长汀人民给调任浙江的习近平捎去一篮产自昔日"火焰山"的杨梅。

七

第一个八年过去了。至 2009 年，长汀县累计治理水土流失面积 107 万亩。

"滴水穿石，人一我十"，长汀坚持"政府主导、群众主体、社会参与、多策并举、以人为本、持之以恒"，形成了一整套有效的做法与经验。2011 年，水土流失面积下降到 47.69 万亩，一片片过去"不闻虫声，不见鼠迹"的不毛之地重披新绿。

此时，习近平已调往中央工作，但对长汀的水土流失治理仍牵挂在心。

2011 年 12 月 10 日，《人民日报》以《从荒山连片到花果飘香，福建长汀——十年治荒 山河披绿》为题，对长汀水土流失治理情况进行了报道。时任中共中央政治局常委、中央书记处书记、国家副主席习近平对这篇报道作出重要批示："请有关部门深入调研，提出继续支持推进的意见。"

随后，中央政策研究室会同国家发展改革委、财政部、环保部、水利部、国家林业局和国务院扶贫办等七个部委组成联合调研组，到长汀开展水土流失治理专题调研，提交了《关于支持福建长汀推进水土流失治理工作的意见和建议》。

2012 年 1 月 8 日，习近平对这份报告作出重要批示："同意中央七部门联合调查组关于支持福建长汀推进水土流失治理工作的意见和建议。长汀曾是我国南方红壤区水土流失最严重的县份之一，经过十余年的艰辛努力，水土流失治理和生态保护建设取得显著成效，但仍面临艰巨的任务。长汀县水土流失治理正处在一个十分重要的节点上，进则全胜，不进则退，应进一步加大支持力度。要总结长汀经验，推动全国水土流失治理工作。"

2012 年 3 月，习近平在京看望参加全国两会的福建代表团时，再次殷切嘱咐：要认真总结推广长汀治理水土流失的成功经验，加大治理力度，完善治理规划，掌握治理规律，创新治理举措，全面开展重点区域水土流失治理和中小河流治理。一任接着一任，锲而不舍地抓下去，真正使八闽大地更加山清水秀，使经济社会在资源的永续利用中良性发展。

长汀水土流失治理吹响了新的冲锋号角。

在巩固以往治理成果的基础上，长汀人民开始打造"长汀经验"的升级版，加快实施生态人居、生态环境、生态经济、生态文化、生态制度等五大体系建设工程，向"百姓富"与"生态美"的有机统一进发。

2017 年，长汀县被列为第一批 13 个"绿水青山就是金山银山"实践创新基地之一，同时成为首批国家生态文明建设示范县。

2018 年 12 月，福建省正式发布公告，长汀成为福建 23 个省级扶贫开发工作重点县中首批实现脱贫摘帽的县之一。1985 年以来，长汀累计减少水土流失面积 111.8 万亩，森林覆盖率由 1985 年的 58.4% 提高到 2019 年的 80.3%，实现了"荒山—绿洲—生态家园"的历史性转变。2020 年，长汀水土流失率降至 6.78%，治理水土流失取得决定性胜利。

30 多年勠力攻坚，长汀人民创造了水土流失治理的"长汀经验"，成为中国水土流失治理的典范和福建生态省建设的一面旗帜。

长汀的"绿富共赢"辩证法成为全国典型。

长汀县河田镇露湖村石壁下水土流失治理前后对比

2021 年 3 月，习近平赴福建考察调研，忆起当年先后五次赴长汀调研，他说："我给大家讲，给生态投了钱，看似不像开发建设一样养鸡生蛋，但这件事必须抓，抓到最后却是养了金鸡、生了金蛋。"

不能靠破坏环境来发展经济

—

福建背山面海，山多海阔。这里山海交相辉映，水系星罗棋布，景观千姿百态，城乡相得益彰。

2019 年，《福建省生态环境状况公报》显示，福建的大气环境、水环境、生态环境继续保持全优，领跑全国。

同年，根据国家统计局反馈的统一核算数据，2019 年福建省地区生产总值跃上 4 万亿元台阶，达 42395 亿元。

一边是生态环境的高颜值，一边是经济发展的高质量，看似矛盾的生态环境和经济发展在这里找到了完美的平衡点，组合成一个社会经济和资源环境统一、海上陆地密切联系的区域生态系统。

在找到平衡点之前，福建也有过粗放式发展的切肤之痛。

20 世纪 80 年代以来，随着经济高速发展，生产规模急剧膨胀，在创造大量物质财富的同时，也造成资源的大量消耗，一些地方环境污染和生态破坏严重。

"如果经济增长了，人们手中的钱多了，但呼吸的空气是不新鲜的、喝的水是不干净的，健康状况不断下降，那样的经济增长并不是人民群众所希望的。"在福建工作期间，习近平始终强调，要处理好经济发展与环境保护的关系。

推进环保部门机制健全，推进污染事件处理，推进闽江、九龙江流域整治，推进"一控双达标"目标实现，推进环境保护一系列法规出台……

保护生态环境就是保护生产力，改善生态环境就是发展生产力的理念，在一次次实践中渐渐明晰。这其中迸发出的火花和智慧，无疑具有样本价值。

二

2000 年 2 月 16 日，农历正月十二。

习近平来到福建省环保局，这是他当选省长以后调研的首个省直机关单位。

春节前，时任福建省环保局局长李在明就向习近平提出请求，邀请他近期到省环保局来调研一次，"解决一些具体问题，鼓舞鼓舞士气"，同时，请他以省政府名义召开一个重点污染企业和各市县领导的会议，促进 2000 年"一控双达标"任务的完成。

习近平答应得很干脆，他还说："我之所以尽力支持你们工作，不只是一个省领导对厅级干部的支持，是因为我们还是同一条战壕的战友，有什么压力，我们共同承担。"

李在明没想到的是，习近平不仅如约而至，而且来得这么快。

那时的李在明正面临着双重压力：

一方面，国家对环保工作有了更高的要求。就拿 1996 年提出的"一控双达标"来说，全省当时共有 4695 个工业企业污染物排放需要达标。距离完成目标期限不到一年，留给环保部门的时间已经不多了。

另一方面，环保系统自身能力与当时环保工作的要求不相适应，也不断延缓着实现目标的脚步。

其中，最大的难题是经费。当时，财政部预算支持中没有把环保经费列入一类科目，环保部门缺少稳定的经费来源。"上管天，下管地，中间还要管空气，就是缺少人民币，执法起来没底气。"一句顺口溜把环保部门的窘境描绘得淋漓尽致。

另外，全省政府机构改革正处在缩减政府机构和人员的关键阶段，相对弱势的环保部门对此更是担忧。

在省环保局，习近平看望了各处室的同志，然后和中层以上干部开了一个座谈会。他勉励大家继续努力，并提出了进一步的工作要求。

更使环保局上下振奋的是，习近平当场帮助解决了很多棘手的问题。经费问题"省内先协调解决"，"环保部门在政府机构改革中应该是加强的部门"。对于环保部门来说，习近平的表态就是一针强心剂。

习近平送来的还有一场及时雨。

在习近平的推动下，环保部门的工作经费很快列入省内各级财政预算，当年就给省环保局安排了近 4000 万元的专项经费。

不久，省政府还决定从 2001 年开始，三年内从省级财政预算中安排 1000 万元用于省级环保部门自身建设；每年 2200 万元的环境污染防治专项资金延长到 2005 年；从 2000 年下半年起，把全省环保系统基础建设投资纳入"十五"计划，用两年左右，从省预算内基建投资中拨出 3000 万元，用于加强环保系统基础设施建设；通过共同努力，使"十五"期间全省环保投入占全省地区生产总值的比例，逐年提高到 1.8% 以上（1999 年占 1.52%）。

同时，省政府还要求各级财政参照省里，环保部门的经费每年要随着财政收入的增长而增加。

2000 年，福建省地区生产总值不足 4000 亿元，财政收入才 369.53 亿元。"习近平同志是在当时各级财政收入并不宽裕的情况下，挤出了宝贵经费给予环保工作极大支持，当时这在全国也是不多见的。"李在明说。

经费问题迎刃而解，机构建制得到加强。

在全省机构改革结束后，不仅各级环保局都予保留，而且全省不少原来是二级局机构的县（市、区）级环保局，还被全部列为一级局机构，成为政府的组成部门，并设立各级纪委派驻环保局纪检组。

三

2000 年 2 月 18 日，在时任福建省省长习近平到省环保局调研之后的第三天，一场突发环保事故骤然来临。

当天下午 5 点 40 分，该局接到三明市环保局报告：沙溪发现大量死鱼。

沙溪，发源于武夷山脉杉岭南麓，流经宁化、清流、明溪、永安、三明、沙县等地，汇入闽江。沙溪水质直接关系闽江流域沿岸人民的用水安全。

省环保局马上向省政府报告，并决定由省环保局副局长丛澜组织省环境监测中心站专家，并商请省水产局等有关人员，赶赴现场监测水质、查明原因。

根据初步判断，环保部门提请当地政府对闽江沿江（溪）有关化工企业、农药厂全部暂时停产，停止污染物排放，定时向沿江（溪）政府部门通报已采取的措施，及时公布逐步控制水质安全的情况，以安定人心。

2月23日上午，省环保局局长办公会议召开，听取初步调查情况汇报，要求再次核实。

2月25日，经核实后的沙溪"死鱼事件"调查报告和紧急请示上报省政府。

省委、省政府领导明确指示，要求组织力量进一步查清"死鱼事件"原因，采取有效措施确保人民群众生命财产安全。习近平在批示中严肃指出"此事非同小可"，并要求组织专门调查组现场调查后提出处理意见。

经初步认定，有农药厂涉嫌违规偷排污染物，造成闽江100多公里的水体污染、1000多吨鱼类死亡。水体污染还造成了大面积的用水恐慌，周边群众担心自来水厂水质受到污染，纷纷抢购矿泉水。

情况不容乐观，习近平当机立断。他指示李在明连夜返回福州调查处置，并会同有关部门保障闽江流域沿岸群众的用水安全。

2月26日凌晨1点多，李在明到达福州。他马上布置对闽江、沙溪的沿江（溪）交接断面，以及所有的自来水厂取水口进行全面的密频次水质监测；对受污染威胁的水厂，采取临时性关闭或技术性应急处置。

调查取证、责任追究工作也同步跟进。

由省政府副秘书长牵头，有关部门和省内外环保专家对"死鱼事件"的原因进一步深入调查，核实取证，科学论证。

研究人员对沙溪中的死鱼进行解剖、分析检测，得出结论——鱼体致死物与三农集团股份有限公司（以下简称"三农公司"）违规排放的有毒污染物一致。

"死鱼事件"的罪魁祸首找到了。三农公司被正式责令关闭生产线、封存生产设备。

根据习近平的指示，省环保局向媒体通报了情况，并由《福建环境报》和《中国环境报》连夜发了通稿。

3月4日，习近平再次批示："沙溪河发生的大量死鱼事件，是我省近年来在环境保护方面发生的一起罕见的重大责任事故，必须严肃查处。要在前期调查的基础上，进一步分清事故责任，依法予以查处。"批示要求，进一步采取措施，确保沿江人、畜饮水安全，减少污染造成的损失，尽快消除对环境造成的影响，各地、各部门特别是有关地市和部门，要从这一事件中认真总结和吸取教训，并举一反三，堵塞漏洞，消除隐患，确保今后不再发生污染、破坏生态环境的问题。

随后，环保部门按照法律程序，把此案移送福建省公安厅进一步调查取证，对有关责任人依法进行了严肃处理。

3月8日，沙溪再次面临考验。

当日凌晨4时左右，武汉市某农场的一辆运输农药货车在福建省沙县境内翻入沙溪，车上装载有1780箱"灭杀毙"农药。

当地环保部门立即赶赴现场并第一时间上报。根据习近平等省领导指示，省环保局带领有关专家立即赶赴现场组织应急处置工作。封闭现场、组织打捞、追踪散落药瓶、检测水质……经过20多个小时的连续奋战，至3月9日11时30分，翻入河中的农药全部打捞上岸。监测结果表明，沙溪没有受到农药污染，事故得到有效控制。

沙溪恢复了往日宁静，而对福建"母亲河"的保护和整治行动仍在继续。

四

福建水系基本自成体系。以闽江、九龙江、晋江、汀江、敖江、木兰溪、交溪等"五江二溪"为代表的12条水系，润养着八闽百姓。

由于历史原因和人为破坏、低水平开发利用等因素的影响，20世纪八九十年代，一些河系流域水体受到污染、生态受到破坏，其中闽江流域、九龙江流域最受关注。

闽江，是全省12条主要河流水系中最长的一条，主干流长577公里，流经6个地市、36个县（市、区）和379个乡（镇）。九龙江，福建的第二大河流，流经龙岩、漳州、泉州、厦门四市的13个县（市、区）。

为保护"母亲河"，1995 年，福建省政府启动闽江流域水环境综合整治，虽初见成效，但离闽江水基本变清的总体目标还有较大差距，"母亲河"的治理任重道远。

1999 年 8 月 5 日《福建日报》刊发的新闻调查《闽江何日见安澜？》中这样写道："'远看青山在，近看黄水流'，这是闽江流域群众的一句顺口溜，说明水土流失的严重性。沿途采访，记者看到：闽江河水混浊，两岸弃土、弃渣随处可见，个别地段的河床甚至高出农田；山坡上土壤裸露，下雨时塌崩下来的一堆堆泥土横阻在公路上……资料表明，上游大部分地方水土流失每年都以近 2%的速度递增。"

针对污染水域、破坏生态的现象，习近平的话振聋发聩："那些肆意破坏我们赖以生存环境的人，无异于'谋财害命'。几千万人都在喝这个水，你为了一点利益、为了一点税收，造成人们生命、健康的损失，这是绝对不能允许的。"

响鼓重锤，迎难而上：

——福建对违法排污的执法力度日益加大，全省统一的"1999年环保行动""2000 年闽江环保行动"接连展开，排污企业的责任感和紧迫感在一次接一次的行动中加强。

——社会的环保意识也在升级。1999 年福建省"保护母亲河"行动启动，得到社会各界积极响应。2000 年 5 月 2 日，陈明义、习近平等省领导向行动领导小组办公室捐款，并致信对"保护母亲河"行动给予充分肯定。

——1999 年 9 月，福建省政府批准实施《九龙江流域水污染与生态破坏综合整治方案》，并成立了省九龙江流域水污染与生态破坏综合整治领导小组，开展综合整治工作。省委、省政府还把九龙江整治列入为民办实事项目。

在闽江、九龙江整治中，习近平倡导流域整体性保护并探索上下游流域补偿机制。

1999 年 3 月 27 日，时任福建省委副书记习近平在顺昌调研时提出："要加强闽江上游的植被保护和生态林建设。大力发展生态农业、旅游农业、节水农业，保护耕地、矿产等不可再生资源，不要再引进污染严重的'夕阳企业'来发展经济，不能靠牺牲、破坏环境来发展经济。"

此后，习近平在南平调研时多次强调，闽北是闽江的源头，要加强生态林、自然保护区等方面的建设，为整个闽江流域生态环境建设作出应有贡献，任何形式的开发利用都要在保护生态的前提下进行。

2001 年 6 月 18 日，时任福建省省长习近平签发第 65 号福建省人民政府令，宣布《福建省九龙江流域水污染防治与生态保护办法》发布施行。

2001 年 7 月 15 日至 17 日，习近平在漳州调研时指出，目前九龙江流域（漳州段）水环境综合整治工作已取得阶段性成效，下一步要按照《福建省九龙江流域水污染防治与生态保护办法》的规定，加强协调，严格执法，巩固和扩大成果。

厦门、漳州、龙岩三市联手保护闽西南"母亲河"，三市政府达成协议，每年共同出资，安排专项资金投入九龙江治污。

在习近平的谋划下，福建还形成了河流下游受益的地区给上游地区补偿的良好机制。

"比如，九龙江的源头在革命老区龙岩，那里的经济发展在当时是相对滞后的，九龙江的最后一站是厦门。九龙江生态环境好，厦门直接受益。习近平同志就制定和实施了这样一种生态补偿政策：由厦门每年拿出一笔钱给龙岩，进行养殖业的无害化处理，治理面源污染，带来全流域皆大欢喜。"福建省原副省长陈芸说。

在严格督促和不懈努力下，全省 12 条水系水质持续改善，2001 年达到和优于三类水质的省控断面，比 1995 年提高了 46.8%。

五

在跨入 21 世纪的前五年，"一控双达标"是一个不亚于近些年"环保风暴"的热词。

"一控双达标"是 1996 年《国务院关于环境保护若干问题的决定》中确定的 2000 年要实现的环保目标。"一控"即污染物排放总量控制；"双达标"即要求到 2000 年所有工业企业污染源排放达标，城市功能区的环境空气、地面、水环境质量达标。按国务院要求，各省、自治区、直辖市用五年时间，在 2000 年底前必须完成任务。

环保攻坚，取信于民。

1999 年 4 月 19 日，《福建日报》刊登了一则题为《我省环保"进军号"吹响 "一控双达标"工作进入攻坚阶段》的消息。报道称，全省环保系统组织九个调查组分赴九地市，对筛选出来的全省重点污染源企业污染物达标排放情况逐一进行严格的调查核实。

在一个多月后的 5 月 28 日，《福建日报》公布了福建省 49 家首批重点工业污染源未达标排污名单。

调查核实、公布名单……环境保护的重拳不断落下，有远见的企业开始主动治理。

但是，这还不足以保证"一控双达标"目标顺利完成。

"冲锋号"在 2000 年 5 月 10 日吹响。

当天，省政府召开全省重点工业污染企业达标暨闽江、九龙江流域水环境综合整治工作会议，涉及 96 家省重点工业污染企业。

此时，距离全面实现"一控双达标"目标只有七个月。此前，通过全面整治闽江水污染、建陶业烟尘污染、水泥业粉尘污染、制鞋业废气污染等，全省环境污染加剧的趋势得到初步控制。但是，环境状况总体上仍不容乐观。

"通过一件一件地抓，一个流域一个流域地抓，一个行业一个行业地抓，一个企业一个企业地抓，一个阶段一个阶段地抓，做好整治一片，收效一片，让群众受益一片。"习近平的话掷地有声。

不过，在冲锋阶段，剩下的都是一些"硬骨头"。会上特意邀请的 96 家企业，虽然只占全省工业污染企业数量的 2.04%，但废水排放量却占总量的 60.77%，废气排放量占总量的 57.13%。

对于福建来说，这是一场以新世纪为起点，告别过去、着眼未来的攻坚战。

习近平说："21 世纪是可持续发展的世纪，这就是未来经济的特点，我们要找差距。现在的经济竞争力，主要表现在环境竞争力上，表现在环境保护这方面做得怎么样。"会上，习近平一再强调不能以牺牲环境为代价来换取经济增长。

习近平强调："我们要充分认识当前环境保护面临的严峻形势，

把环境保护作为我省跨世纪发展的战略选择，在经济和社会发展中决不能走严重浪费资源和'先污染后治理'的路子；要把环境保护作为全心全意为人民服务的重要实践，急人民群众之所急，想人民群众之所想。"

那天的会议，有23名省重点工业污染企业的法人代表没有到会。为此，习近平严肃指出：没有到会的法人代表，一定要补课！

5月20日下午，集中"补课"在省环保局五楼会议室举行，21家省重点工业污染企业的法人代表准时参加，但仍有两家缺席。次日的《福建日报》在头版刊登《开会缺席须补课 集中补课仍缺席》的报道，对其公开点名批评。

一场最严标准的环保整治风暴席卷全省。

全省各地取缔关闭污染严重的企业，责令未按期达标的企业停产治理，依法打击破坏环境和生态的违法行为。仅在2000年"5·19"闽江环保执法大检查行动中，就有28家企业受到处罚。

到2000年底，"一控双达标"任务基本完成，全省列入2000年考核的4695家工业污染企业按期达标，污染回潮率大大低于全国平均水平。

六

达标不是终点，而是更高的起点。

在2001年3月31日召开的全省环境保护工作座谈会上，习近平指出："尽管近年来我省环境污染加剧的趋势已得到有效控制，'一控双达标'的任务基本完成，但这仅是低水平、低层次的。"他要求，各地各级政府要把环境保护工作放在更加突出的战略位置，下更大的决心，用更大的气力解决环境污染问题。

省委、省政府推出一系列顶层设计与战略部署：

2002 年 4 月，《福建省"十五"环境保护专项规划》出台，提出力争到 2005 年，环境和资源保护工作进入全国中上游水平，为建设生态省打下坚实的基础。

2002 年 7 月，《福建省农业生态环境保护条例》颁布。该条例自 2002 年 10 月 1 日起施行，为保护和改善农业生态环境，防治农业生态环境污染，综合开发与合理利用农业资源，促进农业的可持续发展提供法治保障。

"千秋大业，环保为重。"

2002 年 4 月 22 日是第 33 个"世界地球日"，习近平在《福建日报》发表的署名文章《保护资源　善待地球——纪念第 33 个"世界地球日"》指出："善待地球，保护资源和环境，实现可持续发展，是我国一项长期而又艰巨的任务，也是事关我省改革开放和社会主义现代化建设成败的大问题"，"一定要采取切实有效的政策措施，加大工作力度，保护和合理开发利用资源环境，促进经济社会可持续发展，为子孙后代造福"。

这一年 8 月，福建被列为全国第一批生态省建设试点省份，生态文明建设站上了新的起点。

绿色抉择——建设"生态福建"

一

1998年11月，时任福建省委副书记习近平带着办公厅副主任黄建兴一行人到武夷山市调研生态保护。

"习近平同志在车上利用空隙时间给我们上了一堂生态课。他举了一个例子说，美国夏威夷岛当地政府想利用优越自然环境发展农牧渔业繁荣经济，当地议员和专家学者提出反对意见，认为要利用这个自然优势，把生态环境文章做足才是真正出路。最终，政府采纳了这个意见，退耕退渔去牧，由此才使夏威夷岛成为世界著名的旅游胜地。他说，这个例子告诉我们，武夷山应该把自然生态保护好，这是关系武夷山前途命运的大问题。"黄建兴说，当年，生态建设还是一个新名词，但在习近平的头脑中，生态理念已经根深蒂固，而且愈加强烈。

时至世纪之交，中国经济快速奔跑，人民群众从"盼温饱"到"盼环保"，从"求生存"到"求生态"，对优美生态环境的需要日益增长。

尽管涌动着迎接新一轮快速发展的渴望，但是福建面临的转型之痛也慢慢浮出水面：一方面，亚洲金融危机使地区生产总值连续20多年保持年均13%以上增速的福建，增速放缓；另一方面，传统发展模式中伴生的污染问题，让这个自然灾害频发的沿海省份，面临空前的环境承载压力。

早在 2000 年的一次省长办公会议上，习近平就提出建设生态省战略规划的设想："任何形式的开发利用都要在保护生态的前提下进行，使八闽大地更加山清水秀，使经济社会在资源的永续利用中良性发展。"

生态建设问题被习近平直接摆上了桌面，建设生态省的战略构想第一次进入人们的视野。

二

中国社会科学院生态文明研究智库理论部主任黄承梁在《论习近平生态文明思想历史自然的形成和发展》一文中写道："17 年间（指在福建期间），习近平同志始终高度重视生态环境保护、林业发展、可持续发展和生态省建设，提出了许多在今天看来仍然极具前瞻性、战略性的生态文明建设理念、工作思路和决策部署。"

习近平关心生态问题的故事，从刚到厦门工作就有记录：

20 世纪 80 年代初，厦门岛内很多地方毁林采石，导致环境被破坏：毁林采石后的山体大面积裸露，就好像一块块伤疤一样。1985 年底，习近平参加了厦门市人大、市政府组织的现场调研。

在 1986 年 1 月 10 日召开的厦门市八届人大常委会第十八次会议上，习近平说："我们要发展工业，但不能以牺牲旅游资源的代价去发展工业，不能把这个破坏掉了去建设另一个，不能作出这种代价的牺牲。"在随后牵头编制厦门第一个发展战略——《1985 年—

2000 年厦门经济社会发展战略》过程中，开创性地提出了生态环境问题。

从厦门到宁德，从经济特区到贫困闽东，习近平对生态问题的关注与思考没有停止。

那时候的闽东，森林覆盖率与绿化程度均低于全省平均水平，森林砍得多造得少，人们做饭、取暖、种菇，靠的都是砍树，现实的温饱问题把生态问题远远甩在后面。

习近平对这一问题有前瞻性的认识。在 1990 年 4 月发表的《走一条发展大农业的路子》一文中，习近平强调："注重生态效益、经济效益和社会效益的统一，把农业作为一个系统工程来抓，发挥总体效益。""有的地方开创'绿色工程'，这就是一条好经验。所谓'绿色工程'就是依托荒山、荒坡、荒地、荒滩，发展开发性立体种植业，实行集约经营，专业协作。"

时任福州市委常委、组织部部长王文贵回忆说，自己在 1990 年 5 月 18 日的永泰调研中，第一次听到有人将"绿水青山"四个字和地方发展建设结合在一起，正是时任福州市委书记习近平说："永泰的地理环境就是山区，是福州的后花园，你们一定要咬定青山不放松，必须保护好环境，一条河也不能污染。山上的树林、果树要管理好。你们永泰的发展方向就是绿水青山。"

福建省人大常委会原副主任潘征说："可以看出，习近平同志重视环境保护、生态建设是一以贯之的，而且是从正确处理人与自然的关系，推动人与自然和谐发展，改善生态就是改善民生、造福人民的高度来把握这个问题的。"

三

物有甘苦，尝之者识；道有夷险，履之者知。推动生态文明建设之路并非坦途。

2000年底，在完成"一控双达标"的任务后，时任福建省环保局局长李在明没有得到太多喘息的时间，"习近平同志提出要重视制定长远的生态环境战略规划……要求我们用一年时间搞调查研究，把生态省建设各方面的问题摸清楚"。

"习近平同志要求我们一定要转变观念，不仅要从生态环境保护的角度考虑问题，更要从全局战略的高度来看问题。"李在明意识到这将是一个时空跨度大，和经济发展结合紧密的规划："就我多年的工作经验来看，没有哪个省长会在一个地方干20年，由此可见，他当时所做的规划，完全是为福建的未来考虑，为子孙后代考虑，为可持续发展考虑。"

2001年，省政府成立生态省建设领导小组，习近平担任组长，小组成员包括省政府常务副省长、办公厅及省直有关厅局领导，开启了福建最为系统、最大规模的环境保护行动。

2002年1月23日，习近平在省政府工作报告中正式提出建设生态省战略："建设'生态省'，大力改善生态环境，是促进我省经济社会可持续发展的战略举措，是一项造福当代、惠及后世的宏大工程，要统筹规划、分步实施、积极推进。"编制《福建生态省建设总体规划纲要》也提上日程。

在《福建生态省建设总体规划纲要》制定初期，习近平就明确指出："生态省建设，首先思想要通，理念要新，措施要实，立足实际，着眼未来，这样工作开展起来才会比较顺利。"

"当时不少人连生态是什么都不清楚，甚至有人认为搞生态建设会影响经济建设。在这种背景下，我省提出生态省建设，是相当有战略眼光和前瞻性的。"福建省政府发展研究中心原副主任、曾参与福建生态省建设前期调研的专家王开明说。

从改革开放到世纪之交，尽管福建取得年均 13% 以上的地区生产总值增长速度，但到 2000 年福建地区生产总值仍不足 4000 亿元、财政总收入不到 370 亿元。

"以这样不算雄厚的实力制定如此宏大的战略规划，的确显示了决策层对生态建设的远见卓识。"时任福建社会科学院院长、曾参与生态省规划纲要设计的专家严正说。

四

对待生态问题，习近平的态度是迎难而上。

2002 年 5 月，福建省环保局完成了《福建生态省建设总体规划纲要》第六稿的修改工作，随即向习近平汇报。之后，习近平就开始筹备全省环保大会来推动生态省建设的实施。

这个大会至关重要，决定以省委、省政府的名义召开。

"6·5"世界环境日当天，习近平在接受《中国环境报》和省内有关媒体联合采访时再一次表示，福建的环境形势不容乐观："一方面，加入世贸组织后，国际因素对环保工作提出了更高的要求；另一方面，改善环境条件也是提高人民生活水平的需要，因此，福建要有一个长远的考虑、高起点的考虑。"

6月6日，省政府召开专家咨询会，就《福建生态省建设总体规划纲要》的编制向来自北京、上海的部分省政府经济和社会发展顾问团成员、生态环境专家咨询意见。

实地考察后，专家们对福建生态省建设提出了许多颇有见地的意见与建议：生态省建设要突出生态城市的建设，重点是建设高效和谐的人居环境；要坚持循环经济理论，强化经营机制的建立，从而实现真正意义上的可持续发展；要把发展旅游经济作为重点来抓……

2002年7月3日，在省委、省政府召开的全省环保大会上，习近平作了《全面推进生态省建设，争创协调发展新优势》的讲话。

这次全省环保大会首次明确了生态省建设的工作目标、任务和措施。建设生态省的总体目标是：经过20年的努力奋斗，把福建建设成为生态效益型经济发达、城乡人居环境优美舒适、自然资源永续利用、生态环境全面优化、人与自然和谐相处的经济繁荣、山川秀美、生态文明的可持续发展省份。

习近平说："加快发展不仅要为人民群众提供日益丰富的物质产品，而且要全面提高生活质量。环境质量作为生活质量的重要组成部分，必须与经济增长相适应。"

现场，习近平还和全省九个设区市的市长签订了《市长环保目标责任书》。大会后，各设区市也参照省里做法，召开了全市环保大会，市长也和辖区内的县（市、区）长签订了环保目标责任书。

五

习近平一贯反对开言之无物的会议，要求会议一定要开得有成效。全省环保大会如此，《福建生态省建设总体规划纲要》论证会亦如此。

2002年8月25日，习近平带队，省委常委、常务副省长及有关厅局负责同志、省内外专家、院士们都参加了这次由国家环保总局和福建省政府联合在北京举行的论证会。

在论证会上，习近平如数家珍地介绍福建的青山秀水：全省森林覆盖率为60.5%，居全国首位；海域面积13.6万平方公里，海岸线长3324公里，居全国第二位；可开发的风能、潮汐能资源居全国前列；生物多样性居全国第三位；水资源总量居全国第三位……

在论证会上，习近平强调："通过以建设生态省为载体，转变经济增长方式，提高资源综合利用率，维护生态良性循环，保障生态安全，努力开创'生产发展、生活富裕、生态良好的文明发展道路'，把美好家园奉献给人民群众，把青山绿水留给子孙后代，最终实现我省现代化建设的战略目标。"

最后，专家们一致同意通过《福建生态省建设总体规划纲要》评审。此后，福建被列为全国第一批生态省建设试点省份。

在新华社当天播发的稿件中这样评价《福建生态省建设总体规划纲要》："全面反映福建省自然资源和人文资源，严谨而不失开拓创新。"

这篇文章的标题是《绿色的选择——关于"生态省"建设的对话》，而绿色的选择在许多年后得出的结论是——人不负青山，青山定不负人。

六

2002 年 10 月，习近平离开福建到浙江工作。

2003 年初，国家环保总局根据生物丰度、植被覆盖、水网密度、土地退化、环境质量等指标对外发布的"2002 年全国生态环境状况综合评价指数"，福建省生态环境状况综合质量名列全国第一。

2004 年 11 月，经国家环保总局批准，《福建生态省建设总体规划纲要》出台，提出要在 20 年内，总投资至少达 700 亿元，完成以生态农业、生态效益型工业、生态旅游和绿色消费为基础的生态效益型经济等六大体系建设。

2006 年 4 月，福建省政府下发《关于生态省建设总体规划纲要的实施意见》，全面推进生态省建设。

再回首，千帆竞渡，万木逢春。如今，岸芷汀兰、鱼翔浅底的景象在福建绝大部分地区成为常态。

2012 年 3 月，习近平在京看望参加全国两会的福建代表团时，再次殷切嘱咐："生态资源是福建最宝贵的资源，生态优势是福建最具竞争力的优势，生态文明建设应当是福建最花力气的建设。"

2014 年到福建考察时，习近平要求福建有更强的生态意识，大力保护生态环境，使福建天更蓝、山更绿、水更清、环境更美，努力建设"机制活、产业优、百姓富、生态美"的新福建。

2019 年全国两会期间，习近平参加福建代表团审议并发表重要讲话，要求多做经济发展和生态保护相协调相促进的文章。

接力传承，因时而新，绿色成为福建发展最亮的底色，"清新福建"成为福建的金字招牌。

2014 年，福建成为全国第一个生态文明先行示范区。2016 年，福建成为全国第一个国家生态文明试验区。2019 年，中国工程院发布全国生态文明指数，福建排名第一。2020 年，全省设区城市空气质量达标天数比率为 98.8%；全省 12 条主要河流 Ⅰ—Ⅲ 类水质比例为 97.9%；森林覆盖率达 66.8%，连续 42 年保持全国第一。

福建省人大常委会原主任袁启彤说："关于'生态福建'建设，习近平付出了很多心血。这个生态建设思想的提出和实施，在全国是领先的。从全国范围看，在对外开放的前沿省份中，福建省没有走'先发展后治理'的弯路，这是习近平建设'生态福建'留下的宝贵财富。"

"这些年，福建更加郁郁葱葱了。"2021 年 3 月，习近平总书记在福建调研时说，"绿色是福建一张亮丽名片。要接续努力，让绿水青山永远成为福建的骄傲。"

十二、爱我人民爱我军

部队的事情要特事特办，马上就办

一

福建是革命老区，是人民军队的重要发祥地之一，双拥工作历史悠久、根基深厚。

在革命战争年代，闽西上杭县才溪乡成为中国革命史上第一个"拥军爱民模范乡"。新中国成立之初，才溪乡因赫赫战功被授予少将及以上军衔的将军有十位，是被誉为"九军十八师"① 的将军之乡。

宁化县是当年中央苏区的核心区，也是中央红军长征的四个出发地之一，作为中央苏区"扩红补给"重点县，曾为中华苏维埃中央临时政府和中央红军提供了有力保障。

……

新中国成立后，因地理位置，福建成为海防前线，又开启了一段英雄岁月。

1958 年炮击金门作战中，厦门禾山第四中心小学（现厦门何厝小学）的 13 名学生，冒着枪林弹雨，为解放军送水、洗衣、站

---

① 1951 年，中央政府南方老根据地访问团总团长谢觉哉重访老区，询问才溪走出了多少部队干部等有关情况时，才溪干部群众自豪地说，尚健在的才溪籍老红军，军级的有九位，师级的有十八位。"九军十八师"由此而来。

岗放哨、查接电线……被誉为"英雄小八路"。后来，他们的英勇事迹被拍成电影《英雄小八路》，其主题曲《我们是共产主义接班人》被定为中国少年先锋队队歌。

"鼓浪屿好八连"1970年进驻厦门鼓浪屿后，一代代官兵把学雷锋、做好事当成一种习惯，并且不断与时俱进赋予其新的时代内涵。

……

党的十一届三中全会召开后，福建成为最早实行对外开放的省份之一，工作重心转变，军民感情如初。

习近平说："双拥工作是我们的光荣传统。拥军优属、拥政爱民是'胜利之本、稳定之本、发展之本'，是我党我军在长期革命斗争中形成的优良传统，这个传统任何时候都不能丢，只能在实践中不断总结新经验，开拓前进。"

他认为："要从社会主义事业始终立于不败之地的高度，进一步认识搞好双拥工作的重大意义。搞好双拥工作，是建设有中国特色社会主义的一个鲜明的特征。"

二

1987年7月，厦门，天气晴热。

"英雄三岛"①上，时任厦门市委常委、副市长习近平率市直有

---

① 厦门市大嶝街道由大嶝岛、小嶝岛和角屿岛三个岛屿组成，被誉为"英雄三岛"，其南面为金门岛。

关部门同志一起上哨位、走坑道、进军营……

登上角屿岛时，眼前的情景触动了习近平。

作为纯军事岛，它是无水、无电、无居民的"三无"岛，空气潮湿，环境恶劣。遇上台风天，海上风浪大，淡水运不来，战士们就只能喝咸水粥。不论春夏秋冬，每逢大雨，能洗上一次雨水澡，战士们高兴得像过节一样。20世纪五六十年代，它被喻为"海上上甘岭"，岛上流传着一句顺口溜："风唱歌，沙跳舞，马尾松拉二胡。"

习近平对一旁的市直部门领导说，要更加关心和支持部队建设，进一步巩固和发展军政军民团结。他勉励战士们，要珍惜青春年华，加紧学习和训练，热爱海岛，坚守海岛，为保卫海防、保卫特区作出更大贡献。

当场，习近平就决定实施扶持基层连队"一口好水井、一块好菜地、一个好猪圈"的"三个一好"工程，派人以最快速度在角屿岛上打一口深井……

如今，30多年过去了，岛上的生活条件早已今非昔比，已经通了自来水……不过，当年在习近平关心下为官兵们打的那口水井仍然还在。

三

雨后初霁的厦鼓海峡，海风习习，碧波荡漾；鹭江两岸，彩帜飘扬。

1987年8月1日下午，厦门市数千军民齐集鼓浪屿沙滩，准备横渡厦鼓海峡。这一规模盛大的活动是由厦门市政府和驻厦相关部队联合举办的。参加横渡的有部队指战员、厦门各界人士共4277人，他们当中，年龄最大的69岁，最小的仅7岁，其中包括34岁的习近平。

开幕式在郑成功雕像下举行。活动盛况空前，围观者达数万人。

时任陆军第三十一集团军政治部主任隋绳武在开幕式上说，中断十年的厦门军民横渡海峡活动在建军60周年之际恢复，这是一件值得庆贺的事，它象征着厦门市军政军民的大团结，象征着特区军民不怕艰难勇往直前的革命精神。

下午2点55分，三发红色信号弹从鼓浪屿上空腾起。在雄壮的军乐声中，游泳健儿组成12个方队，从小德记沙滩分批依次下水，舒臂蹬腿，破浪前进。

远远望去，整个队伍宛如巨龙蜿蜒游动于碧波之上。游在最前面的是中国人民解放军驻厦部队的300名指战员。他们劈波斩浪，仅20分钟就游完全程，自始至终保持着整齐的队列。在指战员的带动下，厦门市的游泳健儿迎着风浪，顽强搏击，在下午4点多全部到达厦门水仙宫码头终点，全程800多米。

习近平参加厦鼓海峡横渡，并胜利抵达终点，在军地之间传为佳话。

四

1988年6月，习近平离开厦门，前往宁德就任地委书记。

刚上任不久，针对改革开放以来国防和军队建设面临的新情况新问题，特别是部分副食品价格放开后部队生活受到一定影响的情况，习近平先后主持召开地委、行署、部队有关单位领导，地方科研单位以及各县支前办负责人参加的工作会议，专题研究制定军队企业优惠政策，帮助驻宁德部队发展生产经营，提高部队生活水平。

当时，宁德是"老、少、边、岛、贫"地区，全省经济排名最后一位。习近平提出，军分区系统要用实际工作去锻炼民兵预备役队伍，具体在经济建设、社会治安、抢险救灾等方面，来一个推动经济发展的"军民大合唱"，其中，闽东脱贫致富是重要任务。

福安市坂中畲族乡是宁德市畲族聚居最集中、畲族人口比例最高的一个乡。大林村，是其中一个畲族村。

1989年初夏的一天，习近平到大林村调研，发现村"两委"没有办公场所，村口有所小学，全校4个年级47名学生就只有1间两个小窗户的土坯房教室和1名老师。

回去以后，他马上委托挂钩帮扶大林村的宁德军分区政委赵文法去看看孩子们，为小学送去了各种生活学习用品。之后，他还给大林村筹措了六万元专项资金。大林村用这笔钱修了一条路，盖了村"两委"办公场所和一座两层楼四间教室的学校，还安装了一台电视机、一部电话。学校里没有桌子板凳，赵文法就向驻地守备部队借了一些。

在宁德期间，习近平对锻炼民兵预备役队伍有独到的见解。他说："民兵一定要围绕着经济工作去建设、去教育、去发展。要想有前途，一定要靠自己好好地干，要干出成绩来。前途不是要出来的，是干出来的。"

按照习近平的指示，宁德军分区开始组织民兵参加扶贫。军分区、武装部在乡镇都有自己的扶贫点，民兵都有自己的扶贫项目。

五

1990年4月，调任福州市委书记后，习近平就把熟悉全市情况与熟悉驻军部队情况同步安排进行。

到福州的第五天，他便带领市支前办等有关部门的负责人，深入驻榕的所有军级单位和部分师、旅、团单位，走访了解，倾听意见，及时为部队排忧解难。

那时，有的部队领导还不知道习近平已是福州市委书记，见了面后，深为感动，也很是惊讶："想不到习书记这么快就到我们部队'报到'了。"

初步了解了驻榕部队情况后，习近平即着手调整成立福州市双拥工作领导小组，亲任组长，对双拥工作中的重大问题亲自过问、亲自抓。随后，各县（市、区）和有关部门也相应调整成立了领导小组，且均由一把手挂帅，进一步把双拥工作提上了各级党委和政府的重要议事日程。

他说："双拥工作是一个重大的政治原则问题。各级党委、政府和广大干部要牢固树立做好双拥工作，就是维护国家长治久安，维护社会稳定，确保加快改革开放和经济发展的思想。加强军政军民团结是社会主义事业兴旺发达的一条重要的政治保证。只有把双拥工作提高到战略地位来认识，我们才能把双拥工作自觉地纳入日常工作的议事日程。""热爱不热爱人民解放军、支持不支持部队建设，不是一般的工作问题，而是一个重大的政治原则问题，必须以更大的热情，更实的作风把这项工作搞好。"

在日常工作中，习近平多次要求福州市双拥办、支前办对部队要有特殊感情，对部队提出的问题，有文件规定的要马上就办，没有文件规定的也要想法特事特办。对部队的来信，他都亲自处理；部队反映的营区建设、开发生产、家属子女就业和就学等问题，他每年都要批示解决几十上百件。

"我们的工作不仅要让群众满意，也要让部队的同志满意，这才算过关。我们对部队如何支持，一定要打破常规来看，从大处着眼。我们不搞走过场，我们双方的感情都是发自内心的。"在主持福州工作期间，习近平反复强调，"拥军工作的成效绝非一日之功。我们军地双方的事情，历来都办得很痛快！"

1990 年 5 月 17 日，夜晚，福州，大雨倾盆。

五凤山脚下，73121 部队军营内，灯火通明。这支部队从连江县丹阳镇下面的一个村搬迁至此。

一支部队换防到城市里，面临很多具体困难和问题。刚进城的部队条件简陋，搭了一个帐篷作为临时指挥所。

那晚，习近平来到部队营区，召开现场办公会。

部队向他反映了三个主要问题：一是家属户口随迁进入福州市，二是小孩上学，三是家属就业。

福州是省会城市，也是军事要地，驻军多，机关多，干部多。驻有陆、海、空、武警四个军级领导机关，还有若干师、团级领导机构及后勤保障系统，营职以上的干部数量多。所以，随军家属的工作安排、子女上学，一直是福州面临的"老大难"问题。

当时，福州户口指标很紧，一年机动的名额也就两三千个。而此次，73121 部队有 300 多名随军家属需要落户，100 多名随军子女需要入学。

着实，棘手也烫手。习近平让一起来的局长们先谈谈意见和看法。

"……随军子女全部就近划片入学，不太好办……"

"……团以上干部家属落户，我们尽力想办法解决，全部落实不太可能……"

地方的难处，部队干部们心里也有数。不过，大家还是不约而同地将期待的目光投向了习近平。

"部队的事情要特事特办，马上就办。"习近平没有丝毫犹豫地说，随军家属安置和小孩入学问题，根本就谈不上是什么困难，而是地方必须要做好的工作。随军家属，凡是符合条件的，一律要按行业对口进行接收安排；随军子女，一律就近安置上学。同时，习近平还将接收安置纳入各机关单位"双拥共建"的实际考核内容。

那晚之后，半年之内，73121 部队随军家属子女全部在福州落户，家属安排到福州市的各个单位工作，随军子女也陆续通过转学或者寄读的方式到福州市中小学就读。

五凤山麓，还坐落着一个部队单位——福建省军区。铜盘路直通省军区，沿线还有不少驻榕部队。

这里原来是城市的边缘地带，随着这一带居民住宅区的不断扩大，车辆人流急剧增多，仅有五米宽的路成了福州有名的卡脖子路段。由于年久失修，路旁的排水沟经常污水横流，浊臭难闻。

改扩建所需经费不少，当时福州财政收入却很有限。在习近平的提议下，经多方调研协商，决定军警民共建。

1990年7月30日晚上，福州市召开工作会议，专题研究军警民共建铜盘路工程问题。会议决定把铜盘路扩宽到23.5米，中间留有绿化隔离带，全水泥路面，整个工程定于10月25日前完工。沿途需拆掉各类建筑物8000平方米，腾让土地3万平方米。建成铜盘路需投入10万个工日，全部由军警民义务劳动完成。

8月8日，2000多名部队官兵、民兵，1000多名机关干部来到铜盘路义务劳动，拉开了轰轰烈烈共建铜盘路的序幕。

上午8点多钟，长达2000多米的工地上，已是一派人声鼎沸、挥汗奋战的景象。凡是修路红线划到的地方，百分之七八十的建筑物已被拆除。在路旁的排洪沟里，污泥七八十厘米厚，最深的地方厚达两米，数百名解放军和武警部队官兵一字排开，一勺勺、一铲铲地掏到车上。

烈日炎炎，尘土飞扬，恶臭扑鼻，大家全然不顾，一身泥、一身水、一身汗。

习近平也来回忙碌着：先是到各处察看工地现场，后到梅峰宾馆门口的工地，和干部群众排成一行，把从建筑物上拆下来的砖头一块块接力传递到路旁，堆叠起来……

20世纪八九十年代，大部分部队营房靠近山边，比较破旧，设施落后。了解到驻榕部队营区的状况，习近平便指示各级政府要积极关心部队营区建设。在地方进行建设的时候，他也都想着部队，要求把部队营区的路桥建设一起带动起来。

福州市各县区遵照习近平的指示，逐步开始修拥军路、建双拥桥，部队的营房营区面貌焕然一新。福建省委原常委、省军区原司令员陈明端说："部队营区的道路直了、平了、宽了，部队官兵的心也更暖了。"

六

1992 年 4 月 10 日下午 3 点 50 分，一辆中巴在福州仓山区的海军福建基地搬迁办门口停下。车上走下了习近平，他与市相关领导、相关部门负责人"串门"来了。

还没落座，习近平便风趣地对几位部队领导说："你们搬迁到这里，肯定困难不少。你们有多少难处，请像竹筒子倒豆子一样，全给倒出来！然后我一定每一粒都捡起来！"

……

"我们前几天刚刚和你们提起搬迁中遇到了一些困难，没想到你们这么快就来了。"基地领导有点激动。

"你们的事也就是我们的事嘛！"

……

在搬迁办的会客室里，从宁德搬迁到福州的来龙去脉、具体数据、近期方案、长远规划……部队领导一一道来，一个个亟待解决的难题也摆到了桌面：420 名随军家属子女需要落户福州并解决就业入学，营区有 24 家大小工厂和 108 户住户需要腾让，还有水电增容、城建、征地、通信、供水、供电、煤气开户等一揽子棘手问题需要解决，涉及 3 个区、16 个部门、30 多个单位。

10 个大项 26 个小项的难题，要一件一件完成，难度可想而知。

"海军基地搬迁的事，应该是福州双拥共建的一项大事。我市地处沿海，海岸线长，如果没有人民海军镇守海疆，能有全市人民的安居乐业吗？"习近平说，"今天，当着大伙的面，我表个态，基地搬迁的事是我市双拥的一项重要工程，也是我们在座每一位的事……"

对落户就业入学问题，习近平特别说，遇到这种事一定要带着感情办。一定要把部队的孩子们安排到好的学校，他们一直跟着父母颠沛流离，从小就没有受到好的教育，现在是解决这个问题的时候了。

现场办公会制定了解决问题的方案，提出了完成的期限。随之，相关部门领走了各自需要解决的难题。

会议结束之际，习近平说："这件事情，各个部门都有自己的任务，每个部门都要以最高的效率完成。我现在把令旗给梁建勇，他负责落实。以后每周至少要来一次。"同时，他还请时任福州市政府副秘书长、支前办主任梁建勇列出任务分解表和完成任务的时间表，要求限期抓落实。

之后，三天两头，梁建勇等相关工作人员就往营区跑，大到征地，小到水电供应，无不事事过问，件件协调。最后，为了给海军腾出厂区，仓山区协调搬走了 15 家工厂。

仅 15 天，搬迁任务便大功告成！同时，福州市还专门追加了一批户口指标，解决了所有安置问题。

部队上上下下都非常满意，部队领导动情地说："我真是没有想到，你们福州办事的效率，一点也不比我们部队打仗逊色！"

七个月后，习近平又率一批人来到五凤山下驻榕某师师部。

他发现，师部门口是一段泥泞的乡间小路，未达到建设标准，大的军车通行和会车都有困难。当时，部队资金不足，无法修建。随即，他把福州市相关部门的人留下来开会，现场就决定：把路拓宽！

此后，习近平多次过问，到部队现场办公，研究落实建设资金和方案，要求严格按照标准和工期进行施工。

福州市支前办、建委、公路局、商业局、房地产开发总公司以及郊区政府、洪山镇、新店镇，迅速进行勘察规划、清路拆迁和突击施工。沿途各单位和村民群众积极支持，投工投劳。

40多天后，一条总投资100万元、全长2.5公里的五凤山至新店的道路——新的江厝路于1993年元旦正式通车！习近平出席了通车仪式。

七

1992年八一建军节，习近平来到驻榕部队慰问官兵。

当他来到驻闽空军时，正逢官兵们在卡拉OK厅欢度节日。他走进卡拉OK厅，一阵雷鸣般的掌声响起，不知哪一个调皮的战士喊了一句："欢迎习书记为我们来一首！"紧接着，又是一阵雷鸣般的掌声把这位市委书记"逼"上了演唱台。

在地方的联欢会上，习近平从未唱过卡拉OK，当他从战士手中接过话筒时，一起来的市支前办领导还暗暗替他担心。随之，习近平亮开嗓子"一道道的那个山来呦，一道道水……"，支前办领导这才明白，原来习书记还有这么一手，于是，也和官兵们齐声喊道："习书记再来几首！"

……

晚上，习近平回到家中仍记着在驻闽空军的场景，对正在福州休假的彭丽媛说："空军演出队有几个小姑娘歌唱得不错，年龄又小，挺有潜力的，你去辅导一下如何？"

第二天，彭丽媛便来到驻闽空军演出队，当面辅导那几位唱歌的小演员。后来，她得知老师金铁霖到福州讲课，还特意安排空军那几位小演员去听课，不仅自己到场作示范演唱，还让金老师为她们"开小灶"。

其实，部队更小的事，习近平也都记挂于心。

1993 年元宵节，总政歌舞团来榕演出，入场券很紧张。习近平亲自审定发票方案，为部队官兵划出 1000 多张票，将部队离退休的老同志请到主席台就座……

当时，有人认为他对部队的事有些特殊化，就连很细小的事都亲自过问。"军中无小事。"习近平说，"对部队的事我的确是打破常规来看的，每一件小事都从社会安定稳定的角度来看，从大处着想……"

八

1991 年 1 月 10 日至 15 日，经国务院和中央军委批准，民政部和总政治部在福州召开了全国拥军优属、拥政爱民工作会议。这是新中国成立以来召开的第一次全国双拥工作会议。会上表彰了全国十个双拥模范城、十大双拥模范人物。邓小平此前为"双拥模范

城""双拥模范县"题了字。习近平全程参加了会议，并代表举办
地领导讲了话。

这次会议能如期在福州举办，与习近平密不可分。时任南京军
区政治部副主任隋绳武，参与了大会全部的筹备和组织工作。他
说，习近平听说要召开这次会议，就积极向有关部门申请，争取会
议能在福州市举行。

会议开幕的前一天，1月9日，习近平特地赋诗《军民情·七律》
相贺：

> 挽住云河洗天青，闽山闽水物华新。
> 小梅正吐黄金蕊，老榕先掬碧玉心。
> 君驭南风冬亦暖，我临东海情同深。
> 难得举城作一庆，爱我人民爱我军。

这首诗作，刊发于10日的《福州晚报》头版，13日又发表在《福
建日报》上。

23年后，这首诗在福建预备役高炮师被又一次诵读。

2014年八一建军节前夕，习近平回到福建，特意把来自不同
岗位的11位双拥模范代表请来，同大家亲切交谈，一起重温军爱
民、民拥军的光荣传统。

会见快结束时，时任莆田市委书记梁建勇和习近平告别，提起
了习近平1991年创作的那首《军民情·七律》。

"那我请梁建勇把我当时的诗念一念。"习近平说。

"挽住云河洗天青，闽山闽水物华新。小梅正吐黄金蕊，老榕

先掬碧玉心。君驭南风冬亦暖，我临东海情同深……"

习近平接着一起念道："难得举城作一庆，爱我人民爱我军。"

话音一落，大家热烈鼓起掌来。习近平说，作这首七律是为了表达人民军队爱人民、人民军队人民爱的鱼水深情。

习近平对部队的这份深情，与他的出身和经历息息相关：他成长在革命家庭，大学毕业后曾在国务院办公厅、中央军委办公厅工作过三年多。在福建工作期间，他先后在部队、与国防和军队建设相关机构兼任过领导职务，包括宁德军分区党委第一书记，福州军分区党委第一书记，福建省双拥工作领导小组组长，福建陆军预备役高炮师第一政委、党委第一书记，福建省委武装委员会主任，福建省国防动员委员会主任等。

2013 年 7 月 8 日，在中央军委召开的党的群众路线教育实践活动专题民主生活会上，习近平回顾了他与军队的深情厚谊："我和军队有着不解之缘，对军队怀有深厚感情。从小我就较多接受了我军历史的教育，目睹了我军很多老一辈领导人的风采，从少年时代就形成了对军队的真挚感情。后来，我在军队工作几年，到地方任职后也时时关注着军队建设，经常同军队的同志打交道，对国防和军队建设情况还算比较了解。"

第一次全国双拥工作会议后不久，全国要评选一批拥军优属模范，福建省、福州市一致推荐习近平。习近平极力要求大家不要推荐他。他觉得，他对部队所做的事，都是他的本职工作。

不过，军地双方一致强烈推选他，认为这不仅是一个荣誉，也是为历史提供一个正确的认识，为后来者提供一个合格的榜样。

1992 年，习近平被民政部评为"全国拥军优属模范"。

当年，人民日报出版社出版了《情系长城——全国百名拥军优属模范风采录》，书中收录《拥军书记——习近平》一文。文章讲述了福州市在改革开放的新形势下，不断探索密切军政军民关系的新路子，在继承中求开拓，在发展中创特色，赋予双拥工作更加鲜明的时代内容，取得显著成效。这与习近平对双拥工作的高度关注和身体力行分不开，他为部队建设倾注了大量的心血，以至于驻榕部队的广大官兵都亲切地称赞他是"拥军书记"。

也是这一年，开春时节，福州从北京捧回了全国"双拥模范城"金字匾，这是福州首获该荣誉称号。

这份殊荣，习近平颇为看重，他说："我们要如爱护和珍惜自己的眼睛一样，爱护和珍惜这份荣誉。爱护它，珍惜它，不是针对'称号'，而是为了可贵的军政团结、军民团结关系。我们抓双拥工作要像抓改革开放，抓经济建设一样'百尺竿头，更进一步'，扎扎实实地迈步从头越，风风火火地再创辉煌。"

福州能够取得这样的好成绩，与习近平主持工作期间的工作制度建设和具体举措是分不开的。这期间，福州市建立健全了军地双方四项工作制度：地方党政领导与部队领导互相走访制度、军地联席会议制度、检查落实拥军支前优抚工作制度、国防和地方建设统筹兼顾制度；探索出了政策拥军、物资拥军、科技拥军、服务拥军等一系列长效机制，还出台了《关于在农村全面开展义务兵养老保险工作的通知》《福州市实施〈军人抚恤优待条例〉细则》等政策文件，以切实维护军人的合法权益，保证各项优抚安置政策落到实处。

习近平认为，要使双拥工作向更高层次发展，必须注意做到

"三个结合":一是"条块"结合。双拥工作是一项庞大的社会系统工程,必须依靠社会的力量进行建设,要对支持部队建设、拥军优属工作进行统一组织和协调。二是"点面"结合。只有"点面"结合,才能获得双拥的整体效益,促进双拥的整体发展。三是"上下"结合。双拥工作既要领导带头,更需在基层抓落实。如果只满足领导层活动,就容易出现节日热一阵,节后冷下来;有任务时交往多,任务过后来往少;高潮时抓一抓,紧一时,高潮过后松下来的现象。"上下"结合好了,才能使双拥工作真正落到基层、落到实处,才能保持经常化、制度化,做到长盛不衰。

2020 年 10 月 20 日,全国双拥模范城(县)命名暨双拥模范单位和个人表彰大会举行,福州再次荣获全国"双拥模范城"称号。至此,福州已连续九次获此殊荣。

丰收果实,有你们的一半

一

1992 年 7 月初,闽江发生 50 年一遇的特大洪灾,福州城外洪内涝、四处汪洋。

中洲岛是闽江上的一个岛屿,由解放大桥连接闽江两岸,过去每当春夏之交屡遭水患。

7 月 6 日深夜,汹涌的狂涛挟着各种各样的漂流物,冲向解放大桥。洪水已快涨到桥面，中洲岛已被淹没，岛上楼房的第二层已经进水，在桥上就可以听见岛上的群众在呼喊。

隔着滔滔洪水，如何把人安全快速转移出来，是个大难题。习近平镇定指挥各路人马救援，同时联系部队增援。

危急时刻，人民子弟兵来了！第八十六师100名官兵来了！省军区、人武学校干部带领98名官兵来了……他们冒着生命危险，涉水抢救老人小孩；他们登上屋顶，攀上窗口，把困在屋中的群众搭救出来，撑着船把他们送到安全地带，脱下自己的衣服给老人孩子穿……

100多名武警战士沿着绳索爬到岛上，把被困群众一个一个地转移出来。习近平还调用了消防车，用消防臂辅助救援；与空军联络，用直升机转移岛上被困群众。

两三天后，被困在中洲岛上的2200多人全部脱离危险，无一伤亡。中洲岛群众感动地说，解放军一来，我们就得救了！

这场洪水把上游大量杂草冲下来，堵塞了福州市东南水厂的全部进水口，导致供水中断，危及群众生活。唯一的办法，就是有人潜到几米深的水下，清理水草残渣。但这个工作对非专业人员来说太危险，必须求助于专业潜水人员。

于是，习近平向海军某部求援。部队立即派出十几名潜水员，拉了几车的装备赶到现场。

清理水草过程中，因为操作空间小，又有一定的危险性，加上水下工作体力消耗大，一小时就得换一名潜水员。考虑到水温低，潜水员体力消耗太大，习近平特意安排人去买一些高能量的食品给这些战士吃。

战士们持续奋战一整天后，入水口终于被打通了。习近平叮嘱梁建勇等洪灾过后要专门去部队慰问，向他们表示由衷的感谢。

这场洪水中，福州洪山的粮库也岌岌可危。眼见水马上就要涌进粮库，可各方都在抗洪，一时难以调出人手，福州市领导非常焦急。

就在这时，两辆卡车满载着部队官兵开到市政府大院，梁建勇跟随几位市领导赶快下楼迎接，原来战士们来自驻连江某旅。

带队干部一见面就报告："领导同志，我们知道福州现在被淹得很厉害，但我们不知道该到哪里去救援，所以开到市政府来，请你们调遣！"

那时，翁福琳任福州市防汛指挥部总指挥。他说，驻榕部队能如此顺畅、默契地配合习近平指挥抢险救灾，一方面是因为我们的人民子弟兵全力以赴忠诚履行他们保卫人民的天职，另一方面也是因为习近平与部队沟通非常顺畅。

无论是在 1992 年闽江特大洪灾中，还是在其他急难险重任务中，解放军和武警部队官兵都冲锋在前、赴汤蹈火、奋不顾身；连江万亩果林营造、晋安河和福新路整治、水口电站建设、闽江第三大桥建设、福厦路拓宽等众多重点项目的建设，驻闽部队官兵也作出了很大的贡献。

20 世纪 90 年代初，福州市筹资兴建长乐国际机场，这是当年福州投资量最大的重点工程，然而，困难重重，缺钱缺地缺人。

驻榕各部队纷纷献策，出人出力出设备投入建设。机场用地涉及海防十二师很多工事、训练基地、坑道等，部队把这些地都给了地方。

在 1994 年福州市委、市政府召开的纪念建军 67 周年军政座谈会上，习近平说："福州市之所以能够在经济建设和各项工作中取得好成绩是与军队同志的努力分不开的。丰收的果实有我们的一半，也有你们的一半。"

"习近平同志在福建工作期间，由于他关心部队、支持部队建设，军队对地方也很感激，始终尽心尽力支持地方建设。"福建省委原常委、省军区原司令员陈明端如是说。

二

每年元旦、春节和八一建军节，习近平都会组织慰问老干部。上午，部队领导和省市有关部门组织军、师职离休老领导乘车参观城市的新发展、新面貌；中午，习近平与老干部共进午餐，交流沟通，表示慰问。对年事已高、出行不便的老干部，他便登门慰问，聊聊家常，了解需求，解决问题。

在福建工作期间，这已成为习近平的传统。

福州军分区有三位老红军，习近平每年都会去看望他们。每次，老红军都拉着他，聊起天来就不让他走，本来计划安排半个小时的时间，每次都要在那待上一个多小时。

1992 年元旦，福州左海公园将正式对外开放。就在开放的前几天，公园接待了第一批客人。这批特殊的游客是离退休后住在福州的老将军。习近平特意在左海公园即将开放时，邀请他们前来当第一批游客，以表示福州人民没有忘记，是他们为榕城今日的腾飞立下了不朽的功勋。

2001年1月21日，习近平看望慰问军队老同志王直

2001年1月21日，习近平看望慰问军队老同志朱耀华

有一年夏天，部队一位老同志向习近平反映在福州买不到绿豆。这本是随口一说，没想到，习近平放在了心里。他交代工作人员马上去办，同时还交代，部队很多老同志是从北方过来的，要想办法调一些面粉给他们。

这以后，每逢夏天，福州就给每位老干部供应四斤绿豆。

"豆"大的事，习近平记在心上；"风"大的事，他更是想得周全。

1992 年 12 月 31 日，福州长乐国际机场开工前一天，习近平委托工作人员通知参加机场开工仪式的每一位老将军：衣服得穿厚一点，因为海边的风很大，容易着凉。接到通知的老同志都非常感动。

三

每到一个地方调研，习近平都特别注重优抚政策的落实情况，行程里都有看望军烈属的安排。

1994 年 1 月 19 日，习近平到福州市晋安区慰问军烈属，路过新店镇赤星村时，陪同的工作人员向他介绍说：这村子住着解放福州时第一个带领解放军进城的地下交通员，叫黄嫩弟。

当即，习近平就决定去看望。

老人家已经 85 岁了，和老伴相依为命，老两口的身体都不太好，生活拮据。

见到老人家，习近平非常亲切地嘘寒问暖，当问到子女情况时，老人家情绪很是低落，说他的儿子已经去世了，两个女儿也嫁出去了，不在一起生活。

习近平把村镇的干部叫过来，对他们说，黄老为福州城的解放事业作出过重大贡献，是有功之臣，我们各级政府有责任为他创造良好的生活条件。

同时，他让人把黄嫩弟的女儿找来，聊了一会儿，嘱咐说，平时如果有时间，一定多回来看看老人家，免得他们孤单，我们中华民族的传统孝道不能忘。

习近平在福州市任职期间，福州制定了一系列优抚政策，给军烈属解决了生产生活上的很多实际困难，还拨出专项资金开展"五个一"帮扶工作，也就是户种一亩果林、养殖一亩水产、饲养一群禽畜、掌握一项技艺、一个劳力进乡镇企业。

那时，在福州的优抚对象中军烈属有 19.5 万户，占优抚对象的 88.7%。过去的优抚补助是每月每人 50 元。后来，习近平主持市委相关会议，决定将补助加到 100 元。随着物价上涨，补助金额也跟着增加。

习近平曾指出，我们的很多问题，就是因为用过去的老政策管今天的新问题，这样不但不能解决问题，还会冒出更多的新问题。原来的一些标准、做法，和今天的新情况已经不能完全适应了。适当作一些调整，才能适应时代的发展。

四

1996 年 3 月，人民解放军在台湾海峡进行陆海空军联合演习。时任中央军委副主席张万年率领 100 多位将领登临平潭县澳前镇老虎山，指挥演习。

彼时，平潭风雨交加，浪高涌大，战机呼啸，战炮轰鸣，空中硝烟弥漫，海上水柱冲天。

由导弹驱逐舰、护卫舰、扫雷舰、猎潜艇、登陆舰艇和民用船只组成的登陆编队，在空军、陆军航空兵和海军舰炮、导弹强大火力的支援下，以风卷残云之势围歼了纵深核心阵地之"敌"，一次又一次粉碎了"敌军"的拦阻行动。

在此之前，接到准备演习的通报后，习近平就把支持部队演习作为一项政治任务来抓，主持召开市委常委会，研究部署支前拥军工作，成立了福州市支前领导小组。紧接着，部队演习地域的县（市）、乡（镇）和有关部门也由主要领导挂帅，建立了拥军支前领导小组和各项工作小组。

之后，习近平多次主持召开保障部队演习的支前会议，进行协调、部署。在 2 月初召开的一次支前会议上，他说：这是当前最为重要的任务，也是我们立功的机会，保障好这次部队演习意义重大，就是"砸锅卖铁"，也要完成好任务，并且要搞得比其他地区好；上级给我们布置什么，我们就保障什么，部队需要什么，我们就解决什么，任何困难都要克服。

作为此次演习的重要区域，平潭成了世界瞩目的焦点。

平潭，福建省第一大岛，全国第五大岛，东濒台湾海峡，距台湾新竹仅 68 海里，是祖国大陆距离台湾岛最近的地方。其地处中国东南沿海突出部位，扼守西太平洋海上南北大通道的要冲。

听说部队要到家门口军演，平潭不管是党政干部，还是平民百姓，都想着为部队做点事——

在全县动员大会上，平潭县委提出了一条政治纪律，要求各级党组织和每个党员在拥军支前工作中都必须做到"四个不"：不讲条件、不打折扣、不得延误、不出一事。同时，还下了一道"死命令"：只要不发生特大灾害，地方上任何事情都要为拥军支前工作让位，任何单位和个人均不得例外。

部队要在某海域进行实弹射击。3月中旬，部队便出了三份"安民告示"，需要在规定的日期，让一些乡（镇）的群众疏散转移。有关乡（镇）村两级干部风雨无阻地投入群众疏散转移工作。从乡（镇）政府到最远的自然村有五公里路，许多乡（镇）干部徒步走了不知几个来回，脚都走出了血泡，依旧马不停蹄地奔波着。转移的群众中，有行动不便的老人，有临近分娩的孕妇，有坐月子的产妇……

演习涉及的几个澳口海域，养殖了近300亩价值上千万元的水产品。为按时完成部队交给的任务，乡（镇）村干部挨家挨户做群众的思想工作，对清障工作进行周密部署。尽管清障直接影响到群众利益，但许多养殖户服从需要，主动出海清障，打开了通道。

官兵们缺少床板时，很多老百姓义无反顾地将自家的门板卸下来。仅半天，就解决了部队所需的所有床板。

……

在时任步兵第八十六师师长朱光泉记忆中，这次三军联合作战演习，习近平前后三下平潭，走访调研，布置任务，慰问官兵，观看演习。印象最深的是第一次——

演习部队进驻后不久，习近平就来到平潭，了解地方需要解决什么问题，给平潭县委、县政府布置任务，要求全力以赴做好支前保障。习近平说，演习会损害到群众的一些利益，地方政府要做好群众工作，也必须解决好群众的赔偿问题。如果平潭不够，福州市兜底。

……

炮声沉寂，硝烟散尽。

演习中，100多名将军临山观战，实属罕见。为纪念此次演习，平潭县委、县政府于同年4月1日将老虎山更名为将军山。

不久后，在平潭岛最高的位置，为这次演习竖立起了一座纪念碑。

军转干部是党和国家的宝贵财富

一

20世纪90年代，随着东欧剧变和苏联解体，冷战结束，国际战略格局开始向"一超多强"的多极化发展。随着科技与经济的迅猛提升，高技术兵器在军事领域的广泛应用，现代战争形式发生了根本性变化。敏锐察觉到新变化，中央军委明确提出"科技强军"，做出减少常备军、加强后备力量建设的战略安排。

1996年，全国县（市、区）人民武装部收归军队建制，从野战、边防部队抽调部分干部充实人武部。

按规定，各人武部现有的干部，凡符合现役军官服役条例年龄规定的，一律收归军队；不能收归的，由地方安排相应的领导职务和工作，个别工作优秀的要提拔使用，其余的都应平职安排，原来是常委的仍然要保留常委职务。

福州军分区共有 13 个县（市、区）人武部，部长、政委共 26 人，少数年轻的、符合晋职条件的留下来交给军队，多数年龄偏大的、任职时间长的、稍微过杠的、按照条件不能收归的，由地方另外安置工作。

于是，福建省军区党委向福州市委提交了安置方案。对此，习近平非常重视，提出经市委组织部考核后，由市委常委会讨论决定。会议由习近平主持，他要求这些干部都要按照军委的文件接收，每个都要安排好，这项工作要做细。

时任省军区政委隋绳武说："由于习近平同志高度重视，福州市人武部收归军队建制时，由地方安排的人武部领导，安排得最快也最好。"

二

在接见第六次全国军转表彰大会暨 2014 年军转安置工作会议代表时，习近平说："见到大家感到十分亲切，因为我也是一名军转干部。""军转干部是党和国家的宝贵财富，我们要倍加关心、倍加爱护。"

习近平说"我也是一名军转干部"，是因为 1979 年至 1982 年间，他曾就任国务院办公厅、中央军委办公厅秘书。

习近平任福州市委书记期间，对军转干部工作非常重视。他强调，转业地方工作一定要安排好，充分发挥他们的积极作用；做好军转干部安置工作，就是支持军队干部安心部队工作，让他们没有后顾之忧。

"习近平同志在福州市当市委书记时，福州是福建省军转干部安置做得最好的。"曾任步兵第八十六师政委的颜黎明转业到地方以后，在福建省人事厅当副厅长，分管军转工作。他说，习近平当了省长以后，依然关心着全省的军转干部。"当时，福建省的军转工作，在全国来说不敢说第一吧，也是很靠前的。"颜黎明还代表福建省人事厅、福建省军转安置领导小组，在全国军转工作会议上介绍经验。"其他省的同志听了以后，很受启发，感到福建的经验很管用。"

到福建省委和省政府工作后，习近平兼任省双拥工作领导小组组长，福建省双拥工作持续推进，佳绩不断。1996 年 11 月 29 日，《福建省拥军优属若干规定》由福建省人大常委会颁布并实施，这是全国第一部双拥工作地方性法规。

时任福建省政府副秘书长兼办公厅主任刘启力说，这部法规的出台是对福建过往拥军优属经验的总结，让各地拥军优属有章可循，对福建省拥军优属工作、对促进国防建设都起了重要作用。

三

一提起支前，人们就会想到 1948 年淮海战役战场上水一样流动的独轮车，想起革命根据地妇女织布衣、纳军鞋的情景，想起陕甘宁边区"猪啊、羊啊，送到哪里去，送给那英勇的八路军"的歌声。

新中国诞生后，各省都成立了支前办，有人称之为部队"编外的后勤部"，支前干部也被誉为"不穿军装的军需官"。

由于机构改革，福州市支前办几经变化——

1962 年，因战备工作需要扩充到十余人。

又经几次机构调整，到 1987 年只剩下一个科员。当时，有人编了个顺口溜："两块牌子一个门，进进出出一个人。"

1989 年，为了加强支前拥军工作，福州市政府决定重新调整充实支前办，并将其从市财委移到市政府机关，与办公厅合署办公。

这不是一个虚设的机构，从 1990 年起，福州市财政每年给支前办 100 万元支前专款。

1992 年初，驻榕部队还没提出要求，习近平就让市支前办的工作人员主动上门了解有什么问题需要地方解决。1 月 6 日，一份带着 12 个驻军单位反映的 64 个需要地方协助解决问题的报告便放到了习近平的桌上。他立即指示有关部门协调落实。仅用半个月时间，这些问题件件得到解决。

习近平认为："在新形势下，搞好双拥工作，不断巩固和发展坚如磐石的军政军民团结，决不是权宜之计，而是实现国家稳定、经济繁荣、社会进步的重要政治保证。是坚持两手抓、两手硬的充分体现。双拥工作不是单纯哪个部门的工作，它是地方的工作，军队的工作，更是党的工作，是党政军民共同的事业。全党、全社会都要积极参与双拥工作，热情关心支持部队建设。"

1992 年，习近平把为部队服务的政府机构进行了整合，把支前办、双拥办、海防办等涉军部门整合到市政府办公厅下的一套班子里。

习近平认为，服务部队的部门要有统一规划。"多头"服务保障看似众星捧月，但军队的"小伙伴们"很多，有时候会出现沟通不畅、重复浪费的情况，军队遇到具体事情不知道该找哪个部门，顾此失彼，保障作用反而发挥不好。

1999 年，中共中央、国务院发布《关于地方政府机构改革的意见》，开启了地方政府机构改革序幕。各省纷纷开始精简机构和人员，很多省份取消了支前办。当时，福建省也有人提出要取消支前办。

在省委机构编制委员会第一轮会议讨论时，时任福建省省长、省委机构编制委员会主任习近平的态度很明确：为了保障双拥工作的落实，支前办这个机构要保留，不仅原来的编制保留，经费还要追加。

以后，省委机构编制委员会又开了几轮讨论会，不论其他机构怎么改，支前办始终没有受到影响，一直到省委常委会开会通过改革方案。

在这一轮改革中，双拥办也得到加强。当时，双拥办隶属福建省民政厅，核定机关事业编制七名，处级领导职数两名。双拥工作关键的两个部门，在机构上得到了落实，在组织上得到了保证，各地市也参照省里的模式加强了支前办和双拥办的建设。

国无防不安，民无兵不宁

一

盛夏八闽，山海澄碧。

2014年八一建军节到来之际，中共中央总书记、国家主席、中央军委主席习近平来到福建，亲切看望慰问部队官兵和双拥模范代表。

7月30日15时许，习近平来到福建省军区指挥大楼，接见了驻福州部队师以上领导干部。离开省军区机关，他驱车前往福建预备役高炮师。

福建预备役高炮师是一类预备役高炮师，也是驻福建省唯一的一个预备役师。1992年创建时是步兵师，1998年底改建成高炮师。

福建预备役高炮师常年担负着东南沿海一线要地防空作战任务，多次在与现役部队同台的军事比武中摘金夺银，先后获得"全国民兵预备役政治工作先进单位""全军预备役部队军事训练先进单位"等荣誉。

在福建预备役高炮师军史馆，习近平仔细察看一幅幅照片、一件件实物，不时询问各项工作进展情况，深情回忆起当年同官兵们并肩奋斗的难忘岁月。

在一张照片前，他驻足良久。这张照片首次公开刊发在2014年8月1日《福建日报》头版。照片中的他，穿着绿色迷彩服，戴

1997 年 11 月，习近平体验某型高炮炮手训练

着迷彩军帽，帽檐朝后，手握方向机，眉头上抬，双眼注视着高炮瞄准镜——那是 1997 年 11 月，时任福建省委副书记、福建省高炮预备役师第一政委的他体验某型高炮炮手训练时留下的影像。

看到近些年部队建设取得了新进步，习近平感到十分欣慰，勉励大家再接再厉，争取更大成绩。

在担任福建省委副书记、代省长和省长期间，习近平兼任这个师第一政委长达七年，亲自参与部队的组建，为推动部队全面建设倾注了大量心血，同官兵结下了深厚情谊。

任省长以后，按规定可以不兼任预备役师第一政委，但是，习近平认为，当省长仍然应该关心支持预备役师。

福建预备役高炮师原政委俞友明回忆说，有一次，他与师长和政治部主任一起来到习近平办公室，给他送军装军衔。

预备役师授的最高军衔就是大校，彼时，习近平已是代省长。事前，俞友明告诉习近平只能佩戴大校军衔，他话中的意思很明白。然而，习近平仍很愿意当这个第一政委。

一见面，习近平就笑着迎上去，和他热情握手，叫他"老哥"。

俞友明的年纪比习近平大，资格老，平日习近平就喊他"老哥"。俞友明说，平日，习近平很温和、随和，并不在乎他是第一政委我是政委，他是省长我是厅级干部，我们相处没有什么隔阂。

"换上军装，习近平同志招呼大家一起照个相。他拍照时，很少开怀大笑，都是微微一笑的。而这张照片，他穿着军装，笑得是最开心的。"多年以后，俞友明回忆道，"那是从心里面笑。"

此后，参加预备役高炮部队的活动，习近平都会穿上军装。他说，穿上军装不仅感到光荣，更感到身上的责任。

二

1992年底，上级决定在福州市组建预备役高炮团。

习近平明确表示，坚决按照上级要求高标准搞好部队建设，尽快形成战斗力；建全新团部营区营房，让预备役高炮团以崭新面貌问世。

那时，福州财政并不宽裕，要用钱的地方还很多。所以，有人建议找一个废旧工厂的厂房改建成团部。

习近平当即否定，他说，建立预备役部队是我们人民军队建设的新要求，任务交给福州市，我们一定做好这篇文章，交出优秀答卷。既然建，就要高标准去建，基础要打好，要另外选址。

之后，他选定了团址。当年12月23日，他还冒雨在成立誓师大会上做动员。

福州市委、市政府、军分区领导统一认识后，一切进行得有条不紊：市财政安排专项经费，市土地规划部门专门批地，市设计部门做出专项设计，市政府明确领导负责，军分区和高炮团具体实施。就这样，一座具有现代新貌兼具作战指挥功能的新大楼以及附属设施完备的新营区在福州新店矗立。

到省里任职后，习近平工作更加繁忙，但他心里依然牵挂着福建预备役高炮师，要求自己做到"三个坚持"：每次需要第一政委参加的活动，他都坚持到场；每当需要第一政委拍板的时候，他都坚持作出明确指示；预备役部队的重要情况，他都坚持听取汇报。

"从预备役部队的高炮编组、作战方案的拟定，到部队的训练、基础建设等各个方面，首长都有很多具体的指示和要求。"时任福建预备役高炮师师长杨陆一回忆说，"这么多年过去了，回顾首长当年对预备役高炮师的重视、关心，许多情景还历历在目。"

福建预备役高炮师组建之初，基础设施比较差，而高炮的专业性很强，如何尽早形成部队战斗力，实现"打得赢"的目标，训练基地建设是当务之急。

1999 年 2 月，时任福建省委副书记习近平带着计委、财政等相关部门的负责人前往福建预备役高炮师现场办公，决定投入 1800 万元兴建预备役师军官训练中心。

半年后，训练中心动工。两年后，占地 200 亩、建筑面积 12000 平方米的训练中心建成投入使用。

考虑到打赢未来高技术条件下局部战争的需要，福建预备役高炮师领导先后走访了桂林空军学院、郑州高炮学院，形成了指挥自动化模拟训练室的建设方案，又向习近平作了专题汇报，希望提高部队信息化水平。

这个想法，得到了习近平的充分肯定。之后，他与有关部门反复研究，再为训练中心追加了 300 万元建设经费。

福建预备役高炮师原师长郭耀辉说："从地点的选择到经费的筹措，从最后的划拨到建设过程中方案的审定，以及建成以后如何发挥军官训练中心的作用，习近平同志先后多次作出指示，亲临一线进行检查指导。"

习近平还常说，部队的事无小事，地方领导兼职要当作实职来要求。预备役部队建设、发展离不开地方，地方领导为预备役部队排忧解难、办实事是应尽的职责，不是穿上军装要派头、赶时髦。

地方兼职领导，还要把当地的预备役部队真正当作本地改革发展稳定的生力军，所在地党政领导机关要经常"议军"，现役的预备役部队领导自然也要给地方预任（兼任）军官开单子、提任务。

三

担任福建预备役高炮师第一政委期间，有段时间，习近平经常听到一些预任军官议论："现在是和平年代，主要精力应放在搞好经济建设，提高人民生活水平方面。"

习近平认为，现阶段，我国主要任务是以经济建设为中心，但国无防不安，民无兵不宁，如果只顾发展经济，忽略国防建设，势必会影响经济建设，甚至会丢掉改革开放的成果。

在一次全省预任军官大会上，习近平说："我师地处东海前哨，与台湾仅一水之隔，担负着全省重点经济目标的防空任务，一旦台海有事，将首战用我，后备先行，因此重视国防建设，就是重视经济发展；重视支持预备役部队建设，就是支持全省的改革开放。"

2001 年 8 月 2 日在福建预备役高炮师党委书记座谈会上，习近平又要求，预备役高炮师要树立与现役部队"同步建设、同步准备、同步发展"的指导思想，按照现役部队的标准建设部队、训练部队、管理部队，不断提高部队全面建设的质量和层次，提高部队的整体战斗力。

福建预备役高炮师的训练，他常常亲自抓、亲自过问。为推动训练落到实处，他还深入训练场检查指导，带头上阵，与官兵一道上炮架、操作实弹射击。

2001 年 11 月，东南沿海某演练场，高炮林立、"敌机"盘旋，随着指挥员一声号令，炮响机落，整个过程干净利落。这是南京军区在厦门举行的预备役部队军事训练观摩交流会上的精彩一幕。

这次军事训练规模大，目的是通过全员额拉动、成建制动员、战术实弹检验，统一和规范预备役建制团从动员集结到组织部队机动、投入战斗各个环节和程序，锻炼提高预备役部队快速反应能力、野战生存能力、综合保障能力和快速动员、遂行作战任务能力。

福建预备役高炮师组织某团进行了快速动员集结演练、实弹检验性演练等。从演练方案的拟定，到各个训练准备包括各个保障，习近平都作了很多具体的指示。

正式演练那天，习近平自始至终参加，一直坚持到晚上。

习近平还相当重视部队的人才储备，他曾说，抓作战准备，最关键的是人才准备。

福建预备役高炮师每年至少两次大集会和一次四级书记集训，他几乎是逢会必到、逢训必参。

预备役高炮部队的第一政委，从师到团，都是由地方的领导担任。"这些领导干部，党的领导经验很丰富，但领导预备役高炮部队建设，怎么落实党管武装，对他们来讲是一个新的课题。"福建预备役高炮师原政委李作萌说。

有一次，在福建预备役高炮师党委扩大会议上，习近平就明确提出：用三年时间，把现役和预任的军官轮训一遍。

2001 年 8 月，习近平便组织了第一批四级书记集训，集训长达一个星期。

"集训搞得很扎实。为提高第一书记的能力素质，加强预备役高炮部队的党的领导，发挥了很好的作用。"李作萌说。

习近平在福建工作 17 年半，长期关心支持国防和军队建设，始终注重搞好军政军民团结。离开福建后，他也一直牵挂着驻闽部队官兵。2014 年，八一建军节前夕，习近平来到福建，代表党中央、中央军委向解放军指战员、武警部队官兵、民兵预备役人员致以诚挚的问候和节日的祝贺。他强调，拥军优属、拥政爱民是我党我军特有的政治优势，坚如磐石的军政军民关系是我们战胜一切艰难险阻、不断从胜利走向胜利的重要法宝。地方各级党委、政府和广大人民群众要把支持部队建设作为义不容辞的责任，为部队多办好事、实事。部队的同志要视人民为亲人、把驻地当故乡，积极支持和参加地方经济社会建设。军地双方要共同努力，把双拥工作抓得更加扎实有效，为实现中国梦强军梦提供坚强保证。

十三、两岸交流合作是大势所趋

打破"三不"僵局

一

闽台凭海对望、同宗同源，福建平潭到台湾新竹仅距 120 多公里。然而两岸关系"破冰"前，人为阻隔致咫尺天涯、骨肉分离，衍生了诸多悲情。

1990 年 4 月，习近平从宁德地委书记调任福州市委书记，亲自担任福州市委对台工作领导小组组长。履新才三个多月，他就接报处理一桩惨案。

7 月 22 日凌晨，平潭县澳前镇光裕村准备出海的渔民在岸边发现了一艘搁浅的渔船——"闽平渔 5540"号。船上似乎空无一人，但当渔民登船打开两个被密封钉死的船舱后，赫然发现有 25 具尸体和一名奄奄一息的幸存者。

接到渔民报信，平潭县和当地边防立即向福州市委上报，习近平高度重视。他立即向福建省委报告，同时指派时任福州市委副书记、市政协主席金能筹和时任福州市委常委、政法委书记、纪委书记方庆云及有关部门负责人迅速赶赴平潭，妥善处理善后工作。

幸存者名叫林里城，经全力抢救脱险后，讲述了事件的经过。

7 月 12 日，这艘渔船载运酒类和中药材等，从平潭县白青乡玉堂村海滨起航驶到台湾附近海域做生意，被台方抓扣。7 月 21

日下午，台湾有关方面在宜兰县澳底，用黑布蒙住63名大陆人员的双眼，分别强行关进四个鱼舱，送回大陆。为防逃跑，他们在鱼舱上面盖上盖板，用六寸长的全新圆钉将顶盖钉死，并压上木头等重物。

两岸自1949年后隔绝对峙，同胞分离、商贸停滞。1979年1月1日，全国人大常委会发表《告台湾同胞书》，郑重宣示了争取祖国和平统一的大政方针，提出了结束军事对峙状态，实现两岸同胞自由往来、通航通邮通商和开展经济文化交流等重要主张。但台湾当局拒不接受，反而提出不接触、不谈判、不妥协的所谓"三不"政策。

政治可以操弄，人心不可违逆。80%台湾同胞的祖籍地在福建，两边很多人本来就是骨肉至亲，尽管人为设限，但老百姓还是想方设法保持联系。

20世纪80年代后期，一些大陆民众试着以私渡的方式前去台湾，寻亲访友，或经营小额贸易。台湾当局却把他们视为非法人员，一发现就拘捕投监，再集中到一起，用被抓扣的大陆渔船遣返。

茫茫海峡，"闽平渔5540"号在波峰浪谷中跌跌撞撞漂向大陆。

夏日高温，一米来高、三米见方且不透气的船舱内，缺氧缺水，闷热异常。除了被救逃出船舱，或有的船舱空间稍多侥幸生存的人员，最终有25人因窒息而死亡。

惨绝人寰的事件曝光，揭开了大陆人员在台遭非人待遇的黑盖子，两岸群情激愤，舆论哗然。

然而，对各方的强烈谴责，台湾当局非但置若罔闻还全力推卸责任，他们对外宣称："死亡可能是由于被遣返者争食争水、争船的所有权或因地域帮派纠纷而互相打斗所致。"

为彻底弄清真相，以正视听，习近平当即决定专门抽调公安、边防等部门 20 多人，组成工作组赴平潭详细调查。工作组每天以简报方式汇报工作进展情况，而他每次都会作出针对性的明确指示。

二

调查显示，"闽平渔 5540"号渔船船长 17.5 米，最宽处 4.37 米，分前舱、机舱、后舱三部分。前舱又分七个舱，其中前三个舱没有关人，关人的四个舱空间从 2.8 立方米到 5.8 立方米不等，人均空间最小的只有 0.24 立方米。

船舱两边最矮处只有 0.76 米，人即使坐在舱底仍要用力低下头。换句话说，在站都站不直、动都动不了的狭小舱内发生可致 25 人死亡的大规模斗殴，根本不可能。验尸结果证明，25 名死者只有用头顶、用手抠舱盖留下的伤痕，并无致命的外伤，经法医鉴定均系窒息而亡。

这个调查将惨案的来龙去脉弄得一清二楚，坐实了台方制造人祸的铁证。

以该调查报告为基础，《人民日报》记者采访了各方人员，1990 年 8 月 21 日，刊发题为《"闽平渔 5540"号惨案真相》的报道。

海峡再掀怒潮。各方舆论强烈呼吁台湾当局尊重民意，废弃所谓的"三不"陋规，尽快与大陆方面接触商谈，针对海峡两岸人民渡海往来事宜，制定明确规范，杜绝悲剧重演。

迫于内外压力，台湾当局不得不暂停遣返大陆私渡者，开始通过各种渠道寻求与大陆的联系。大陆方面同样希望尽快妥善解决问题，保障民众安全。不过，囿于政治因素，两岸暂无可能通过官方渠道进行商谈，权衡再三，双方最后确定以两岸红十字会名义接洽，以金门为商谈地点。

大陆方面决定由红十字总会秘书长韩长林、国台办交流局副局长乐美真、红十字总会台湾事务部副部长张希林、福建省红十字会副会长计克良等，赴金门商谈。根据习近平的建议，一直在平潭处理善后工作、掌握一线情况的方庆云，也被纳入行列。

9月5日下午，还在平潭调查处理"闽平渔5540"号事件的方庆云接到福州市委办公厅通知："习书记叫你赶紧回福州。"他赶回福州已是当晚10点，又马不停蹄地赶到习近平办公室。

"习书记，我回来了，是不是汇报平潭的事情？"方庆云急切地问。

"老方，先不忙汇报，你明天要去金门参加谈判。北京已经来人了。"习近平答。随后，他详细交代方庆云在谈判过程中应该把握的原则和注意的事项。"总之，对台无小事，一定要认真对待，去了就按照中央精神把它谈好。"习近平说完，就让一身疲惫的方庆云先回家休息，至于什么时间出发，让他次日听候安排。

三

9月7日，方庆云按照通知要求，只带着自己的洗漱用品和空白笔记本，赶到厦门与先期抵达的几位同志会合。

厦门东南端的角屿距金门西面仅18海里，然而前去金门并不容易。彼时正值第18号台风"黛特"肆虐，海上风狂雨骤，浊浪滔天，不宜航行。

9月11日，天气终于转好。当天上午7点30分，大陆方面一行五人登上了"厦渔507号"船只，从厦门东渡码头出发驶向金门。船上的红十字旗帜在七八级的风浪中猎猎作响。

颠簸了约莫一个小时后，"厦渔507号"抵达事先约定的地点——浯屿与二担之间的海面。台湾方面的"金兴号"渔船已在等候，船只的桅杆上也悬挂着红十字旗帜。

两船相会，双方互相招手致意，在台方渔船的引导下，两船一前一后地向金门驶去。

金门、厦门原为姐妹岛，但1949年之后，金厦两地兵戎相见，炮口相对。1990年的金门仍然是战地，全岛人口包括军队共10万人，兵民比例1∶1。

时值初秋，金门岛上天高云淡，太武山气势雄伟地矗立眼前。如此美景，加上此时金门从战地一线变为商谈一线，紧张的气氛似乎因之而略为缓和。

登岸后，双方简短寒暄罢，便驱车前往位于金门核心地带的金门金宁乡仁爱新村招待所一楼会议室。

会议室的桌子中间摆放着一盆红色的鲜花，间插着许多白色的小花，拼对的长桌一头插着两面红十字旗帜，每个座位前面都摆有茶杯、金门贡糖和便笺纸。

这是海峡两岸隔绝对峙 40 多年后第一次面对面坐下来商谈。商谈中，双方就遣返的对象、地点、方式、工具和具体做法等细节达成一致，除此之外，不涉及其他问题。同时约定，最后的协议由台湾方面拟定，大陆方面再据此进行修改补充。

在审阅台方拟定的协议时，方庆云一行发现有几个具体问题需要进一步商榷，如对遣返对象的描述、遣返所采用的工具、协议的落款名称和时间等。

关于遣返工具问题，台方意思是什么船来就什么船回去。我方指出，渔船是装鱼的，人多了在上面不安全，更不能把人装在鱼舱里。台方认为有道理。于是我方提出用登陆艇去接比较安全。台方认为登陆艇是武器，无法接受。我方说明，采用的是退役的登陆艇，经过改装后专门用于运输人员。经过协商，台方表示同意。

最棘手的问题在于协议的落款名称，如果双方都用全称，就会出现"两个中国"的表述，大陆方面断然不能接受。后经过商定，双方都以海峡两岸红十字组织的名义，只写双方代表的名字。

以海峡两岸红十字组织的名义签订协议，这在两岸交流史上乃一创举。

双方又经过反复磋商，最终就几个有争议的问题一一达成共识。9 月 12 日，《海峡两岸红十字组织有关海上遣返协议》达成，简称"金门协议"。这是 1949 年以来，两岸分别授权的民间团体签订的第一个具有约束力的书面协议。

回想整个谈判过程，方庆云愈发感受到习近平事前嘱咐他有关商谈原则的远见卓识。"他提出坚持'一个中国'的原则，谈得成就谈、谈不成就算了，双方讨论私渡遣返问题不谈过去谁是谁非，只谈今后怎么办，这样既避免不必要的争议，又能达到顺利解决问题的目的。"

四

9月14日，方庆云回到福州，他立即把谈判过程和商谈结果作了汇报。习近平很满意，他就这项工作专门召开了一次市委常委会，听取方庆云的详细汇报，并交代方庆云紧接着要抓好协议的落实，把遣返工作的细节做好，保证遣返人员能平平安安回家，使他们的生命安全得到保障，这也是有利于两岸安定稳定的基础。"如果还有什么困难和需要，我会继续支持你们。"他说。

9月19日上午10点，按照约定，两岸同一时间对外发表了"金门协议"。次日，大陆方面进行马祖试航。当天上午6点10分，由方庆云带领43名有关人员乘退役改装的登陆艇从闽安边防大队出发，来到七星礁（中线）海面，随后由台方"马富1号"船引导，9点从马祖海滩上岸。双方根据"金门协议"，就交接的时间、地点、人数、手续、体检、安全、通讯、生活等具体问题进行商谈，形成备忘录。这次试航为遣返接送工作的顺利开展做了充分的准备。

10月8日，经过大陆方面核实对方提供的名单与地址，第一批55名人员从马祖顺利遣返至马尾。从某种意义上说，此次遣返开启了两岸之间的海上直接通航。

次年3月9日，台湾三名海警与出海捕鱼的平潭渔民发生冲突，被渔民制伏并带回交给平潭当地边防派出所。接到报告后，福建省、福州市领导十分重视，嘱咐妥善安排台方海警的生活，并确保他们的安全。3月18日，台湾有关方面前来马尾卧龙山庄探视。三名台方海警经过一段时间休养，在双方办好正式手续后，被送回台湾。

海内外舆论普遍认为，"金门协议"的签订是两岸关系的一大突破，使两岸关系跳出低谷，出现曙光，进入一个新的历史性阶段。

2010年9月4日，习近平到福州调研时，专门安排接见他在福州工作时的福州市委常委班子成员。座谈会上，他提起的第一件事就是1990年的"金门协议"："我在福州工作六年，现在虽然离开了，但是对福州很多事都记得很牢。1990年的'金门协议'，我让老方参与做了一件很好的事情，从此打破了台湾当局'不接触、不谈判、不妥协'的僵局，为改善两岸关系打下了一个良好基础，也成为后面实现'三通'的起点。"

推动两岸"三通"

一

2000年12月31日深夜，再过半个多小时就是新年。隔海相望的厦门、金门，最近处不过千把米，鹭岛迎新的焰火照亮了金门的海天。

此时，省城福州与厦门一样沉浸在辞旧迎新的气氛中。按照约定，2001 年 1 月 2 日，"两门（厦门、金门）两马（马尾、马祖）"就要正式直航。时任福建省台办主任梁茂淦将之前与台湾方面商谈的要点、细节一再复盘——福建沿海与金门、马祖地区直接往来进入倒计时，切不可出现任何纰漏。

"丁零零……"忽然，一阵电话铃声打断他的思路。

"梁主任，有新情况！有人告诉我们，明天一艘满载游客的客轮要从金门到厦门客运码头。"是省台办工作人员打来的电话。

梁茂淦一听急了，台方这突如其来的抢先"直航"，将打乱我们的部署。因为摸不清对方提前发船的真实意图，而且由于元旦放假，码头执勤力量不够，应急预案、配套的接驳车等不好调整，台胞的人身安全难以保障……

时任省长习近平还担任省委对台工作领导小组常务副组长。想到习近平多次交代，对台工作中的重大事项必须第一时间向他报告，不管多晚，哪怕三更半夜，都可以打电话或直接到他家汇报，梁茂淦即刻拨通了电话。

报告了突发情况后，梁茂淦也一股脑儿说出自己的顾虑。

电话另一端传出："老梁，从你刚才讲的情况来看，我不认为是什么大不了的事。'两门对开、两马先行'是我们的主张，我们的目的就是要人来，台湾同胞想提前过来，说明我们的主张得到了积极响应，这是件好事。"

随后，习近平提了四点：第一，"每临大事有静气"，要沉着应对，稳住自己，不要忙乱；第二，先搞清楚具体情况，是哪个环节出了问题；第三，与金门方面做好沟通工作，能按原计划当然最好；第四，准备好接待的预案，他们到了要热情接待，要变坏事为好事。

2001年1月1日一早，省台办与金门一位副县长取得联系，梁茂淦说："今天风浪太大，我们不能拿金门旅客的生命开玩笑啊，万一翻船了怎么办？不能把好好的事情办坏了啊。"对方一听也紧张起来，就以风浪太大不宜航行为由，立即将那艘客轮召回。

就这样，在习近平的指导下，一桩突发事件圆满解决。当天稍晚时候，梁茂淦再向习近平汇报，习近平给予充分肯定。次日，福建沿海与金门、马祖地区直接往来通航如期顺利开航。

梁茂淦说，通过这件事，他深切体会到习近平举重若轻，做事很有方略，处理紧急情况有丰富经验，不慌张，沉着应对，能够从忙乱当中理出头绪。"那些年，在习近平的直接领导和支持下，福建的对台工作屡创佳绩，各项工作走在各省市的前列，尤其是推动'三通'工作，经常受到国台办表彰。"

二

两岸"三通"，作为一个主张被提出，是20世纪70年代的事。不过，两岸"三通"作为一种客观需求，却由来已久。

1949年之后，两岸分隔，一湾浅浅的海峡，阻隔了无数骨肉血亲。"同胞回家的路，在何方？两岸探亲的大门，何时开启？"日复一日，年复一年，渴盼团圆的人们切切呼唤。

春风吹度，一元复始。1979年1月1日，全世界都注意到，一个影响两岸关系发展的重要文告——《告台湾同胞书》发表了。

"希望双方尽快实现通航通邮""发展贸易，互通有无，进行经济交流"……《告台湾同胞书》里的这些倡议，被概括为两岸通航、通邮、通商，"三通"的概念由此创生。

"三通"的核心是通航，特别是实现两岸之间的直航。福建地处对台前沿，与台湾一水之隔，推动闽台"三通"，让海峡"天堑变通途"，是历史赋予福建的光荣使命。

1985年，国务院批准将厦门经济特区范围扩大到全岛。这一年夏天，习近平风尘仆仆从河北南下赴厦履新，正赶上厦门经济特区建设进入更快更好的发展阶段。

厦门与金门咫尺之遥，天气晴好时，两地间甚至肉眼可见，民众多为同宗同族血亲，直接通航是他们一直以来的诉求。

当时，在厦的金门籍人士、台湾问题专家，大胆提出建立"厦金特区"的构想，其中之一就是厦门与金门率先实现"三通"，希望为当时仍处于敌对状态的两岸提供一个直接往来、合作的缓冲带与实验区。

习近平到任后，调研为先。时任厦门市委副书记李秀记回忆，当时习近平找他了解厦门的情况，他用"港、景、文、侨、台、特"六个字概括，其中，对台是重要特色。"过去30多年，厦门作为对台海防前线，经济建设上受到一定制约。直到1984年2月邓小平同志来视察后，才慢慢把'台'这个优势凸显出来。"

习近平听得非常认真，深以为然。"厦门经济特区的发展要靠改革开放，要大力发展对台关系，要积极参与国际经济分工和交换，厦门只能走这条道路。"

1986 年，厦门经济特区经过五年多建设，已步入新阶段，迫切需要一个发展战略作为决策指南，以实现更好更快发展。8 月，习近平组织了 100 余位专家学者，开始做厦门发展战略的研究，围绕对台问题、实施自由港某些政策等进行专题调研，最终历时一年半，牵头编制了《1985 年—2000 年厦门经济社会发展战略》，这是地方政府最早编制的一个纵跨 15 年的经济社会发展战略规划。其中，对台专题部分，占据了重要篇幅。

著名经济学家于光远，是习近平编制规划前，到北京登门拜访的第一位专家。"把厦门作为贯彻'一国两制'、实施对台政策的实验区，'两门对开、两马先行'是厦门首先提出来的。"于光远说。

1987 年 1 月，厦门与金门首次同放焰火共庆新春，这一惯例一直延续至今。

1987 年 10 月，台湾当局宣布开放台湾居民到大陆探亲。随之，海峡两岸长期隔绝状态被打破，封闭了 38 年之久的两岸往来之门重新开启，两岸"三通"有了实现的可能性。

三

1988 年是大陆的"台商元年"。

两岸交流闸门一经打开，台胞"返乡探亲潮"便势不可挡。其中，富有开拓精神的台商很快嗅到商机，纷纷在大陆投资建厂，寻找事业"第二春"。同年，国务院颁布《关于鼓励台湾同胞投资的规定》，福建的改革开放开始加速。

这一年 6 月，习近平赴任宁德地委书记。

从经济特区到经济落后的宁德地区任职，面对经济基础差、底子薄、总量小、人民群众生活贫困的现实，习近平一上任就与班子成员一道思考、精心谋划，极力探寻摆脱宁德贫困落后面貌的发展新路子。

对于如何发展，习近平用了一个非常形象的比喻——"弱鸟先飞"。1988 年 9 月，在《弱鸟如何先飞——闽东九县调查随感》一文中，他写道："毫无疑问，在发展商品经济的海阔天空里，目前很贫困的闽东确是一只'弱鸟'。"

当时，宁德刚发生"杜国桢案"，这个以"对台贸易"为名进行走私的重大案件，让一些干部的工作热情受到影响，情绪非常低落。

原来，宁德霞浦县有个三沙港，距台湾基隆港 126 海里，距马祖列岛仅 16 海里，每年鱼汛季节，台湾渔船都会到此停泊补给，海上经商者也不时造访，这使三沙成为福建最早对台开放的四个口岸之一，率先开展对台小额贸易。

1984 年底，受中央精神的鼓励，当地开始把对台贸易扩大，大胆试大胆闯，但没想到一下子"冒"了。按照小额贸易的规定，大陆和台湾做生意单笔不能超过 3 万元，但是霞浦做了一笔 500 万元的蘑菇罐头交易，涉嫌走私，结果酿成轰动一时的"杜国桢案"。

"杜国桢案"之后，三沙港一度变得冷清，没人敢涉足对台贸易。明明有条件、有优势，干部却不敢干。

"习书记，现在宁德干部'谈台色变'，一讲到对台贸易，大家都躲着走，没有人愿意去搞对台工作。靠海不能吃海，对台不能谈台，宁德怎么发展？"有一次，时任福建日报社宁德记者站站长卓新德在采访之余再度向习近平提起这个话题。

习近平很重视，他决定从破解这一难题入手，通过抓住当时两岸重启交流和商贸往来的机遇期，激发干部的工作积极性，重新搞活宁德对台贸易，并借此推动两地的直接通商。

通过深入调研，习近平提出了几项举措，如把海上对台贸易引到岸上、引到岛上、纳入轨道、加强管理，做到放而不乱、管而不死，避免海上纠纷，增进两岸人民友好往来；与驻地海军协商，提出放宽对台湾渔轮的出海管制，方便台湾渔船进出；以霞浦距马祖最近的西洋岛作为试点，给对台贸易松绑……

西洋岛早在清朝初年就是台湾渔船停靠、避风和与大陆交易的场所，发展对台贸易，有历史根基，但那时却是宁德最穷的一个海岛。习近平提出的新举措在西洋岛先行先试后，效果立竿见影。海面上风举帆张，货船穿梭奔忙，原本冷清的海岛人来客往，再度繁华。不到一年时间，西洋岛所属的海岛乡就成为宁德全地区最富有的乡镇之一。

随后，三沙港的人气也开始恢复，对台商贸越来越热络，不仅成为对台小额贸易点，还跃升为全省最大的台湾水产品集散中心。由此，宁德的渔产品有了销路，相关经营者都跟着致富。通过做好对台文章尝到甜头的宁德干部和群众，进一步发展当地经济以摆脱贫困的信心和干劲又回来了。

转眼到了 1990 年，宁德对台贸易取得长足发展，已经具备了相当的规模。不过，新的问题也随之产生：对台小额贸易虽然灵活便捷，但毕竟有船舶吨位和金额的限制，已经远远不能满足两岸日益增长的贸易需求。两岸民众和工商界要求台湾当局开放"三通"的呼声日益强烈。

四

1990 年 4 月，习近平调任福州市委书记，同时兼任市委对台工作领导小组组长。到任后，他主张打好"台牌"，创造性地提出"以侨引台、以台引台"等招商引资思路。很快，福州迎来了第一波台商"登陆热"。

10 月，在台商对大陆投资热潮的冲击下，台湾当局公布《对大陆地区从事间接投资或技术合作管理办法》，有条件开放台商间接对大陆投资。

当时榕台之间经贸活动虽日趋活跃，但因为未能实现直接"三通"，人员、货物交流都要绕道进行，台商们啧有烦言："从马祖来一趟福州，得先坐飞机到台湾，从台湾坐飞机再转到香港，然后从香港到广州，再从广州坐大巴到福州。本来只有十几海里的路，却要绕个大圈，花上四五天，钱和时间都绕进去了，这样做生意，唉！"

时任福州市台办主任吴赞明经常和台商打交道，类似的话陆续传进他的耳朵。当时吴赞明每个月都要向习近平汇报对台工作，台商台胞们的诉求他时有提起，习近平牵挂于心。

1992 年，除夕之夜。习近平通过《海峡之声》发表广播讲话，向台湾同胞致以新年祝福。他说，新的一年，我们期待着进一步扩大榕台文化、科技、体育、学术等方面的交流与合作，并愿积极推进两岸直接"三通"和双向交流。

通过电波，习近平把福州推进"三通"的进展一一说给对岸的台湾乡亲们听："福州机场已做好通航准备，随时欢迎台湾民航界人士与我市合作，开辟空中航线；连江县邮电局也分别致电致函马祖电信局，建议两岸同仁携手合作，开通马祖地区与大陆邮件、电信直接交往。我市沿海的马尾、平潭、黄岐等地与台湾只有几十海里水路，理应早日通航。"

讲话最后，他还借用一位台湾福州同乡会会长的话说："台商到福州沿海一带投资办厂，如果到了两岸通航通商时，上午在这里生产，下午在台湾市场返销；上午在这里上班，晚上还可以坐飞机回台同家人团聚，那该多方便哪。我期待着这一天早日到来！"

此番讲话前后，以福州、厦门等地的前期准备为基础，福建省提出"两门对开、两马先行"的建议，呼吁率先实现闽台直接"三通"。

1993年，金门和马祖民众自发组织"促进会"，希望台湾当局将金门、马祖作为两岸"三通"的中继站，建议以"定点直航"或"先海后空"等方式，先进行金门、马祖与福建沿海的直接往来。

迫于民意和舆论压力，台湾当局不得不将"三通"议题摆上台面，紧接着，岛内一些重要社团纷纷组团到福州交流考察，相关对接、研讨工作在福州等地紧锣密鼓地展开。福建省交通厅等部门积极跟进，就两岸海上直航航务技术、航政管理、操作预案等加大研究力度。

1995年初，党中央发表对台"八项主张"，其中提到应当采取实际步骤加速实现直接"三通"，促进两岸事务性商谈。5月，面对大陆不断释放的善意，台湾允许两岸挂方便旗船舶在两岸间开通直达班轮，从高雄港转运大陆外贸货物，或经第三地运送两岸贸易货物，开始实行分阶段开放两岸通航的政策。两岸"三通"自此渐渐有了眉目。

五

然而，天有阴晴，月有圆缺。

1995 年 6 月，台湾地区领导人李登辉窜访美国，公然鼓吹"中华民国在台湾"，激起两岸各界极大愤慨。台海局势骤然紧张，两岸关系严重受阻，刚迈出"一小步"的两岸"三通"被迫踩下"急刹车"，就连刚开启不久的两岸民间协商通道也越收越窄。

下一步怎么办？已初见端倪的"三通"会不会半途而废？为推进这项工作持续奋斗多年的干部们感到焦虑迷茫。

1996 年 5 月 15 日，时任福建省委副书记、省委对台工作领导小组常务副组长习近平专程到省台办看望全体工作人员，并与大家座谈。

习近平指出，福建是对台工作的重点省份，闽台经贸合作已具相当规模，这是福建的优势。在当前两岸关系形势下，要强化福建对台工作的通盘计划，进一步加强对台工作整体性的考虑，加大工作力度。

针对大家十分关心的"三通"问题，他明确表示，实现两岸直接"三通"，能促进祖国统一的进程；福建要继续做好各项准备工作，因势利导，积极推动"三通"，而且要坚持多做少说，扎扎实实地做好各项准备工作，把"三通"的软硬环境搞好；什么时候"通"，怎么"通"，要服从中央的决策和部署。

这次面对面的座谈，让大家心宽了不少。推进两岸"三通"的目标方向没有变，任务明确后，工作思路就渐渐清晰。

6 月 3 日，全国台联五届二次理事会和工作会议在福州召开，习近平代表福建省委、省政府出席会议。他强调，要坚持把对台工作放在全省全局工作的重要位置，在坚决反对"两个中国"、"一中一台"和"台湾独立"图谋的同时，不失时机地拓展闽台经贸合作和交流，加快构筑闽台经贸协作带，促进交流交往新局面，争创直接"三通"先行区，实现两岸关系新突破，把对台工作推上一个新台阶。

同年8月，中央决定把福州、厦门两个港口作为两岸船舶直航的试点口岸。福建作为两岸"三通"先行区的地位确立，相关筹备工作进一步提速。

11月21日至22日，习近平带领省直有关部门负责同志，到福州市调研"三通"等对台工作落实情况。他指示福州市要牢牢抓住机遇，认真研究并做好直航的各项准备工作，集中力量抓紧港口、码头、铁路、通信和电力等基础设施建设，努力把福州建设成我国东南沿海对台经贸合作的重点区域，成为两岸人员交往、货物运输的主要集散地，更好地发挥福州对闽东、闽中和闽北的辐射和带动作用。

1997年1月30日，福建省各界纪念江泽民同志关于台湾问题重要讲话发表两周年座谈会在福州举行，习近平出席会议。

此时，福州、厦门两个口岸已经建成了较具规模的客货运码头，福州、厦门两个港区随时能为海峡两岸海上直航船舶提供便利的作业条件。

在座谈会上，习近平宣布：福建已为两岸直航做好准备，台湾当局应回到"一个中国"的原则立场上来，尽快实现直接"三通"，早日实现祖国和平统一。

对接下来的工作，他作出具体指示：要进一步改革口岸管理体制，为两岸直航创造高效、便捷、安全的良好环境；推出一批港口、码头项目对台、对外招商，借以进一步改善直航的基础设施，重新研究制定对台资、外资建设港口、码头及相关基础项目的鼓励办法。

也是在 1 月，大陆海峡两岸航运交流协会与台湾"海峡两岸航运协会"在香港举行会谈，就福建与台湾之间试点直航的相关专业技术问题达成共识，明确由福州、厦门两港与高雄港间开通集装箱班轮（挂方便旗），福建省在大陆各省市中率先实现两岸商船直航。

1997 年 4 月 19 日凌晨，天刚蒙蒙亮，厦门港海天码头已一片忙碌。厦门轮船总公司的"盛达"号集装箱货轮正在装货，船上岸边脚步杂沓，点点灯光挑破了晨雾。

3 点 58 分，货轮解开了最后一道缆绳，载着 20 个集装箱和一些空箱缓缓驶离码头，向着台湾海峡东岸的高雄港驶去。

两岸"试点直航"的帷幕由此揭开，两岸 48 年没有商船直接往来的历史画上了句号。

六

1999 年 7 月，台海风云再起。

李登辉竟公然声称两岸关系是"国与国关系"，海协会、海基会的商谈被迫中断，闽台经贸与人员往来"遇冷"，不少台商对"三通"能否继续推进再度感到忧虑。

8 月 9 日，习近平担任福建省代省长。履职第二天，他就走访调研了福州马尾、福清等地的台资企业，赶赴东南汽车公司青口建设工地视察。

次日，习近平又率领省、市领导一起到青口工地，在工地工棚召开台商代表座谈会。时值盛夏，棚子里热得很，就靠一台电风扇送风降温。习近平指出，不论两岸关系发生什么情况，福建对台商来闽投资兴业的欢迎态度不变，支持力度不减，都将继续推动闽台人员往来，进一步扩大闽台各项交流。

10月，台湾《工商时报》采访习近平，他再度表示，要抓好直航试点工作。但在当时波谲云诡的两岸关系背景下，"三通"到底该如何突破，习近平找来"顾问团"商讨对策。

集中专家智慧为全省工作出谋划策是习近平的一项创举，他主持省政府工作后，便组建了"福建省人民政府专家咨询组"（后改为福建省人民政府顾问团）。这是国内最早成立的省级顾问团之一。

时年37岁的厦门大学台湾研究所副教授李非被聘为顾问团首批专家组成员。在习近平召集的顾问团咨询会上，李非等专家建议，具有良好对台区位优势的福建可以通过小额贸易多做些文章，把政策放宽一点，以小额贸易带动直接"三通"，而"两门对开、两马先行"在一定程度上能促进"三通"。

习近平支持专家们的观点。在年底的省两会上，他旗帜鲜明地提出，继续加强口岸建设，进一步搞好两岸试点直航，努力促进两岸直接"三通"。

七

2000年，世纪之交，中国加入世界贸易组织的步伐加快，实现两岸直接"三通"变得愈加迫切。

彼时，福建的"三通"工作尤其是口岸建设已迈入最后攻坚期。此前，中央专门下发文件，支持在福建实行特殊的对台政策，涵盖通关便利、口岸开放、项目审批、人员进出等优惠条款，以加快推进"三通"。然而，政策在落地过程中遇到了难题：一些优惠条款需要海关、边防等口岸联检单位配合，而这些条款的审批权限集中在国家有关部委手上，福建省在具体实施时需要上报、请各部委协调，这样就导致优惠政策难以很快顺利落实。

福建省台办、福建省交通运输厅、福建省口岸办、福建省外经贸厅……各相关单位十分着急又一筹莫展。习近平决定组织召开专题会研究解决问题。会上各部门挨个汇报，希望国家相关部委能够放权，让福建先行先试。

习近平听得很认真，当场表态会亲自去争取中央的支持，同时要求与会各部门进一步加强与国家各部委的对接，及时跟进。

在习近平的直接推动下，加上各方积极努力，相关优惠条款终于顺利落到实处，福建各口岸建设如火如荼展开。

2000年新春临近，梅枝已次第绽蕾。春节前，习近平接受台湾无线卫星电视台专访，他告诉台湾同胞：这些年福建投入大量人力、物力、财力进行海港、空港、航道、道路等交通基础设施建设，福建的铁路营运里程、公路通车里程、民用航空航线、沿海港口吞吐能力等都有了大幅度提高，福州、厦门两港客、货运条件均佳，两年多来两岸海上试点直航的成功已充分说明福建的港口和船舶完全能够胜任两岸的海上直航，可以说，福建已为两岸"三通"做好了积极、充分的准备。

2000年3月，台湾当局规定"在台湾本岛与大陆地区全面通航之前，先试办金门、马祖、澎湖地区与大陆地区通航"。不久，又通过《试办金门马祖与大陆地区通航实施办法》。

11月，国台办、交通部、外经贸部、海关总署等部委就福建沿海与金门、马祖地区直接往来准备事项专程来闽调研。根据福建省政府指示，省交通厅作了《福建省沿海与金门、马祖地区"三通"工作方案》汇报。中央对福建"三通"工作给予高度肯定。

至此，走过漫漫长路的两岸"三通"，轮廓渐渐成型。

直航似乎只剩"最后一公里"，然而，进入业务性磋商阶段，两岸的谈判却屡陷僵局。

大陆方面认为"三通"是一条特殊的国内航线，台湾方面则认为是特殊的"国际航线"。双方最后在两个焦点问题上胶着角力：直航船舶挂哪一方的旗？双方往来文件上面的章怎么盖？

福建方面的商谈代表就此多次向上级汇报，省里经认真研究后指示，在"一个中国"原则下，什么都可以谈。而后要有所创新、有所突破。

按照这一部署，最后双方商定：两岸直航船舶以"挂公司旗"方式直航通关，通关文件也采用"另纸签注"①的方法。

避开了两岸间的敏感问题和不必要的争议，难题迎刃而解。福建所试行的"挂公司旗"与"另纸签注"成为推动两岸"三通"的创举。

---

① 指对方的直航船舶办理进出港签证和查验时，在另外设计的相关表格上进行签注。

八

时间回溯到 2001 年元旦前夜，按照习近平的指示，梁茂淦等连夜制定处理金门方面抢先"直航"的预案，当一切工作就绪，东方已露出鱼肚白。次日根据预案，危机圆满化解。

2001 年 1 月 2 日，厦门和平码头。

"呜——"，随着一声长长的汽笛，金门客轮"太武号"和"浯江号"徐徐驶入港口，船舷上，金门县县长陈水在带领的金门乡亲挥着手进入厦门民众的视线。

同日，马祖进香团 507 人乘坐"台马轮"从马祖福澳港直航福州马尾港。这是马祖、金门 52 年来首次直航祖国大陆。

2 月 6 日早上 10 点，76 位在厦金门籍乡亲乘坐的"鼓浪屿"号客轮驶上了赴金门的水道。当他们在料罗湾上岸，双脚踏上阔别已久的故乡土地时，不禁老泪纵横。

昔日人为阻隔致使咫尺天涯，而今海上通途成全团圆夙愿。此后，"两门""两马"对开渐渐常态化，福建沿海与金门、马祖地区直接往来步入正轨。

随着两岸船舶进出、人员往来的日益频繁，通关、检疫等方面的业务多了起来，衍生出许多新的问题，相关指导、协调工作都落在了省台办。

"那段时间'三通'事务庞杂又无处归口，人手也明显不足，我们感到压力很大。"梁茂淦回忆，他想到习近平多次提出"省台办有什么实际困难，你尽管跟我说，我能解决的，尽量帮你解决"，于是就跑去习近平办公室，详细汇报了工作情况，并提出在省台办专设一个部门处理"三通"事务的必要性和紧迫性。

尽管当时省里编制很紧，但听完汇报后，习近平态度很明确。他说："对台无小事，你们既然事情这么多，成立'三通处'专门协调'三通'的事，我认为很好。你在会上提个方案，我会支持。"

在习近平的支持下，省台办"三通处"得以成立，福建省委、省政府连续五年为省台办增加编制和经费，有关两岸"三通"的事务逐渐理顺。

九

2001年1月28日，福州马尾经济文化交流合作中心与马祖经贸联谊会，在福州签署《福州马尾—马祖关于加强民间交流与合作的协议》（即"两马协议"）；3月2日，厦门市两岸交流协会与金马地区两岸交流协会，在厦门签署《关于加强厦门与金门民间交流合作协议》（即"两门协议"）。

"两马协议""两门协议"中首次写入"一个中国"原则，在两岸引起轰动。

"厦门与金门、马尾与马祖的海上直接往来，以及'两马'与'两门'关于民间交流与合作协议的签订，使闽台经贸交流翻开了新的一页。"2002年春节前夕，习近平发表新春祝词。

2002年7月1日，习近平接受采访，他指出，福建省为促进两岸直接"三通"，先后投入巨额资金，对机场、港口、公路、通信等基础设施进行建设，并对两岸"三通"相关的业务、技术等问题进行深入论证、研究，包括台风、潮汐、水文等有关资料也准备齐全，可以说已经为两岸"三通"做好了充分准备。

"我们希望在'一个中国'原则下，早日实现两岸直接'三通'。"他通过媒体向台湾同胞宣告。

此后，习近平虽然调离福建，但对于两岸"三通"一直念兹在兹。福建对此也一直不遗余力地推进。

经过两岸各方的不懈努力，2008 年 12 月 15 日，海协会与台湾海基会签署的海运直航、空运直航、直接通邮三项协议正式生效。历经 30 年磋商与努力，大陆与台湾通航、通邮、通商全面启动，两岸"三通"时代终于到来。

开启"金马供水"工程

一

金门与晋江，隔围头湾相望，最近处仅 5.6 海里。因地形和地理条件特殊，金门人均水资源占有量仅约 1000 立方米，远低于国际公认的人均水资源警戒线。资源性缺水成为金门经济民生的瓶颈。

1993 年，沉闷不雨的春天匆匆结束，金门被提前逼进苦夏，40 多年未见的大旱兜头而至。骄阳下，抱穗的高粱凋萎倒伏，田地龟裂，颗粒无收，从深井里好不容易打上一桶水，一尝，又苦又咸。

若从 200 多公里外的台湾岛运水，一次运水量还不及金门一天用水量的 1/20，显然是杯水车薪。而且，远水解不了近渴。

与金门相似，最近处距连江黄岐仅 4.8 海里的马祖列岛也长期饱受缺水多旱之苦，1993 年的旱情尤为严峻。

金马民众心急如焚，他们把求助的目光投向咫尺之遥的福建。金门当地的民意代表组团专程到福建，请求向金门供水。

时任福州市委书记习近平亲自担任福州市委对台工作领导小组组长。金马旱情不断传来，他深为牵挂，特别重视向金马供水工作。

"为此省水利厅多次组织人员到福州市进行调研，探讨向马祖供水的可行性。"时任福建省水利水电厅厅长陈国樑回忆。

此次，金门、马祖奇旱使供水问题变得愈加紧迫。经积极建言、层层推动，省里明确表示，金门、马祖同胞是我们的骨肉同胞，他们有困难，我们将全力相助。

1995 年 3 月 22 日，纪念"世界水日""中国水周"大会在福州举行，福建作出了"向金马两地供水"的承诺。当晚，中央电视台播出消息，海外十多家媒体纷纷报道，金门方面立即作出积极回应。

福建省水利水电厅随即成立供水金门马祖工作小组，由陈国樑担任组长。50 多位专业人员分八个专题立即开展野外勘测，进行综合分析，编写了规划方案、工程方案、预可行性研究报告。

为进一步增进两岸双方的联系和共识，表达向金马供水的诚意，三个多月后，福建省在福州组织召开了一场"海峡两岸防汛抗旱救灾技术研讨会"。会上，台湾两岸发展研究基金会前执行长李咸亨特意赋诗一首："福州交流见交情，金门惜福且惜缘。有情有意来相会，闽台跨海一线连。"

台湾方面的专家、学者及相关人士随后纷至沓来，在福建各地咨询、考察、研讨，伴随密切的交流联络，两岸通水商谈和合作的主渠道开启。

二

转眼，1996 年来临，通水梦似已走在趋光的路上。

然而，因李登辉的错误言论，导致两岸双方的交流接触踯躅于民间研讨范畴，难以实质推进；供水技术上一些需要双方共同破解的难题，只能暂时搁置；供水金门马祖工作小组希望有所作为，但可开展的工作不多……

陈国樑去习近平办公室汇报金马供水进展情况，工作遇挫让他略显焦虑。

"每临大事有静气，习近平同志时常对我说。"陈国樑回忆道，"他身上那种沉稳冷静会感染人，见了他后，我就慢慢安定放松下来。"

在汇报时，陈国樑也会提到工作的难处和自己的困惑，习近平总是很耐心地听，末了或作出明确表态，或将该继续斟酌的事项一一告知，让他对下一步如何开展工作心里有底。

在陈国樑倒"苦水"后不久，有一天，习近平请他去办公室谈工作。

"向金马供水是一件对促进两岸关系有建设性意义的好事，是福建诸多对台优势中的一项很独特的优势。"习近平开门见山。

他指出，前一阶段福建做了大量基础性工作，在两岸产生了良好影响，向金马供水已经具备一些可行性的工作基础，下一步可以根据形势，继续做下去。

"当时，习近平同志关于供水问题还作了一些具体指示，我一一记在了本子上。"陈国樑拍拍手中的笔记本说。

比如，在思想上提高对金马供水重要性和政策性的认识，一定要在中央统一指导下进行；在对策措施上，要认真研判对岸形势，实行应急运水和跨海供水"两手抓"策略；在舆论宣传上，坚持"多做少说、先做后说、只做不说"原则；在具体操作上，做深做透金马供水方案，在金马大旱前拿出船舶运水可操作预案……

这次谈话，给陈国樑吃了定心丸，令他印象十分深刻。"接下来办事就很有方向。"

经过多番沟通准备，1996年8月中旬，新党民意代表组织了"供水金马考察团"来闽，团队中有朱高正、曹原彰、李炷烽等九人。此举在台湾岛内引起很大反响，这倒逼台湾当局对我方向金马供水的态度由极力排斥、回避，转为不得不正视民众呼声，将它摆上了案头。

随后，台湾当局经济主管部门委托一个专家小组对我方提供的供水技术方案进行评估并在报上公开承认，解决金马水资源缺乏的唯一出路是从大陆直接引进水源，大陆提供的供水方案技术上可行、经济上合理。

同年10月，中国水利学会农田水利访问团应邀赴台，台湾当局经济主管部门也组织了一个团队，在台湾大学与大陆访问团一行公开探讨金门、马祖通水问题，并指定专人直接与我方联络，同时建议下一步双方进行实地考察互访。

"台湾方面的主动热情当时真让我们感到意外。"陈国樑说。

通过交流互访，双方不断增进了解互信。由间接到直接，由民间到"官方"，金马供水取得了实质性进展和较大突破。

三

1996 年 12 月 26 日，福建省台办、省水利水电厅联合报送了一份《关于向金门、马祖地区供水问题的报告》，习近平亲自审核并同意上报，得到了时任中央领导同志的批示和重视。

又一个新年来临，寒冬渐行渐远。

1997 年 2 月 17 日，农历年后没几日，习近平把陈国樑和时任福建省台办主任梁茂淦叫到他的办公室，了解中央指示批示的落实情况，部署新一年工作。

他强调，向金马供水工作政策性强、敏感性强，又涉及台湾同胞切身利益，是两岸各界关注的热点，务必要在中央统一指导下进行。

"还是那句话，对台无小事！"他反复叮咛道。

以水为媒、顺水推舟。我方一方面组织专家审查评估向金门供水的预可行性研究报告；另一方面，与台湾方面积极接触，于 3 月上旬接待了由台湾"水利资源局"指派的来闽考察团一行，双方就金门供水规模、水源地选择、工程方案、船运供水、金门接水点、投资与成本分析等问题深入商讨，并到晋江市围头、漳州市九龙江北溪实地考察水源，还就双方联合进行可行性研究问题进行商议。考察团一行回台后，即向台"水利资源局"写了专报。6月中旬，台湾当局经济主管部门批准立项，拨了专项经费，并正式邀请我方组团赴金门考察和商谈"通水"事宜。

至此，金门供水进入具体技术性商谈阶段，并达成了初步意向。福建省水利水电厅综合形成一份《关于向金门马祖地区供水前期工作情况的报告》，送到了习近平案头。经他审核同意后，上报国台办、水利部。

四

1997年初夏，旷日无雨，旱灾降临我国多地，金门、马祖的旱情更是堪忧。

6月下旬的一天下午，习近平又让工作人员通知陈国樑、梁茂淦去他办公室商谈防旱供水等工作。那天三人的谈话主题，从金马供水可行性、水源地选择，一路聊到工程技术、营运模式及岛内反响等，不知不觉就聊到夕阳西下。

习近平再次强调，向金马供水，福建最具优势。"别人做不到，只有我们能做到，而且一定要做好。"他决定亲自带领陈国樑、梁茂淦等去北京向相关部委汇报供水工作，聆听中央的指示。

7月16日早上，习近平一行八人登上了赴京航班。

18日早上依照安排，他们到了国台办会议室，国台办、水利部相关领导和工作人员与会。陈国樑、梁茂淦详细汇报了几年来福建向金马供水的前期工作情况，同时就供水方案和投资运作方法、船舶运水试行、供水项目投资立项等问题向上请示。

二人言毕，习近平作了总结和归纳。他指出，向金马供水是一件政治性、政策性和策略性很强的工作，福建省委、省政府历来强调要在中央统一指导下进行。经过几年努力，这项工作已取得了一些进展，最近台湾和金马地区又出现了一些新的动向。下一步如何深入开展这项工作，请国台办和水利部领导给予指示。

时任水利部副部长周文智表示，向金马供水是一件大事、好事、实事，水利部会全力支持福建。

时任国台办主任陈云林作了指示，包括支持福建搞好向金马供水方案；要为金马供水做好准备，一旦秋季干旱的时候能够做到用船舶随时送水等，福建拟定具体实施方案，再报国台办审批。

"陈云林主任对福建的对台工作很认可，认为创造了很多经验，为全国对台工作树立了榜样。"梁茂淦回忆，陈云林还肯定福建省委、省政府把向金马供水作为一项很重要的工作，时时挂在心上，主动地去做，习近平又亲自带领有关部门到北京汇报，这些都非常好……

那天上午，习近平带领陈国樑、梁茂淦二人在国台办汇报交流了两个多小时，中午他们就留在食堂吃饭。

"走去食堂的路上，我们都很高兴，习近平同志一边走，一边就给我们部署下一步的工作。"梁茂淦说。他要求我们回去后立即把国台办、水利部鲜明的支持态度传达给有关部门，尽快做好实施方案。

北京之行结束后不久，8月13日，省委、省政府召开专题会议，安排听取习近平赴京情况的汇报。

同月，金门县政府来函，希望能够安排人员入闽，与福建有关部门洽谈供水事宜。20日，陈国樑、梁茂淦将这一情况报告给习近平，习近平指示："同意把此情况向国台办汇报，并征得下一步工作指示。"

转眼，秋天到来。国庆前夕，《向金门马祖供水工程可行性研究报告》放到了习近平的案头，他审阅后，报送水利部。10月8日，水利部审查通过了这份报告。审查意见认为，福建向金马供水已做了大量工作，供水方案和主要内容基本可行。同意金门地区供水水源工程取水口为晋江南干渠龙湖渠段，同意向马祖地区供水采用船运方式等。

11月初，台湾方面也有了动静。一封邀请函从台北寄来，希望能与福建供水金门马祖工作小组会面，洽谈供水工程技术合作事宜，地点选在香港。习近平指示省水利水电厅具体对接。

"习近平同志多次强调，工作方案要做深做透。赴香港洽谈技术事务，是一次推动两岸供水深化合作的好机会。"陈国樑按照习近平的要求，认真地做了准备。

经过几年不懈努力，到1997年底，金马供水方案终于确立。

根据方案，由泉州市晋江围头跨海管道供水金门田埔水库，日供水按2万吨计划；由福州市连江县向马祖供水，船舶日运水按400吨计划。

这一方案，与习近平当年提出的"两手抓"供水策略不谋而合；这一方案，成为日后两岸通水工程的雏形。

1998年8月28日，天气晴朗，泉州南安山美水库堤坝上走来一行人，他们边走边谈，走在前面穿白衬衫戴白色棒球帽的正是习近平。他不时停下来察看库区，向陪同汇报的当地负责人询问水质情况，指示一定要保护好水库及周边环境。多年以后，这里成了向金门供水的优质水源地。

五

时序迢递，千禧年翩然而至。

2000 年 1 月，习近平当选福建省省长。他在一次采访中表示："20 世纪末，两件大事是香港和澳门回归祖国，进入新千年，台湾问题更凸显出来，地处特别区域的福建省，应为两岸和平统一作出自己的贡献。"

同一年，台湾地区政党轮替，主张"台独"党纲的民进党上台，岛内政局发生显著变化，大陆向金马供水的前路再度笼上阴霾。

当时有不少议论飘进陈国樑的耳朵。"有的同志私下有疑惑，金马供水福建搞了这么些年，到底行吗？两岸关系不平静，猴年马月才能通水？台湾如果不同意，我们咋办？……"

类似的声音习近平并不陌生。"他当省长以后，更加重视金马供水工作，从方方面面给予全力支持。这项事业虽然有着自然条件困难与政治壁垒的双重阻碍，但他却一直在积极推进。"梁茂淦说。

为了打消人们的疑虑，习近平在多个场合强调，向金马供水是福建诸多对台优势中的一项很独特的优势，不可能一蹴而就，需要长期作战、久久为功。

因此，纵有困难重重，福建相关供水、施工单位并未停下脚步，他们坚持"方案先行、技术先行"，潜心准备着，静待时机的成熟。

六

时针走到 2002 年，两岸关系延续民进党上台以来"政冷经热""官冷民热"的状态。尽管官方交流阻滞，但民间经贸往来已势如春潮，激荡海峡。

因应这种态势，台湾工商界人士多次喊话台湾当局，要求加快实现两岸"三通"，加快完成金马自大陆引水。

"金马水荒何时解？""金马供水，为何总差'最后一公里'？"……就在台湾舆论界的接连诘问中，马祖列岛又遇上一个大旱年。

连月无雨，水库干涸，民生困顿，马祖方面向福建紧急求助，希望支援淡水。

习近平决定召开省政府会议，专题研究向马祖供水的具体方案，切实推动这项工作。

5 月 1 日前夕，福建省水利厅完成《关于紧急向金门、马祖地区送（运）水的商谈预案的报告》。习近平审阅后指示，涉及送水的各有关部门应高度重视，精心组织，通力协作，简化手续，以利安全快捷地完成紧急任务。

向马祖供水的各项工作随即紧锣密鼓地展开。

2002 年 5 月 4 日，梁茂淦早早出门，赶到马尾货运码头，出席"福州马尾向马祖乡亲送水首航仪式"。烈日下，工作人员紧张作业，将五条输水管连接上"金航二号"送水船，开启了注水阀门……

五小时后，载着 2300 吨自来水和福建人民深情厚谊的送水船抵达马祖，同胞们终于喝上了家乡水，解了燃眉之急。

这是福建首次完成向马祖送水，两岸通水由此实现零的突破。

2002 年 10 月，习近平从福建调任浙江，离闽前他找梁茂淦话别，再次强调"福建最大的优势是对台，最敏感的也是对台"。当时来不及谈供水的事，"但我知道，他一定希望我们接着干完"，梁茂淦说。

2013 年 6 月 21 日，海协会与海基会就解决金门用水的原则性问题达成共同意见，向金门地区供水取得突破性进展。

2015 年 7 月 11 日，习近平总书记在国台办、水利部联合报告上作出重要批示，关心过问福建向金马供水的进展。

2015 年 10 月 12 日，福建向金门地区供水工程开工现场会在泉州晋江举行。

2016 年 6 月 24 日，金门方面负责的海底管道工程在晋江海域开工建设。2017 年 11 月 26 日，海底管道铺设至金门岸上，双方具备了"两岸通水"的基本条件。

"5，4，3，2，1……"

2018 年 8 月 5 日 10 点，晋江龙湖水库金门取水泵站，向金门供水的启动按钮被郑重按下——两分钟后，一股清泉穿越陆海输水管道从金门田埔水库接水口喷涌而出。

"来水了！来水了！"3000 多名在现场围观的金门民众欢呼雀跃，金门缺水的历史自此一去不复返。

晋江向金门供水示意图

2021 年春季，台湾遭遇 50 多年来最严重的旱情，有的水库蓄水量已不足 5%，岛内民生、农业、经济饱受冲击。而受益于 2018 年福建向金门供水工程的正式启用，金门用水丝毫不受影响。应金门水厂的请求，福建向金门日均供水量已由最初的 1.4 万吨提高到 1.71 万吨。

以侨引台·以台引台

一

1991 年 4 月，吴赞明从部队转业到地方，任福州市台办主任。入职第一天，时任福州市委书记、市委对台工作领导小组组长习近平便找他谈话。

两人并不陌生。习近平兼任福州军分区党委第一书记，而吴赞明转业前是军分区副司令员，共事过近一年时间。

"老吴，对台无小事，这项工作政策性、敏感性很强。"谈话地点在习近平办公室，他开门见山，"但你不要怕，我们福州有特殊的优势和地位，有为就有位，如果能把台资企业吸引过来，对福州经济社会发展就有促进作用，就能做出成绩来。"

谈话时间虽然不长，但吴赞明印象深刻。他感到习近平对这项工作既重视，又有思路。

20 世纪 90 年代初，大陆改革开放潮涌，加之两岸达成"九二共识"带来的效应，不少台商积极融入浪潮中，纷纷前来考察投资。

尽管毗邻台湾，但作为福建省省会的福州，当时基础设施相对较薄弱，因而未能充分发挥沿海近台的优势。

经过一番调研，习近平了解到，受不熟悉办事流程等多种因素影响，台商在大陆投资、生产、经营过程中，遇到涉及多个业务部门、需要共同协调解决的问题时，往往毫无头绪，不知从何处入手，导致满意度不高。他下定决心，在硬环境短时间较难改变的情况下，优先提升福州的投资软环境。

很快，"第一把火"烧了起来。

按照习近平的指示，福州一方面成立台胞投资贸易服务中心、台商投诉协调中心等机构，简化审批流程和手续，开展"一条龙"无偿服务；另一方面，市台办联合有关部门，每年组织召开一至两次台资企业现场办公会，市委书记到会，协调有关部门解决企业实际困难。

福建清禄鞋业有限公司是台资企业现场办公会这项制度的受益者之一。作为当时福建最大鞋企，这家台企准备扩产，不料，福州却有一条市政规划道路要横穿其厂区，将占用一定的生产用地。该企业先后多次向有关部门反映，均无法解决。

"这势必影响企业的日常生产活动，往大了说，也阻碍企业愿景达成。"1994 年 6 月 21 日，福州市台资企业现场办公会在福兴投资开发区召开，清禄鞋业副总经理李熙政率先抛出难题。

不一会儿，他就得到答复——习近平当场与有关部门负责人商议后，决定适当调整规划，最大限度降低对企业的影响，并且同意为他们新增一块地，作为生产用地被道路占用的补偿，支持企业发展。

当天，中华映管、福华纺织等其他七家台企提出了涉及土地、规划、治安等方面的十个问题，均得到妥善解决。

习近平趁热打铁，当场宣布一个重磅消息：福州市委、市政府决定定期或不定期召开类似的现场办公会，同时在市外商投资企业领导小组中专门建立对台经济工作会议制度，协调解决对台经济工作有关问题。台资企业十分满意。

紧接着，台资企业接待日这"另一把火"也趁势烧了起来。习近平要求，在接待日这天福州市主要领导或分管领导必须亲自接待台商，凡能立即解决的问题，马上就办；如涉及面较大，需有关部门协调的，则一一记录在案，尽快落实，做到件件抓落实，件件有回音。

"职能部门各项通知应提前登报，以便投资者了解并遵照办理""要尽快改变一些不合理的税外收费现象"……1995年3月3日，当年首场台资企业接待日活动在福州市委大礼堂举办，与会台商纷纷提出各种意见、建议，现场"辣味"十足。

当天，福州市直44个部门共受理70家台资企业提出的80个问题，当场解决其中的41个，办结率达51.25%。对一时无法解决的问题，相关部门也都做了详细的解释、答复。

习近平还提出，对投资1000万美元以上的台资企业，实行市领导和部门负责人挂钩联系制度，建立重点台商、重点项目跟踪服务责任制，并设立重大台资项目协调例会等工作制度，提供全过程优质服务。

这些常态化、制度化的措施，畅通了政府服务部门与台资企业之间的联系沟通渠道。其中不少在当时省内乃至全国都属首创。

二

按照习近平的部署，福州不遗余力地改善投资软环境。这既包括为台企发展创造良好条件，排忧解难，同时也划定界限，敦促其严格遵守有关法律法规，避免生产经营出现"偏轨"。

1993年，一家名为福州永骐鞋业有限公司的台资企业在经营中出现了重大问题，引发了不小的风波。

当年11月4日，厂方怀疑一名女工涉嫌偷鞋，竟将她推搡到狗笼里，与狼狗关在一起。事件曝光后，舆论一片哗然。

一波未平，一波又起。11月27日，因不堪忍受待遇偏低、加班频繁，休息时间得不到保障，该厂200多名工人情绪激愤，拒绝上班。

时任福建日报社旗下《港台信息报》常务副总编辑张红，带了两名记者多次深入企业、事件发生现场以及工人居住处采访，约见当事人、目击者，对整个事件的过程作了详细调查，进而根据调查材料写出通讯《"永骐事件"纪实》，准备刊发。

习近平获悉此事后非常重视，他认真看完文稿后，讲了三条意见：第一，在我们法治国家，绝不允许发生这种事情，不论在哪里，把人和狗关在一起绝对错误；第二，福州一定严肃查办这件事情；第三，希望媒体等政府对这个事件作出处理后再刊登报道。

张红等人觉得习近平的意见很坦诚，也很得体。既允许媒体客观真实地报道社会关注的热点事件，又希望媒体讲究方法策略，把握时机，给政府工作留出时间，引导社会问题向正面转化，进而得到妥善解决。"我们觉得他说的有道理，就按照他的意见做。"

11月29日，习近平对"永骐事件"作出批示，福州市政府成立了联合查处工作小组，决定对拘禁女工事件进行查处。

经大量调查、取证，"永骐事件"被认定为非法拘禁案，相关涉案人员被依法追究刑事责任。工人随即复工上班。联合查处工作小组又召见紧急回榕的该台资企业负责人，后者承认错误，表示愿意向受害人公开道歉，并补偿其经济损失等。

处理结果出来后，《福建日报》和《港台信息报》及时在重要版面作了报道，并刊出了永骐公司致当事女工和社会公众的道歉信，取得了良好的舆论效果。

"永骐事件"的处理，其效果远不只是"把一家出错的台企拉回正轨"，它反映出，福州对在榕经营的台企，既有引导和服务，也有倒逼和约束，已形成一套行之有效的制度和做法。这有助于台企在大陆规范有序经营，也使福建在招商引资中更具吸引力。

三

习近平一直强调，对台经贸往来要筑巢引凤，引来了凤后还要筑巢。因而，福州倾力改善投资软环境的同时，也不忘补上基础设施建设的短板，此举随着时间推移逐渐见效。

福兴投资开发区1990年8月在鼓山镇建立，在当时开创性地提出"以台引台"。此时，距习近平从宁德调任省会福州还不到半年时间。此后，在这个投资开发区的带动下，由其东西两侧延伸的快安、长安工业区、科技园区等相继兴起。

投资软、硬环境日趋完善，原先的劣势已转化成最大的优势。福州在招商引资中成效显著。数据显示，当地 1991 年新批台资企业 94 家，1992 年上升到 145 家，1993 年增长势头不减，平均每三天就有一家台资企业投产，三年内吸引台资创全省、全国新高。

然而，新的问题又出现了。当年，为了招商引资，福州市主要领导和有关部门负责人经常要参加各类展会，努力寻找商机。不过，大部分展会只有几天，而招商是不断磨合的过程，洽谈双方从最初的接触到最终的签约，往往需要更多的时间。

"我们自己来办展。" 1994 年 7 月，习近平经过考虑后提出，厦门 "9·8" 投洽会在下半年举办，福州可以利用上半年的时间策划一个大型的招商活动，改变没有属于福州自己的经贸交流和招商引资平台的状况。

针对当时一些展会存在的弊端，习近平对设想中的大型招商活动提了两点要求：一是招商展会不能搞形式，热闹几天就过了，要办就要常态化，拉长时间设立招商月，让双方有充分的时间接触洽谈；二是不要单纯办成福州的招商对接会，而是建成一个平台，同时邀请国内其他省会城市一起参加，既能聚人气，也能实现资源共享。

当年 10 月，在习近平的直接推动下，经过紧张的筹备，首届福州国际招商月隆重举行。招商月期间，22 个国家和地区的 6000 多名客商参会。组委会特地设置专门的台商区域，组织台资企业参访团参加。

半年后的 1995 年 4 月，第二届福州国际招商月再次成功举行。这项展会活动从此以后固定为每年举办一届，福州也由此拥有了一个属于自己的集聚开放要素的平台和窗口。

习近平担任省委、省政府领导后，依然十分关注国际招商月这一平台的建设。1996 年起，省委、省政府把福州国际招商月与厦门"9·8"投洽会并列为福建两大国际性招商经贸活动。1999 年，福州国际招商月主打"海峡"牌，此后启用海峡两岸经贸交易会名称，也即"海交会"。

作为大陆最早举办的海峡两岸经贸展会之一，"海交会"一直延续至今。中华映管、冠捷电子、东南汽车等闽台重点合作项目都依托这个平台孕育而生。

四

福州华侨多，在东南亚有很大影响力，对台湾同胞的影响也不小。因此，习近平在招商引资中，也格外重视发挥独特的侨、台优势。全国第一个以台资企业为主的村级侨办工业村——洪宽工业村，就是在他直接推动下发展壮大的。

洪宽工业村所在地福清阳下街道溪头村，是爱国侨领林文镜的故乡。工业村成立之前，这里土地贫瘠，种庄稼没什么收入，资源有限，年轻人也没地方去，人均年收入只有 100 多元。

林文镜早年在印尼商海中努力打拼并且大获成功，富甲东南亚。白手起家后，他依然惦记生育自己的家乡，立志改变这里的贫困落后面貌。他说："输血富不了家乡，我要变输血为造血，送家乡一部造血机器。"

福清洪宽工业村就是这部"造血机器"。当时，林文镜经慎重考虑后向福清县① 政府提出，由其直接投资，在当地成片开发工业小区。

这个想法得到福清县以及福州市和福建省的大力支持。1990年3月19日，洪宽工业村建立，确立"以侨引台、以台促侨、侨台联合"的招商引资策略。工业村建立约一个月，习近平调任福州市委书记。履新后，他大力支持、推动这个工业村的发展壮大。

在福清洪宽工业村开发有限公司副总经理陈齐云记忆中，习近平先后十多次到洪宽工业村出席相关活动，他每次都会到企业、车间找台商、业主、工人了解情况，给大家留下了深刻的印象。

1990年初，林文镜通过亲戚找到两名台商，动员他们来大陆投资兴业。当时，福州正倾力改善投资软环境，而工业村在习近平支持下投入巨资建设完善水、电、道路等基础设施，并免费提供厂房和流动资金。

两名台商被良好的投资环境打动，决定在此创办福清宏茂塑料有限公司。这是首家入驻洪宽工业村的台资企业。公司动建厂房那天，习近平特地赶到现场祝贺，为奠基仪式挥锹培土。"你们的举动树立了良好的榜样，值得称赞！"他对台商表示，支持台资企业在洪宽工业村落地，期待工业村吸引更多台商前来投资，有更多台企入驻。

---

① 1990年12月26日，国务院批准撤销福清县，设立福清市（县级）。

此举很是鼓舞人心，很快，第二家台资企业——福清茂山塑料制品有限公司入驻工业村。"来这里投资非常省心，企业落地所需各种手续一律由工业村代办，福清及福州市的开放意识和行动非常领先。"

经过一年多的发展，洪宽工业村蒸蒸日上。被林文镜的爱乡情怀感召和当地良好的投资环境吸引，台资企业纷至沓来。1991 年 9 月，十几家企业要在洪宽工业村举行集体奠基典礼。

得知消息，习近平专程赶到洪宽工业村，并且自始至终参加每一个活动。"你们选择在洪宽村投资兴业是对的，洪宽工业村开发到哪里，政府的政策就跟到哪里，请你们放心。"参加完奠基典礼后，他就地调研，关心各企业的发展情况，听取建议和要求，台商们备受鼓舞。

针对当时洪宽工业村的开发建设情况，福州市、福清市及时制定出边批边建、特事特办、现场办公、简化手续、免费代办等政策措施。当年底，洪宽村就有 20 多家台资企业入驻，涉及制鞋、服装、刀具、拉链、塑胶制品等行业，被称为福建"台湾村"。

时任福清市委书记练知轩说，让人感动的是，洪宽工业村此后的每一次奠基剪彩、投产剪彩，习近平都会亲自到现场见证、祝贺。陈齐云亦回忆说："习近平同志一直关注、关心洪宽工业村的建设和发展，多次作出指示、提出要求。"

经过 30 多年的发展，洪宽工业村成为福州市最具工业经济发展活力的区域之一。工业村落地项目共有 138 个，其中台资占 60%左右，2019 年洪宽工业村规模以上工业产值达到 300 多亿元，人均年收入超 4 万元。

如今，大北溪穿村而过，两岸绿树成荫，公交车通到家门口，廉租房建到村里头，公园、广场实现了从无到有，学校、医院沿着宽敞的村道排列，村民们越来越富，生活也越来越美。

五

看到洪宽工业村欣欣向荣，习近平又提出"以侨引台、以台引台"的思路。此后，他多次到印尼与林文镜交流沟通，动员其再次返乡，扩大投资。

"精诚所至，金石为开。"时任福州市委办公厅主任陈伦回忆说。1990年10月底至11月初，被习近平的真诚感动，林文镜与另一位著名侨领林绍良带团到福州进行经济考察，并参观福清的乡镇、学校、医院和工厂。

此行结束后，林文镜又在家乡投资建设多个工业园区，并且利用个人在海内外的影响力，多次在印尼、新加坡和我国台湾地区招商引资，动员亲朋好友到福清投资办企业。

冠捷电子（福建）有限公司落户福清，就是以侨引台的成果。

20世纪90年代初是个人电脑蓬勃发展的时期。作为显示器生产企业，冠捷科技集团计划到大陆设厂，扩大生产规模。

得知消息后，林文镜向冠捷科技集团总裁，也是他的好友宣建生发出邀请，他说："你到福清来看看，福州的书记很年轻，做事很果断。"

这位"做事很果断"的书记正是习近平。第一次和宣建生见面，他寒暄几句后问道："冠捷电子要在这里落脚，都需要什么条件，我尽量给你们创造。"

"希望能给我们内销权。"宣建生也没有讲客套话。

当时，大陆对台资企业获得内销权有相关规定：台企要跟一个当地的企业合资，而且当地企业必须持有大股份，不能是小股份。

宣建生在习近平的建议下考察了福州电视机厂，接触洽谈合资事宜，但结果有点遗憾。

"我跟习书记说：'我们两个企业的文化和理念不太一样，很难达成合作。就好像两个人结婚要情投意合一样，没有情投意合，怎么结婚？'"宣建生表达了独资的意愿，并希望在此情况下产品可以内销，至于外销后外汇平衡的问题企业则自行解决。

习近平当即向宣建生详细了解了冠捷外销、内销各占的比例。当时宣建生觉得他的诉求实现的希望不大，因为此前他也曾到深圳等地争取内销权，过程很麻烦，结果都不尽如人意。

没想到，习近平很快就帮他协调好了，冠捷科技拥有了20%的内销权。后来，宣建生了解到，习近平直接向电子工业部部长咨询，了解当时的具体政策，然后与相关主管部门协调，在合规情况下办成了此事。

宣建生说："内销权对我们企业非常重要，可以省去很多麻烦，节约大量资金。"企业有了内销权，在大陆销售产品后就能直接拿到人民币，再用这些人民币支付工人工资和供应商材料费，可省去外币兑换人民币的很多麻烦。事情敲定后，1992年5月，冠捷科技福清厂区奠基，习近平到场致辞。

冠捷落户福清的整个过程，让宣建生既惊喜又感动。不只是宣建生，习近平一向热忱地与台胞台商交朋友，设身处地为他们排忧解难，台胞台商视他为贴心人，受其感召纷纷主动担当起福州的"招商大使"。

入驻福清后不久，宣建生得知其上游企业台湾中华映管也有意进入大陆，就动员该企业负责人："来福州嘛，这样我们离得比较近。"

中华映管项目总投资达 6.3 亿美元，在当年约折合人民币 50 亿元。在 20 世纪 90 年代中期，较之于其他投资项目，这可谓天文数字。

这个巨额投资项目到底敢不敢接？大家心里没底。

习近平没有犹豫，他非常看好中华映管项目的发展前景，认为引进该项目必将对福州的产业布局产生积极影响，明确要求福州市积极争取，为此召开了多场协调会，推动选址考察工作。

1994 年 6 月，中华映管落地福州经济技术开发区，成为在福建省投资最早的大型台资企业之一，在海峡两岸引起轰动。此后，"以台引台"举措不断完善，众多上下游配套企业相继前来落户。

习近平到省里工作后，对于台资企业的关注与支持始终不变。

华阳电业漳州后石发电厂，一度是中国最大的发电企业，由台塑关系企业投资，其实际控制人是台湾王永庆家族。发电厂 1996 年 3 月 28 日获批成立，并于漳州市隆教乡白坑村开工，计划于 1999 年 11 月并网发电。

1999 年夏季，发电厂并网准备工作进入倒计时，工程质量监测和消防、卫生、环保验收等排上了日程，但在操作、办理时遇到了一些棘手的问题。"并网对我们太重要了，时间耽误不得。"当时代表台资方处理相关事务的华阳电业有限公司副董事长毛群结说，他们将情况向上汇报，引起省、市领导的高度重视。

8月13日，习近平专程到后石发电厂视察，参观中控室一号、二号煤电机组，并召开现场会。现场会上，台资方还提出后续另四台机组的报批、电价、供电量等问题。习近平指出，电力供应是经济发展的基础，应该适度超前建设。就台资方提出的诉求，他指示相关部门立即着手协调解决。

两个月后，台资方就验收的专家组织、并网商转效率提速等问题再度请求支持解决，习近平在省里会见了毛群结一行，表示将予以协调。在他的关心下，后石发电厂如期顺利并网发电，至2004年，该厂机组全部投用。

习近平对项目的关注是长期的、持续的。中华映管引进的三条黑白显像管生产线顺利投产，但原定的另两条彩管生产线却迟迟未能落地。2001年2月，习近平接到开发区的书面报告，当即批示："此件反映的情况颇值思考，引进台资还要有紧迫感，关键要立即行动，重要之处在于把握脉搏，找到症结并对症下药，开好处方。"他要求有关部门立即专题研究中华映管问题，提出解决方案。

相关各方积极行动，经过不懈努力，收到了良好效果。当年7月，中华映管决定调整两条生产线到福州，并把原计划次年动工的生产线提前动工。接到这一情况汇报后，习近平再次批示："要趁热打铁，尽早促成。"

中华映管落地带动了福建电子信息产业的发展，如今电子信息产业已成为福建省三大主导产业之一。

六

事实上，福州"以台引台"的成果并不局限于电子信息产业，在汽车产业也写下了亮眼的一笔。

当时，台湾裕隆集团旗下拥有中华汽车、裕隆汽车两家公司，销量占据岛内半壁江山，但岛内市场狭小且日渐饱和。

裕隆集团董事长吴舜文把目光投向祖国大陆。20世纪90年代初，她先后派出25批250多人次，考察大连、长春、连云港等地的汽车产业和投资环境，洽谈合作，结果都不太令人满意。

彼时，海峡对岸的福建深怀汽车制造的梦想，几任省主要领导都非常重视汽车产业。1986年，福州大学还专门招收一批汽车专业的大学生，与清华大学联合培养，作为后备人才。

不过，汽车是大投入、大产出的"烧钱"产业，而福建产业基础相对薄弱，又是"吃饭财政"，没办法"放水养鱼"。

基于当时较为紧缩的国家汽车产业政策，福建如果要上汽车项目，引入外部投资是唯一出路。为此，福建省汽车工业集团公司一直在摸索。时任福建省汽车工业集团公司办公室主任冯秀华说，当时为找到合适的"婆家"，先后谈了不下十个"对象"，仅与日本一家汽车公司谈判就先后拿出了15套方案，最终还是没有谈成。

福汽集团四处寻找合作伙伴，裕隆集团则在寻求发展空间。在两岸合作的框架下，福汽引进裕隆旗下的中华汽车共同发展，正当其时。

双方一拍即合。1994年1月，中华汽车代表团来闽考察，福建省政府当天就出具一个书面同意闽台合作意向书，让他们十分感动。

两岸合作的汽车项目花落福建，但具体选址悬而未决，省内多个城市都在争取。

习近平时任福州市委书记，他要求相关部门拿出十足的诚意和办事效率，"这个项目，无论如何都要全力争取落户福州"。

当时为了争取中华汽车项目，可谓争分夺秒，不遗余力。习近平更是全程推动，亲力亲为。据不完全统计，仅1995年，他就三次会见中华汽车代表团。

有一次，中华汽车评估团队在商谈中提出一个有关税收的问题，习近平当场用免提电话拨通有关税务部门的电话进行咨询，听到电话里的答复和政策解读，台方客人感慨不已："还真是'马上就办'啊！"

宣建生与吴舜文相熟，他曾提起，当时在市里的协调下，福州海关主动到冠捷科技现场办公，大大节省了企业时间。"这件事充分说明了福州的政风很好，办事很及时。"听者有心，吴舜文颇为触动。

功夫不负有心人，1995年夏，东南汽车项目落地福州。面对几个县市的"争抢"，习近平拍板选址闽侯青口投资区。这年8月，福汽集团、中华汽车、闽侯县政府签订建设备忘录，确定东南汽车在青口"安营扎寨"，他出席签约仪式。11月23日，东南汽车注册成立，此后，该项目连同首批27家配套企业顺利动工建设。

到省里工作后，习近平依然十分关心和支持这个项目。

1997年春节前夕，时任省委副书记习近平陪同省委书记陈明义到福州汽车厂团拜调研，慰问一线干部职工。当时，东南汽车正在福州汽车厂老厂区开展简易生产。他勉励大家，以更高的站位、更宽的胸怀，支持闽台合作东南汽车的起步发展。

1999 年 8 月 10 日，习近平担任福建省代省长的第二天，就赶赴东南汽车青口建设工地视察，次日又到工地现场办公。在他的关心协调下，一个多月后的 9 月 26 日，东南汽车一期工程竣工投产。习近平与时任全国人大常委会副委员长吴阶平、省委书记陈明义、省人大常委会主任袁启彤等共同出席庆典仪式，见证"福建汽车梦"圆梦。

2000 年至 2002 年期间，习近平先后多次陪同国家领导人视察东南汽车。他还分别于 2000 年 6 月 21 日和 2002 年 6 月 11 日主持召开省政府专题会议，充分肯定东南汽车公司项目建设和生产经营的成绩以及闽台汽车合作的成效，并研究解决小到东南汽车生产所需的进口钢材配额、生活配套设施服务，大到技术改造、土地资金和支持政策等问题。

东南汽车发展的重要节点和关键时刻，总有习近平的身影。2001 年 10 月 16 日，他陪同全国人大常委会副委员长吴阶平出席东南汽车竣工投产两周年庆典，与中华汽车董事长吴舜文、执行长严凯泰一起，摁下东南汽车第 5 万辆成车下线的按钮。

2002 年 9 月，在调离福建赴浙江履新的前一个月，习近平还应福汽集团的请求，就加快推进东南汽车轿车项目报批一事，与时任国家经贸委主任李荣融沟通。当年 12 月，东南汽车二期扩建和轿车项目获批，掀开了发展的新篇章。"虽然已经离开福建，但他后来还是亲自向到杭州报喜、感谢的时任福汽集团董事长凌玉章表示祝贺和同喜之情。"冯秀华回忆。

东南汽车是迄今为止两岸合作的最大汽车项目，它的引进带动了上游中端电器有限公司、泰全电机有限公司、马尔斯精密工业有限公司等27家配套企业落户福州，下游23家具有台资背景的经销商遍布大陆各省份，福州闽侯青口得以崛起成为享誉海内外的汽车工业城，这一项目也被誉为闽台经贸合作的成功典范。

促进闽台农业交流合作

一

福建省漳州市漳浦县盘陀镇324国道旁，矗立着规模居世界之冠的天福茶博物院。院门外几株茶树油绿葱茏，其中一株约一人半高的八仙茶树，乃习近平手植。

那是1996年10月17日，桂花的香气尚未在南方的秋空下散尽，盘陀镇的畦畦茶树经过一个夏季的休养生息焕出了新绿。天福集团创办人李瑞河特意换上浅杏色西装，打上领带，收拾停当不久，时任省委副书记习近平就在当地领导的陪同下前来视察。

习近平十分关心天福集团的发展，认真询问有关情况后又参观了企业的茶树种植基地、茶叶加工厂，详细了解茶叶生产、加工的流程，随后还瞻仰了唐代茶学家陆羽和卢仝的塑像，并到天元楼二楼会议室品茗。

这间会议室的墙上贴着"根植福建，香传全国，茗扬世界"12

个大字。习近平注视良久，称赞有理想、有志气。他说，自己是北方人，以前很少喝茶，到福建之后，特别是首先在厦门工作，就爱上了乌龙茶，爱上了工夫茶。

说话间，习近平拿起茶桌上的茶罐，先是看看茶叶、闻闻茶香，再啜饮茶汤道："这款茶，香味高雅，回甘绵长，一喝就知道是乌龙茶中的上品。"

工夫茶不仅冲泡要有功夫，品饮也要有功夫。李瑞河暗暗称赞，觉得这是一位懂茶之人。茶香氤氲，话语和暖，在如朋友聚会般轻松融洽的氛围中，他心底忽然萌生了一个愿望，想请习近平植一株八仙茶树。

八仙茶是国家级乌龙茶良种。面对这一请求，习近平欣然同意，他挥锹种下一株约50厘米高的茶树苗，培土、浇水，并与李瑞河等人以树苗为前景合影。

两人此前素未谋面，实际上却已"打过交道"。

李瑞河以种茶起家，因而到大陆首先就瞄准了有茶产业基础的福建，迈出的第一步是与福州市优山茶场合作。

优山茶场位于福州北峰寿山，于1972年建场，系福州市农垦局主管的国有农场，场部设在海拔630米的山坳处，总面积1万多亩，其中茶树1200亩。起初，双方洽谈进展非常顺利，但在敲定投资比例时卡壳了，因为优山茶场是国有企业，按照惯例要控股，而李瑞河则坚持自己要控股权，双方僵持不下。

这一拖就是两个多月，李瑞河以为合作已没有希望，正当犹疑沮丧之际，忽然接到通知：上级同意李瑞河持股51%的投资方案。彼时，习近平任福建省委常委、福州市委书记、福州市委对台工作领导小组组长。

"福州大胆决策，冲破旧框框限制，清除了我的投资障碍，这种远见和魄力让人十分敬佩。"由此，李瑞河为自己在福建设立的新公司取名"天福"，即"天仁"的"天"，加上"福建"的"福"字，坚定了以福建为根据地大力拓展大陆市场的信心和决心。

手植茶树，是这段茶缘的开始。1998年11月4日，李瑞河在天福茶庄正对面的天仁食品厂展示厅，遇到驱车路过在此小憩的习近平。他陪同习近平参观思根亭、连心桥及大茶壶等景观，表达"茶心连两岸"的家国情怀。

末了，李瑞河说："您栽的茶树长高了很多，要不要过去看看？"习近平欣然同意，于是来到茶树前，用水瓢为茶树浇水。

年复一年，八仙茶发枝散叶，越发葱郁蓬勃。2000年秋天，李瑞河安排从茶树上采摘茶叶，监制成佳茗，寄给习近平。2001年4月14日，习近平给李瑞河回信，他在信中写道："能品尝到自己所植茶树的茶叶，感到十分高兴。非常感谢你和公司全体员工的深厚情意，请代我向大家问好。"

二

习近平与在闽台商、台资企业因茶结缘的故事，是他促进闽台农业交流合作的生动写照。

福建与台湾两地自然条件十分相似，农作物种类、栽培技术、耕作制度等也基本相同，在资金、技术、市场、人力资源、自然资源、区域空间等方面具有很强的互补性。加之彼此间血缘相亲、语言相通、文化信仰以及习俗相仿，早在农耕时代，两地农民就有交流。

尤其是农业较发达的漳州，其农业生态环境以及气候地貌、海洋环境、渔业资源、农产品结构、作物生长规律等与台湾基本相同。此外，龙岩漳平等地高海拔、低纬度的自然地理条件亦与台湾的阿里山相近。可以说，闽台农业交流合作具有独特的"天时、地利、人和"的条件。

由于别具"天然亲"的优势，闽台农业交流合作在全国居于先行地位。1989年，福建省政府批准在漳州成立"东山县创汇农业试验区""西屿岛农业良种引进隔离区"，建立一批漳台农业合作试验区，形成以企业为载体，市场、技术、资金、设备、管理一揽子引进的对台农业新格局。

凭借改革创新和先行先试，福建对台农业工作逐渐步入深化阶段，以引进资金、良种、管理、技术合作为重点，台商投资逐渐向种植业、养殖业、加工业全面发展。概而言之，福建始终是大陆对台农业合作最活跃的地区之一，并逐步形成了独特的闽台农业交流合作模式。

然而，闽台农业交流合作取得一系列好成绩的同时，也衍生出一些"消化不良"的问题。比如，各地发展不平衡，比例和规模偏小；各项管理尚未走上规范化、法制化轨道等。

怎样总结推广闽台农业交流合作中的新技术、新品种和新的管理经验，如何解决闽台农业交流合作出现的新情况、新问题，这是摆在福建面前的重要课题，省委、省政府对此高度重视。

习近平任福建省委副书记后，分管农业农村以及对台工作，闽台农业交流合作乃其重要调研主题，漳州、龙岩等地都是重要的调研地。

龙岩漳平辰峰果蔬有限公司原总经理陈春月是当地小有名气的种植能手。1997年，她与台商林阿邦合资成立这家企业，从台湾引种了200亩的高优芥末。这成为当地一个重要的闽台合资农业项目。

那一年7月24日，习近平来到了辰峰果蔬公司的白芥末种植基地。他从田埂跨进田里，顺手从陈春月手中接过一株刚从地里拔出的芥末苗，掰开了茎部，鼻子凑近闻了又闻，随后仔细询问种植和销售情况。

当天，小雨时下时停，道路很是泥泞，一行人的鞋面都沾满了泥巴。陈春月看到大家如此投入很受鼓舞，她安排员工到另一处种植基地挖了一株从台湾引种、可即食的芥末新品种送到现场。习近平再次闻闻，认真比对不同品种的差异，并针对该品种的种植和推广前景一连问了好几个问题，鼓励陈春月抓住机会，把企业办好，带动更多人共同致富。

这一年，是谢东庆到漳平永福镇开荒山种茶树的第二个年头。作为第一个到漳平种茶的台湾农民，他在前一年培育了40万株台湾软枝乌龙茶苗。苦等了两场雨水，待土壤被雨水滋灌松软后，谢东庆在台品茶园将茶苗悉数种下。

茶树刚种下不到两个月，习近平就来了。当时，小雨纷纷洒洒，他打着伞走进台品茶园，一路察看台湾高山茶树的生长状况，详细询问台品茶园在永福投资创业的情况。

茶园里，满山茶苗随坡种植，长势喜人，山顶套种着不少樱花树，茶树枝丫之间新芽萌动，在春风中漾着绿浪。"要利用这里良好的自然和生态条件，把茶产业做好，争取成为闽台高优农业示范点，在福建起到示范带头作用。"习近平鼓励台商，他认为这种随坡种植的方式能够保护环境，防止水土流失，希望台品茶园引进更多的台湾农业新品种、新技术，助推闽台农业交流合作发展。

由于茶园新辟不久，面临着不通公路、不通水、不通电等"三不通"的客观因素制约，基础设施较为薄弱。习近平要求当地政府加大扶持力度，扎扎实实地帮台商解决发展中遇到的困难和问题，帮助台企做大做强。

时任漳平市副市长吴余旺在一旁陪同调研，几个地方走下来，他暗暗佩服：习近平同志调研作风扎实，对台商是真的关心，对闽台农业交流合作非常重视。

这是在场许多人的共同感受。

由于分管农业，时任漳州市副市长林殿阁曾多次陪同习近平调研。"上级来视察检查工作，地方党委政府都会准备一些汇报材料，但习近平同志不满足于光听汇报、看材料，而是更喜欢直接到基层一线。"在他的记忆中，习近平在 1996 年至 1999 年期间，先后四次到漳州调研闽台农业交流合作，每一次调研，都到漳州下辖的东山、诏安、漳浦等县。

三

习近平在调研中更加全面地掌握了闽台农业交流合作的总体情况，形成"先行先试""同等优先、适当放宽"等推动这项工作的明确思路和具体要求。

1996 年 8 月，闽台农业合作试验基地在漳州正式挂牌成立。省里要求省农业厅等部门把该基地的建设当作全省的大事，要灵活运用科研优惠和农业优惠两条政策，给予大力支持和倾斜；不久后又提出，在此基础上筹建海峡两岸农业合作试验区，加快开展福建与台湾的农业合作，推动和促进全省的对外开放和农业现代化。

这一年 10 月，习近平到漳州调研时表示："我们已经先走了一步，又有一定的基础，把这个步伐迈稳，在全国就可以起到示范带动作用。"

不到半年，1997 年 3 月 13 日，福建省台湾工作会议在福州举行。习近平再次在会上指出："要加快海峡两岸农业合作试验基地建设步伐，把漳州办成两岸农业合作的试验区和示范区。"会议结束后四个月，福州、漳州由外经贸部和国务院台办、农业部等"两部一办"联合批准成为全国首批海峡两岸农业合作试验区。

进入 1998 年，漳州农业与台湾农业交流合作的优势日益明显，考虑到建立两岸农业交流合作平台将有利于促进漳州乃至全省农业的发展，举办海峡两岸花卉博览会的计划开始酝酿。

同年 11 月 4 日，习近平到漳州调研，他深入漳浦闽南花卉批发市场、林业组培中心和长桥农场闽台农业花果科技合作园区等地，指出漳州市应以建设海峡两岸农业合作试验区为契机，力求在合作领域、规模、层次上有新的突破，同时要借助台湾完善的国际营销渠道和开拓国际市场等优势，努力由第一产业向深加工、观光休闲等二、三产业发展。

由此，筹办花博会被提上省、市两级政府议事日程。在多方努力之下，1999年1月18日，首届海峡两岸花卉博览会顺利开幕。

首届花博会胜利闭幕后不久，1999年4月18日，习近平陪同全国人大、政协对台农业考察团一行26人到花博园视察。一年后，升任省长的他再次到漳州调研，议定把花博园园区基础设施列入省政府相关建设项目，建议以"花博园园区基础设施二期工程"的方式增建榕景园等园区。此次扩建经费以地方为主自筹解决，但在他的关心支持下，省里给予了100万元经费补助。

这次调研，当地还请求支持海峡两岸农业合作试验区高科技、种苗引进项目的建设资金。根据安排，海峡两岸农业科技交流中心、闽台农产品集散中心分别得到5万元、15万元的经费，海峡两岸花卉合作项目、闽台农产品集散中心运销管理系统及良种引进基地等获61万元专项经费补助。

四

福建作为海峡两岸农业交流合作先行示范区的地位明确，各级政府部门给予的支持力度不断加大，这不仅有利于促项目、出成果，更极大地鼓舞了广大台商台农投资福建，与这片土地共兴共荣的决心。

大有海洋集团董事长翁启镜就是其中之一。1990年，祖籍漳州的他在东山县铜陵镇投资创办东兴水产加工有限公司，同时租用县外贸公司的一座冷冻厂用于加工鱿鱼。

作为大陆第一家现代化海洋食品加工企业，东兴水产加工有限公司在建厂招工、水电供应、道路建设等方面得到了当地政府的及时服务和帮助。当时的东山产业基础相对薄弱，企业在投资的前几年一度出现亏损，他毅然卖掉台湾的企业为东兴水产加工有限公司输血，决定扎根东山，谋求发展。

1999年11月，习近平到东山调研时，特地到翁启镜的企业走访。此时东兴水产加工有限公司的发展已步入良性轨道，翁启镜退租了县外贸公司的工厂，在东兴水产加工有限公司隔壁投建了东旺水产冷冻有限公司，带动当地渔业由捕捞、初级加工向精深加工转变。此次调研让翁启镜备受鼓舞，"因为东山是渔业县，我们水产加工也属于大农业"，他认为。习近平在调研中提到了"做好大农业文章""由第一产业向深加工、观光休闲等二、三产业发展"等，更让翁启镜坚信自己找对了地方，走对了方向。

2001年7月15日，习近平再次到翁启镜的两家企业考察。参观了水产品加工生产流水线后，他来到东旺水产冷冻公司办公楼二楼，从玻璃窗向外眺望。此时，对面的县外贸公司工厂厂区因旷日停产已杂草丛生，一派荒凉。习近平驻足良久，转头建议翁启镜，不妨把这个厂接过来好好经营。

根据习近平的建议，翁启镜收购了这座废弃工厂，在原址重新建设，创办了东毅食品有限公司，后来又在诏安县开设安邦水产食品有限公司，成立了大有海洋集团。

五

从荒地到工厂，从泥路到坦途，巨变需要勤勉努力，更离不开富有前瞻性的擘画。

"我们走过了一段坑坑洼洼的坎坷道路，但我相信，未来一定是一条康庄大道。"这是 1998 年 11 月 4 日时任省委副书记习近平在漳浦调研时说的一句话，20 多年过去了，沈元坤觉得宛然在耳。

沈元坤当时在漳浦县委书记任上，当天陪同习近平下乡调研。漳浦刚刚遭受台风暴雨袭击，调研行经的旧镇镇路况非常糟糕，一路上车颠簸得很厉害，陪同的当地干部有点难堪。

"想不到调研结束的总结座谈会上，习近平一开口就对我们说了那么一段话，当时我们又感动又振奋。"沈元坤说。

在中央的大力支持下，经全省上下和广大台湾同胞的共同努力，如今，闽台农业交流合作已走上习近平当年预见的"康庄大道"。

大有海洋集团现有员工 2300 人，年纳税额超过了 5000 万元，成为福建省水产罐头行业的龙头企业。更重要的是，它向漳州、泉州、厦门输出大量人才、技术，吸引外资、国资、民间资本等不断投向水产品加工业，带动整个区域发挥得天独厚的资源和区位优势，产业逐渐做强做大。

谢东庆的台品茶园从初期的近 600 亩扩大到 1800 多亩，目前年产茶叶超 10 万公斤，产值三四千万元，带动上千名农户一起种茶、植樱，被认定为海峡两岸茶业合作重点示范基地、福建省级农业标准化示范基地。

2003 年开始，茶园借鉴台湾阿里山茶园发展模式，陆续引进上万株樱花树套种，转型升级发展休闲观光农业，如今樱花茶园已成为远近闻名的网红景点，入选为"福建省首批优秀创意旅游产品""全国绿色食品一二三产业融合发展示范园"，拉动漳平茶叶、花卉、餐饮、住宿等产业全面升级，成为三产融合发展以及两岸农业交流合作的"样板田"。

在谢东庆带动下，越来越多的台农、台企入驻漳平。当地巧打"台湾农业牌"，于2006年挂牌成立台湾农民创业园。2008年，漳平台湾农民创业园与漳浦台湾农民创业园，经农业部、国台办批准改为首批两个国家级台湾农民创业园。

经多年发展，漳平台湾农民创业园入驻台企达82家，台农超过600人，年产值8亿多元，"大陆阿里山"的金字招牌享誉两岸。漳浦台湾农民创业园累计引进台资农业企业280多家，年产值达35亿元。

花开两岸，合作双赢。海峡两岸花博会由最初福建省政府主办、漳州市承办，升格为农业部、国台办等有关部委和福建省政府主办，并在2009年拓展为海峡两岸现代农业博览会。按照省委、省政府"一年一年办下去，一届更比一届好"的要求，花博会规格不断提高，内涵不断丰富，形式不断创新，不仅被誉为漳州的"城市名片"，也成为福建省继厦门"9·8"投洽会之后的国家级经贸盛会。

海峡两岸农业合作试验区设立后，按照"先行探索、大胆试验"的要求，通过引进台湾优良品种和先进的农产品加工方法，带动农业产业结构的调整和农产品品质的提高；以农业综合开发促工业、加工业及休闲观光农业发展，推进了农业产业化经营；同时，促进传统农业向现代农业转型升级，增加农民收入。

2002年，习近平调任浙江省前夕，在接受中外记者采访时，再度谈起闽台农业交流合作。他说，我们设想把福建建成对台农业合作基地，以福州、漳州闽台农业合作试验区为中心，向全省内地梯度推进，逐步吸纳台湾农业外移，扩大农产品加工出口，促进福建农业向集约经营方向转变。

经过福建全省上下共同努力，2005 年 7 月，"两部一办"批复将海峡两岸农业合作试验区从福州、漳州扩大到福建全省，设立海峡两岸（福建）农业合作试验区。

这是大陆最大的海峡两岸农业合作试验区，以此为基础，闽台农业交流合作平台更大、承载力更强、辐射面更宽，不仅形成了由点到面、由单项零星向产业整体配套、由沿海向内陆山区梯度推进的全面发展态势，而且在客观上超越了一般意义上的经贸合作，产生了更为广泛的政治和社会影响，为促进祖国和平统一开创了重要渠道。

十四、友谊之花必将结出丰硕的友谊之果

日本朋友塚本幸司

一

1988 年，追寻先贤脚步和中国改革开放的大潮，塚本幸司从日本来到福州开拓事业，创设福州榕东活动房有限公司。

当时，塚本幸司已经年逾六旬，他所创立的日本东海租赁株式会社年销售额已达 200 亿日元，连续多年跻身日本纳税大户榜单。

1991 年 5 月的一天，日本大阪。

63 岁的塚本幸司在家中准备接待远方来访的客人。这位客人，是塚本幸司在华创建的公司所在地福州市的主官。

"听说他的职位比市长更高，却比市长还要年轻。他会是个怎样的人？"塚本幸司充满好奇地等待着。

几天前，福州市市长洪永世打来越洋电话，说福州市新任市委书记习近平近期赴日本考察，届时要来大阪，提议安排时间会个面。

他一口答应，但也很疑惑：书记是什么角色？是在单位里做会议记录的书记员吗？书记员来日本考察什么呢？

洪永世解释说，中国共产党在中国每个地方都设有大大小小的委员会，福州市的最高领导就是市委书记。

原来如此。塚本幸司当即发出邀请，说："习书记想要考察城市市民、工厂工人的生活状况，我也算是城市市民的一员吧，可以安排习书记到我家做客、参观，也可以请他到我公司员工家里访问。"

"年纪轻轻就能成为一座城市的最高领导，想必有过人之处。"这么想着，他心里又多了一份期待。

二

客人如约而至。彬彬有礼，笑容可掬，讲话既有条理又有哲理，还很幽默，这是38岁的习近平给塚本幸司的第一印象。不多时，年龄相差25岁的两人已相谈甚欢。

显然，习近平到访之前已经听说了塚本幸司在中国投资的一些理念，他对此表示赞赏，希望塚本幸司能做一名儒商，成为中国人民的永久朋友。

"习桑①所说的儒商，其为人之道应是如何？"塚本幸司喜欢读《论语》，崇尚"半部《论语》治天下"，听闻习近平提及儒商，不禁问道。

习近平举了陈嘉庚先生的例子。"作为儒商，陈嘉庚先生高明之处在于，他深知经商与做人一样，要讲究德行。在生活上要崇尚简朴，在商场上要重信义、守信用，以诚立事。他也深知天时地利人和的道理，使企业充满祥和的瑞气，并以仁爱之心对待比自己困

---

① "桑"是日语"さん"的谐音，是比较正式、正规的礼节性称呼，所有关系都可以用，男女通用。译为中文是"先生"或"小姐"。

难、需要帮助的人。儒商还要敢于拼搏，要有屡仆屡起、永不言败的精神，体现'天行健，君子以自强不息'的儒家气质。"塚本幸司听完连连点头。

接连几天，习近平参观了东海公司总部、地铁设施，还到工人住所和普通民众的家里做客，深入四国岛高松地区的农村考察。

他和塚本幸司之间的话题很多，他们还不时将福州的基础设施建设、城市规划管理等方面和日本相比较，找共同点，找差距。访问团要结束行程了，塚本幸司夫妇特地设宴为他们饯行。

"习桑，此行给您的印象如何？"席间，塚本幸司的妻子四女子主动发问。

"日本的科技先进，高楼大厦林立，企业设备齐全。不过工厂现代化对我来说并不是重点思考的问题，因为这些东西只要发挥人的能动性都可以实现。不久的将来，您在中国也能见到。"习近平说，"但有一点我感触很深，我参观了几家工厂，那里员工们的工作态度都很认真，根本看不到偷懒和无所事事的人。我看到了农村非常干净，农民十分勤劳，日本能够建设得这么好，经济发展得这么快，主要是靠各个阶层的勤奋工作，这是最值得我们学习的地方。"

塚本四女子钦佩地点了点头，对儿子博亮说："习桑只比你大几岁，就这么成熟有远见，你要以他为榜样。"

塚本幸司坦诚相告："习桑这次来我家做客，是我家的荣耀。更使我高兴的是，我的夫人之前对被妖魔化的共产党有些阴影，如今通过与您接触交流，她的这个心病解除了，以后我到中国去投资她就更放心了。"

每当回忆起与习近平的这一次接触，塚本幸司依然会感慨："早年中国人到日本考察，莫不惊讶于日本的现代化程度，习桑却没有大惊小怪。他对日本人民的工作态度和勤劳大加赞扬，真是耐人寻味！"

三

福州榕东活动房有限公司创立之初，经营方式的不同、思维观念的分歧、行为习惯的差异等，让这家来自日本的年轻企业有些水土不服，这深深困扰着塚本幸司。

一年后，塚本幸司和习近平在福州重逢。在一次招待会上，塚本幸司提出请求，希望能给榕东公司派遣一位共产党干部担任专职书记。

彼时，习近平已经听说了这家公司想在外资企业当中率先建立党支部的事，但外商主动来"讨"专职书记，多少还是让他感到意外。

"我打心眼里尊敬贵党。贵党集中了大批精英，没有中国共产党就没有今天繁荣的中国。"塚本幸司坦诚地说，"我对共产党的尊敬，源自最基层。贵党的治国理念，对经营好企业有很大的帮助，企业要想在中国得到持续发展，需要中国共产党人的先锋模范带头作用。"

此言不虚。早在几年前榕东公司创建之初，塚本幸司对中方选定的首批赴日培训研修人员做过一次家访。当他敲开一位员工家门时，员工的母亲对他说："我们这个家庭虽不算富裕但很幸福，在我人生里，这一段时间最为珍贵，在旧社会绝无可能。这里头有我丈夫和儿子的努力工作，但如果没有共产党，就没有我们家的平安幸福。"

"一个再普通不过的小市民都能说出赞颂共产党德政的话来，让我很感动。所以我认为中国能有现在的景气，靠的是共产党，中国将来的发展，也要依靠共产党。"

听罢此番恳切言辞，习近平明确表态，允其所请。可相关办事人员认为这可能是外国企业家一时心血来潮，说说而已，没太当一回事。

几天过去了，塚本幸司没有等到回音，再一次见到习近平的时候，又提出给企业派党支部书记的事，还提出支部书记虽不干涉公司具体经营运作，但可以代替国家、社会和出资者，监督、检查经营管理者是否正当经营，还可与公司总经理在工资、参加董事会、工会福利等方面享有相同待遇。

习近平听后，对时任福州市建工局党委书记林义熟说："外商要求我们给企业派共产党的书记，这在全国不多见，这个事就交你负责了，一定要办好，要尽快在建工系统挑选一名合适的人选，报市委批。"

建工局根据指示，马上研究选出了组织干部科副科长黄凤，上报后很快得到市委批准。1992年7月1日，在中国共产党71周年生日这天，黄凤到榕东公司报到。黄凤到企业后工作认真负责，也赢得员工和外商的尊重，为福建省做好非公有制企业党建工作积累了经验。

榕东，成为中国第一家成立党支部、设立专职书记的外资企业。"新经济组织在哪里出现，党的组织就建到哪里。"习近平坚持将党建工作融入经济发展主战场，把扩大三资企业党的组织覆盖工作作为基础性工作抓常抓细抓长。把党支部建在外资企业里的做法很快推广到明达塑胶等福州其他外资企业。截至1993年底，福州市162家具备建立党组织条件的三资企业全部建立党组织。

四

在北京拜访福州籍文坛泰斗冰心时，习近平谈到了塚本幸司。他请冰心为这位日本友人题字，冰心欣然命笔"中日友谊源远流长"。她说，因为历史的原因，自己很少给未曾谋面的日本人题字，但习近平介绍的人肯定不会错，这算是一个例外，希望这位日本友人能继续致力于中日友好事业。

1992年8月，习近平将冰心的题字交给塚本幸司。

92岁的中国文学大师冰心的墨宝，是何等珍贵！望着题字上的落款，塚本幸司感动不已，说："我一定不负冰心先生的嘱托，身体力行，推动中日两国的友好关系。这也是一个日本人报答中国人民的一种方式。"

塚本幸司将题字带回日本精心装裱，过了一段时间他又来福州，恳请习近平请冰心在盒面的轴上再题写"中日友谊谕"五个字。"谕是长辈对晚辈的吩咐、指示，我不仅要永久珍藏这幅字，还将永远照此指示来做。"

习近平点头答应，又请冰心补写了这五个字。

1993年初，塚本幸司从习近平手里鞠躬如仪地接过这幅墨宝，将题字带回挂在家中客厅，对一家人说："冰心先生比我大了整整

28 岁，她的教导我得听，你们也不能有所违背。"

这一年，福建省建立冰心文学馆，塚本幸司闻讯，找到习近平，表示愿为文学馆捐赠 1000 万日元，聊表敬意，这也是"中日友谊谕"。他说，因为习近平的介绍得以间接认识冰心，虽未与冰心见过面，却进行过心灵的交流，祝愿中日文化交流代代相传。

也就在那一年 3 月 31 日，塚本幸司给习近平写了一封信。信中说："为了实现习近平书记送我冰心女士所题'中日友谊源远流长'这一愿望，使两国人民子子孙孙友好下去，作为一个日本人，我希望通过个人行动促进中日友好关系，这也是我祈盼和平的行动之一。我将献上微薄的资金，设立奖学金，奖励好学向上、肩负下一代重任的青年人，为他们提供学资。"

他还写道："在我尊敬的福建省福州市的友人中，有很多人都非常热心于培养下一代青少年，并在德、智、育方面不断给予热情真挚的指导。看到这一切，令我产生了共鸣，也想尽一分力量。"

这笔"微薄的资金"是 5 亿日元，按当时汇率折合人民币4000 多万元，而且全部是塚本幸司的个人资产。

为什么突然要捐这么大一笔钱？原来，那几年在福州办企业，塚本幸司接触到不少福建干部，也交了一些共产党员朋友。在一次与福建代表团的餐叙上，他听时任福建省委常委、组织部部长王建双提起福建省委、省政府初步确立了一项人才培养工程，在今后十年内重点培养一批善于开拓国内外市场的现代企业管理人才、有较深造诣的科技专家和学科带头人、善于驾驭全局的党务政务领导。省委组织部具体负责这项工作，选派年轻优秀的干部到发达国家学习是人才培养工程的一个重要组成部分，现在正着手解决资金问题。

塚本幸司当即表示："培养人才是我们的共同课题。福建发展需要人才，我在中国办事业也需要人才，我愿尽一点微薄之力，制定一项计划，拿出一笔钱来作为培养福建省优秀人才的基金。"

这就是后来的"富闽基金会"——"富"代表日本的象征富士山，"闽"为福建省的简称，"富"也作动词，即"使富强"之意。

20多年来，富闽基金会不断发展壮大，为促进福建人才队伍建设贡献了力量。

五

塚本幸司收获的，是深过东海的友谊。

1996年4月5日，塚本幸司来到福州，从习近平手中接过福州市首届荣誉市民的证书和城市钥匙。他很激动，望着习近平说："这是几百万福州人民对我的真挚友情，友谊地久天长！"

一年后，塚本幸司荣获中国政府友谊奖，时任省委副书记习近平发去贺电，称赞他多年来始终热心于促进中日两国人民的友好往来，尤其关心福建省的改革开放和现代化建设事业，对福建省人才培养和社会公益事业作出了无私贡献。

1999年，他又同时获得福建省和福州市首届"友谊奖"。

他与习近平的友谊之酒也愈酿愈醇。2001年10月，塚本幸司荣获"福建省荣誉公民"称号，他决定携全家三代五口人，以整齐的阵容出席这个隆重的仪式。

老友相见格外亲切。仪式过后的家庭式晚餐上，见到塚本幸司

2001 年 11 月 12 日，习近平出席"福建省荣誉公民"称号授予仪式

的小孙子贵文，习近平十分高兴，把小家伙高高举起。

塚本幸司在中国获得的这些荣誉证书和金灿灿的牌匾，至今悬挂在大阪家中客厅显要处。他不时地会对子孙说：唯有真正的荣誉，才是年轻人应当孜孜追求的目标。它是人生的至善，而决非财富或者别的什么。

2019年5月10日，91岁的塚本幸司收到习近平给他的一封信，信中提到："我经常回想起当年访问日本时到你家中做客的情形。"老人非常感动。他与习近平的友谊已经持续了近30年，他坚信中日两国热爱和平的人们的真挚友谊，不会随着时间流逝而消失，只会历久弥坚。

鼓岭故事和"不见外"的潘维廉

一

1992年8月21日12时30分，一架波音737客机从北京启程飞往福州。

机舱里，来自美国年逾七旬的加德纳太太，凝望着舷窗外缓缓飘过的白云，思绪回到了从前，心情久久难以平复。

此行，对她来说，是跨越千山万水的圆梦之旅，更是跨越了近一个世纪的圆梦之旅！

六年前，先生密尔顿·加德纳在弥留之际，口中喃喃不绝地呼唤："Kuliang，Kuliang……"

"Kuliang"到底在哪里？此后多年，加德纳太太被"Kuliang之谜"困扰着，只知道那是在中国一个美丽的地方，是先生一辈子的牵挂。先生生前，时常提起自己儿时在中国生活九年的经历，非常渴望故地重游。然而，由于种种原因，加之晚年罹病瘫痪，重返中国故园的心愿未能实现。

密尔顿·加德纳，美国加州大学物理学教授，在度过人生的85个年头后，于1986年2月辞世。

先生的遗愿能实现吗？加德纳太太心里没底。但为先生圆梦的愿望强烈地冲击着她，她决意要探访中国"Kuliang"。1988年初夏，加德纳太太启程西行，造访中国，登了长城、游了苏杭，却不无遗憾始终没能问清哪里是"Kuliang"。

偶然机会，加德纳太太结识了在加州读书的中国留美学生钟翰，便把"Kuliang"的故事一遍又一遍地讲给他听。钟翰来自中国湖北，听闻故事同样一头雾水，虽经多方打听，"Kuliang"仍然还是一个谜。

1990年的一天，钟翰突然接到加德纳太太电话，她在先生的遗物中发现了11枚邮票，而且邮戳俱全。钟翰当即赶赴加德纳家，仔细辨认，发现那是宣统年间邮政发行票，其中10枚都盖有"福州·鼓岭"字样。

谜底揭开，加德纳太太百感交集。

可是，鼓岭远在东方，人生地不熟，她该怎么办？

钟翰被加德纳夫妇的中国情缘深深打动，也努力寻找机会帮她。恰好，1992年2月25日，《人民日报》发布《海外记事》征文比赛启事，钟翰得知后，便写下文章《啊，鼓岭!》，讲述加德纳先生的中国故事，道出帮助加德纳太太寻访鼓岭的真诚心愿，他说："总觉得良心上有一种需要，应该把加德纳夫妇介绍给中国。这感觉时强时弱地催促我已近两年。"

这篇文章辗转寄到人民日报社国际部编辑手中。原稿密密麻麻地写在纸的正反两面。文章结尾："鼓岭，鼓岭! 好一个对我也显得神秘的地方! 什么时候能够走到你的身边?"赤诚的情怀让编辑们感同身受，慨叹不已。这篇文章获得此次征文比赛一等奖，并刊发在 1992 年 4 月 8 日《人民日报》第七版。

文章见报后，打动了众多读者，包括时任福州市委书记习近平。

二

每天必读《人民日报》的习近平，看到了《啊，鼓岭!》这篇文章，当即安排联系作者钟翰，邀请他陪同加德纳太太造访福州，圆梦鼓岭。

随后，习近平又通过中国人民对外友好协会，正式邀请加德纳太太访问福州。

当年 8 月 21 日，加德纳太太如约而至。

抵达下榻的福州温泉大饭店时，加德纳太太的房间里已摆上了以习近平名义赠送的一篮鲜花，意寓着福州人民对远方来客的欢迎之情。

当晚，习近平设宴为加德纳太太接风。他亲切地说："我们今日相见可谓有缘，感谢钟翰写了这样的文章。福州已有 2000 多年的历史，对外友好交往史也十分悠久。几百年前中国著名的航海家郑和就是从这里出发与外国缔结友谊的。鼓岭过去曾是外国友人避暑的别墅区，您的先生也是当时与这里有过交往的国际友人之一，我们十分珍重这样的国际联系，珍重您先生对这里的相思和友情。今日请您到这里来看看他流连之处，也是为了重叙这份友好。"

在柔和的灯光下，加德纳太太容光焕发，激动与喜悦溢于言表。她对习近平说："多年的梦想终于实现了，此行十分幸运亦富有意义。我将把这里发生的故事，告诉美国加州的朋友。"

习近平笑着说："我们也希望这联系、这友谊能继续发展下去，让更多人从这发展中看到更多美好的东西。"

欢迎晚宴后，加德纳太太拿出一对漆画瓶相赠，它们产自中国，已被加德纳家族珍藏百年。

习近平双手接过珍贵的礼品，说："这对漆画瓶将被收藏在福州市博物馆，让福州人民记住其中蕴含的友情。"他同时代表福州，回赠加德纳太太一对具有现代工艺特点的棕红漆瓶。

两对不同年代的漆瓶，成为中美两国人民心灵沟通、情感交织的见证。

三

鼓岭，地处距离福州市区 13 公里的郊外，平均海拔 800 米，因其优美的风景和宜人的气候，很早就成为避暑胜地。

第一次鸦片战争后，福州作为通商口岸开放，大批西方传教士和商人涌入。1886 年，英国驻马尾领事馆馆医任尼在鼓岭修建了第一座别墅。① 此后，来自英国、法国、美国等 20 多个国家的在福州人员联合成立"鼓岭联盟会"，先后建起 300 多座风格各异的别墅。同时，还兴建了教堂、医院、俱乐部和游泳池等设施，形成了一个功能完善、多元文化相融的避暑度假区。

由于西方人众多，鼓岭甚至有了夏季邮局，这是中国最早的邮局之一，也是当时全国仅有的五个夏季邮局之一。由福州方言发音直译的"Kuliang"，便由这一封封跨洋书信传至西方。

加德纳的父母正是在这一时期来到福州。1901 年，已经身怀六甲的母亲和父亲一起返回美国，加德纳在美国加州出生。十个月大的时候，加德纳又随父母重返福州，直到 1911 年，全家才迁回加州。

加德纳在福州度过了快乐的童年时光，脑海里留下深深的印记，以至于他一生都保持着中国的饮食习惯——早饭喝粥，每天都要吃一顿米饭。

对于先生的这些中国情结，加德纳太太早已熟稔于心。

1992 年 8 月 22 日，加德纳太太一行登上鼓岭，来到加德纳魂牵梦萦的地方。

绿荫掩映之中，一幢幢西式别墅伏卧鼓岭山间，那就是加德纳小时候生活过的地方。加德纳太太静静地伫立在凉亭里，微风轻轻地掀拨着她的卷发。此刻，先生临终声声呼唤的"Kuliang，Ku-

---

① 此处依据鼓岭旅游服务区网站简介。也有说法为，1886 年美国人伍丁在嘉湖建第一座避暑别墅，1888 年任尼在宜夏村建别墅。

liang……"又在她的耳畔回旋,先生刻骨铭心的梦圆了。加德纳太太终于体会到丈夫情之所钟的原因——鼓岭的山,鼓岭的水,鼓岭的人,鼓岭的情,构成了他童年金色的梦。

"我能见到加德纳小时候的中国伙伴吗?"加德纳太太迫不及待地问,"我非常渴望见到他们,我是替他来重续情谊的。"

随后,九位八九十岁高龄的鼓岭老人来探望加德纳太太。大家围坐在一起畅谈,其乐融融。老人们陷入愉快的回忆之中。

加德纳太太不仅替丈夫实现了心愿,还看到了如今更加美好的鼓岭。下山后,她参观了福州经济技术开发区、熊猫大世界、左海公园、工艺美术实验厂和雕刻厂等处,并到农民家庭和教师家庭访问。加德纳太太由衷地说:"此行使我了解到许多事,不仅观赏了名胜古迹,更重要的是看到了这里的建设成就。"

四

福州之行即将结束,临别依依。加德纳太太动情地对记者说:"我到过中国数次,这趟最快乐、最开眼界。我感谢所有让这个梦变为现实的人们。"她还告诉大家,回美国后要把此行所有中国朋友的名片粘贴起来,展示给美国朋友,也留作永远的纪念。

"中国有句古话:'海内存知己,天涯若比邻。'您的这次访问虽然短暂,但从您身上以及您丈夫矢志不渝的眷恋之情,我们足以看到中美两国人民的友谊天长地久。"因公离榕出差的习近平,不能为加德纳太太送行,特地转来一封信,"我相信,由《人民日报》

刊登的钟翰先生的《啊，鼓岭!》一文引出的感人故事，将在福州以至更大范围内广为流传，将激励更多的人为增进中美两国人民的友好继续做出努力。"

回到美国后，加德纳太太给记者来信说，她邀请亲朋好友到家中聚会，讲述已经真正属于她的鼓岭故事，让众多美国朋友分享来自中国的美好记忆。她要把这份情谊永远传承下去。

20年过去了，美丽动人的鼓岭故事还在继续。

2012年2月15日，习近平访问美国，在美国友好团体欢迎午宴上发表演讲时，详细地讲述了这段往事。

习近平说:"我相信，像这样感人至深的故事，在中美两国人民中间还有很多很多。我们应该进一步加强中美两国人民的交流，厚植中美互利合作最坚实的民意基础。"演讲赢得了热烈的掌声和美国友人的赞同。

2015年6月10日，以这个暖心的鼓岭故事为创作蓝本的音乐剧《啊! 鼓岭》在福建大剧院举行首演，随后在全国30多个城市演出百余场，艺术再现了这段跨越年代和国界的友谊佳话。

五

一个个美好的故事，让中美两国人民友好交往的情谊更加绵长。

2019年2月1日晚，一封饱含深情的信送到了厦门。纸短情长，信中写道:"厦门是个好地方。那里是你的第二故乡，也是我工作过的地方，给我留下了许多美好回忆。你在厦门大学任教30年，把人生的宝贵时光献给了中国的教育事业，这份浓浓的厦门情、中国情，让我很感动。"

信件寄自北京，写信人是总书记习近平，收信人是厦门大学教授潘维廉。

潘维廉是一位美国人，1988 年起在厦门大学任教，至今已有 30 余年。他是 1949 年后第一个定居厦门的外国人，也是福建省第一位外籍永久居民。

2018 年 12 月 22 日，潘维廉教授新书《我不见外——老潘的中国来信》（中、英文版）举行了首发式。这本书收录了 47 封潘维廉写给美国亲友的信，从一个长期在华生活的外国人的独特视角，记录和展现了厦门改革开放的历史进程和中国的伟大变革。潘维廉将此书和一封信寄到北京，送到了习近平手上。

潘维廉说，之所以要千里送书，因为从某种意义上看，是习近平促成了此书的撰写。

那是一段往事。1999 年，潘维廉患病入住香港一家医院，当时情况非常糟糕，病痛使他一天天消瘦。在他沮丧之时，习近平托人给潘维廉送去鲜花，给予慰藉。

在异国他乡感受到的那种温暖，是加倍的。潘维廉说："从那天起，我安心养病，逐渐康复，下定决心要回到我厦门的家，回到中国家人身边。"

两年之后的 2001 年 11 月，在福州，习近平给潘维廉颁发"福建省荣誉公民"证书。潘维廉清楚记得，晚宴期间，他将自己写的第一本书《魅力厦门》送给了习近平，他们探讨了如何向世界讲好中国故事。潘维廉深深感悟到，以自己的经历帮助"老外"们更好地了解中国，这不仅仅是个机会，更是责任。此后多年，他更加认真地研究福建历史文化，潜心写书，并参加电视节目拍摄。

这段经历浓缩了潘维廉炽热的厦门情和中国情。回信中，习近平说："作为中国改革开放的见证者，这些年你热情地为厦门、为福建代言，向世界讲述真实的中国故事，这种'不见外'我很赞赏。你在信中说，很看好中国的未来。我相信，你将会见证一个更加繁荣进步、幸福美好的中国，一个更多造福世界和人类的中国，你笔下的中国故事也一定会更精彩。"

潘维廉形容自己的心情："非常高兴和荣幸，也很吃惊！"送书时，他没想会收到回信，因为他觉得习近平可能是世界上最忙的人。"中国是世界人口最多的国家，他的责任和压力非常重，但还花时间给我这个普通外籍老师写信！"

正值 2019 年农历新年来临之际，习近平送上新春祝福：全家"福安"、一生"长乐"！巧妙地嵌入了两个福建地名，寓意深刻。

这位美国人非常期待继续见证今后几十年中国的发展！他说："我要好好利用这样的机遇，让人们了解更好的中国、更好的世界。"

福州亭·福州园·中国草

一

"我们的家乡，在希望的田野上……"一曲中文歌，回响在美国塔科马市林肯中学礼堂。表演者——林肯中学合唱团和来自中国福州教育学院附属中学的五名学生一起，接着合唱了英文歌曲《世界如此美好》。

掌声、欢呼声响起。观众席上，中国国家主席习近平一行，被热烈的气氛深深感染。

这是 2015 年 9 月 23 日，习近平对美国进行国事访问。

塔科马之行，习近平称之为"故地重访"，到林肯中学，是"看望老朋友"。

早在 21 年前的 1994 年，在时任福建省委常委、福州市委书记习近平的推动下，福州市与塔科马，两个远隔重洋的港口城市"义结金兰"。

1993 年 10 月 6 日，时任塔科马世贸中心执行董事考妮·培根女士到福州参加中美建筑博览会。她向福州市政府转交了塔科马市市长卡伦·韦尔勒的亲笔信。信中，市长表达了塔科马与福州缔结"友好城市"的愿望。

塔科马位于华盛顿州，距离西雅图约 50 公里，是华盛顿州第三大城市，但人口仅 20 万左右。

"当时曾有人认为，塔科马城市太小，要结为友城，和福州市的面积、人口相比似乎不大对等。"时任福州市外事办副主任李宏回忆，"习近平同志得知此事后，却说塔科马虽小，国际化程度远比福州要高，不可小看。"

巧的是，当年 11 月，习近平率福建省友好代表团和经贸代表团访美，行程包括塔科马市。习近平考察了这座城市的规划、文化、教育领域的具体情况。

他应邀到考妮·培根家做客，感受当地风土人情和饮食习惯。

他与市长亲切会谈，探讨建立友好城市的可行性，一起寻找城市的"同类项"。

福州地处中国东南沿海，东南门户马尾港位于闽江、乌龙江汇合处，系淡水良港，可泊万吨船；而塔科马是美国西部港口城市，也是全球最大的 25 个集装箱港之一。于是，双方讨论了福州马尾港与塔科马港结为友好港口的愿景，都希望以港口业的合作为起点，深化交流交往。

"福州与塔科马结缘，先有友好港，再有友好城市。"李宏说，经过实地考察，习近平认为塔科马作为美国西海岸的门户，能成为福州与美国发达地区建立联系的窗口。城市虽小，但从高科技和港口优势看，交流合作空间很大。

在习近平的推动下，马尾港和塔科马港很快就结为友好港，带动了福州经济技术开发区的对外开放与合作。在此基础之上，两个城市开始商谈结好事宜。

1994 年 3 月，习近平在福州正式会见塔科马市的代表考妮·培根女士。

李宏全程参与了福州与塔科马结为友好城市的工作。他与考妮·培根就友城建立及今后的交流合作不断商谈。"当时，习近平同志给了我们许多鼓励，我们提交的有关与塔科马交流合作的意见及建议，很快就能得到批复。"在此期间，双方多次派官员和企业家互访，多项合作有条不紊推进。

"习近平同志一再强调，仅仅建立联系是不够的，要有实质性交往。"李宏说，福州和塔科马结好，一直依照习近平的思路在进行——以经贸为主，加强民间交流，"尤其是在青少年交流方面，福州做了很多工作"。

1994 年 11 月 16 日，福州于山堂，两城正式建立友好城市关系。

在建立友好城市关系协议书上签字的，是时任福州市市长金能筹，以及塔科马市市长全权代表考妮·培根。

习近平与美国驻广州总领事作为见证人出席签字仪式。在签字仪式现场，考妮·培根盛赞习近平作为福州主官，"非常重视外事工作，很有国际视野"。

二

从正式商谈，到正式签署建立友好城市关系的协议，福州和塔科马一共只用了八个月左右的时间。这在当时的福州对外交往史上，堪称"最快速度"。

和塔科马结好，福州打开了走向世界的又一扇窗，加速了对外开放步伐，也向世界展现了真实的福州。

金能筹回忆："那个时期，中美关系正处于低谷。习近平同志通过这些工作，增进了中美两国的民间交往，也为中美关系的发展作出了贡献。"

"友好城市"，是世界各国地方政府之间通过协议形式建立起来的一种国际联谊与合作关系，以维护世界和平、增进相互友谊、促进共同发展为目的。随着全球化的不断推进，友好城市既是国家总体外交的一部分，又是民间外交的重要表现形式。

金能筹说，习近平十分重视对外友城工作，把它作为福州市委一项重要工作，每年都听取这方面的汇报。"习近平同志常跟我们讲，要站在全局的高度来正确认识友城外交，在交流合作中相互取长补短，不断学习外部世界一切先进的东西，为福州发展提供宝贵借鉴。"

在习近平任职福州市委书记和福建省省长期间，福州乃至福建，与世界多个城市（省、州）建立并维持了友好关系。福州和塔科马更是一直保持着频繁的互访和交流，友好往来已呈常态化。

习近平到访的林肯中学，2008 年与福州教育学院附属中学缔结为友好学校，两校师生互访互学，感受两国教育理念和文化的差异，相互取长补短，结下深厚情谊。2012 年，林肯中学的世界史教师戴维·摩尔斯、塔科马市教育局副局长约书亚·加西亚博士先后率团来访，在福州教育学院附属中学观摩兴趣小组活动，与学生一起打篮球。

为了纪念两城交好，塔科马市政府通过决议，筹建具有中国风格的庭院。2011 年，塔科马兴建一座"中国协和园"（公园）。

得知这一消息后，友城福州捐赠了一件特别的礼物——中式建筑凉亭。

这个亭子，木制斗拱、亭顶和石梁等构件都是在福州建造，万里迢迢运到塔科马后，福州市派出四名技工赴美，花了六周时间组建完成。

塔科马人将其取名"福州亭"，永久坐落在这个公园，象征两市友谊地久天长。2012 年 7 月，在佛罗里达州举行的第 56 届年度友城大会上，"中国协和园福州亭"获得了美国国际友城联合会颁发的 2011 年艺术文化创新奖。

2014 年，两市在福州举行缔结友好城市 20 周年纪念活动时，时任塔科马市市长史蒂克兰德亲临海峡两岸经贸交易会"美国馆"开馆仪式，为两城经贸交流再添一笔。

三

塔科马有"福州亭"，在日本那霸市的古琉球王国首都首里城遗址，有一座"福州园"。

"福州园"模仿福州名胜，修建了楼台阁榭等建筑物。漫步在那里，倚着小桥观流水，靠着"两塔"看"三山"，让人产生时空错觉。

这个占地8500平方米的"福州园"，是20世纪90年代初，那霸市政府为纪念福州—那霸两市缔结友城十周年，投资9亿日元兴建的。

早在1981年5月20日，福州、那霸正式缔结为友好城市。习近平到任福州后，对两城的友好交流交往非常重视。他多次会见那霸市友好访问团，并曾于1991年5月，率团赴那霸参加两市结好十周年纪念活动，为两市友好关系的持续发展奠定了坚实的基础。

福州在琉球群岛西面，明清两朝，福州被指定为中琉交通港口，藩属琉球国来中国的使臣、商人大多趁秋冬季风时节漂洋过海到福州，再从福州借由陆路到他地。

那霸有个"久米村"，留下了曾移居那里的"闽人三十六姓"；福州也有琉球馆，是当年接待琉球国宾客及贸易往来的场所。

在福州台江区琯后街，穿过小巷，一座白墙青瓦的两层清代建筑跃然眼前，门楣上的"柔远驿"三字，同样述说着福州与琉球的友好往来史。"柔远"二字，取自《尚书·舜典》中的"柔远能迩"，寓意是怀柔远人，以示朝廷对外邦的安抚。"柔远驿"，民间称之为"琉球馆"，当年设有进贡厂，颇具规模，后来长期改作他用，馆舍年久失修。

逐渐隐匿在历史长河和街井巷陌中的琉球馆，在 20 世纪 90 年代获得"重生"。"挽救"它的，是时任福州市委书记习近平。

"正是在 1991 年 3 月 10 日习近平书记主持召开的现场办公会上，决定修复琉球馆，并将其作为福州市中外文化交流纪念馆。会议落实了具体工作事项。"时任福州市文管会常务副主任、福州市博物馆馆长黄启权参加了这场会议。他回忆，修复、陈列工作均由福州市文物管理委员会负责，经费由市政府核拨。

历时一年多的设计、搬迁和修复，习近平都亲自了解情况、检查进展。

修复后的琉球馆占地面积 500 平方米，辟有"福州汉代以来的交流""明清时期中国和琉球的友好往来""缔结友好城市以后福州与冲绳、那霸的密切来往"等三个展厅，陈列展览文物、拓片、实物等。

在琉球馆抓紧修复之时，与福州一衣带水的那霸，正在久米村修建"福州园"，从设计、加工制作到现场施工，两市密切合作。设施构件和装饰物等相关材料，分三批从福州海运到那霸。1991年，福州市先后派了四批专家和技术人员，对"福州园"的工程进行现场指导。

1992 年 9 月 3 日，"福州园"正式开园。那霸市市长亲泊康晴在落成典礼上说，"福州园"将作为中日友好的象征，永留人间。

同年12月9日，琉球馆修复暨福州对外友好关系史馆开馆典礼举行。习近平在典礼上致辞。他说："这是福州与那霸两市友好关系发展史上一个重要的里程碑。琉球馆的重修竣工和那霸市'福州园'的建成，正是双方为发展友谊而共同努力的新成果，历史已经证明，而且将继续证明，在两市间架设的互利互惠、互相合作为基础的友谊桥梁是完全符合两市人民共同愿望的。"

对于琉球馆的修复，日本那霸市副市长新垣景布表达了衷心谢意。他说，那霸市也要学习先人的勇气，进一步促进与福州市及中国的友好发展。"今后琉球馆将作为与贵国数百年交流史的资料馆，我确信，它一定会促进两地历史、文化等的相互理解，并对友好发展作出新的更大贡献。"

四

浩瀚的太平洋阻挡不住友城之间的友好交往。

在距中国东南沿海约5000公里的南太平洋岛国，有个福建的"伙伴"——巴布亚新几内亚东高地省。

20世纪90年代，援外是中央的任务，省一级政府只是配合国家执行援外项目。但有个特例，由福建农大教授林占熺发明的菌草技术，在福建扶贫取得了显著成效后，1994年国家外经贸部把它列为发展中国家实用技术培训项目。

1995年，福建农大开办国际菌草技术培训班。首期培训班里，便有巴布亚新几内亚学员。

其中，布莱恩来自巴布亚新几内亚的东高地省。培训回国后，他向东高地省行政长官汇报学习成果，强烈建议政府一定要引进林占熺教授的菌草技术。

1996 年 11 月，东高地省省长飞赴福建，邀请福建农大的专家团队到巴布亚新几内亚传授菌草技术。

1997 年 5 月，福建派出代表团访问巴布亚新几内亚东高地省，并签署了菌草技术重演示范合作协议。两个月后，菌草技术发明人林占熺带领菌草技术专家组赴东高地省鲁法区进行菌草技术重演示范。

当时，东高地省的农业发展极为落后，生产水平低下。菌草专家组克服重重困难，对技术简化再简化，简化到当地村民一看就懂、一学就会、一做就成。

经过半年多的努力，菌草技术在东高地省重演示范取得成功，实现了当地食用菌栽培零的突破。那一天，东高地省在鲁法区举办了 5000 多人参加的盛大庆祝活动，巴布亚新几内亚总督、副总理和八位部长出席活动，现场升起中国五星红旗，奏响中国国歌。

然而，推广技术、发展产业是一项长期工作，仅靠当地力量，项目难以持续发展，东高地省希望能够得到中国福建省政府的支持。

时任福建省省长习近平得知情况后，十分重视。2000 年 2 月，他发出邀请函，邀请东高地省代表团访问福建，同时提出考虑双方结为友好省。

当年 5 月 16 日，东高地省省长拉法纳玛率团访问福建。

习近平会见了拉法纳玛。他代表福建省政府承诺，在菌草生产以及旱稻生产方面继续给予东高地省力所能及的技术援助，将连续五年派出菌草技术专家到东高地省，为其培训技术人员和生产示范户。专家组所需国际往返旅费、工资及试验所需的菌种、谷种和设备费用均由福建省承担。

拉法纳玛说："在太平洋众多国家中，东高地省作为首个获得中国菌草技术的省份感到自豪！"他说，菌草技术项目使东高地省政府和人民受益匪浅，"旱稻栽培也是一项十分重要的技术，在福建省的帮助下，今后我们的人民有望吃上自己种的稻米。这是十分令人兴奋的！"

在这场会见上，他们共同签署了《中华人民共和国福建省与巴布亚新几内亚东高地省建立友好省关系协议书》和《福建省援助东高地省发展菌草、旱稻生产技术项目协议书》，决定由福建出资实施为期五年的援助巴新项目。

巴布亚新几内亚东高地省，成为福建的第九个国际友好省。

<h1 style="text-align:center">五</h1>

缔结友好关系后，福建省与东高地省共同努力，在当地栽培出菌草菇，还结束了东高地省没有稻谷生产的历史。

此后又连续创造了三个第一：

一是巨菌草的产量最高到 853 吨 / 公顷，是世界上已知的最高生物量的草本植物；

二是在 2003 年，农户大面积种植旱稻产量达到 8.5 吨 / 公顷，为当时已知的世界旱稻最高产量；

三是旱稻宿根法栽培获得成功，创造了一次播种连续收割13次的纪录。

如今，小小的"中国草"正在为当地可持续发展发挥大作用。从巴布亚新几内亚发端，菌草技术的援外已推广到世界106个国家，并在巴布亚新几内亚、斐济、卢旺达等13个国家建立示范基地，取得了丰硕成果。

2018年11月14日，习近平主席访问巴布亚新几内亚前夕，在当地媒体上发表署名文章，回顾了这段菌草奇缘："18年前，我担任中国福建省省长期间，曾推动实施福建省援助巴新东高地省菌草、旱稻种植技术示范项目。我高兴地得知，这一项目持续运作至今，发挥了很好的经济社会效益，成为中国同巴新关系发展的一段佳话。"

海 丝 情 缘

一

在世界版图上，两条始自中国的交通大动脉，壮阔而恢宏。

一条陆路，一条海路。一边是张骞策马西行，一边是郑和扬帆南下。

纵观人类文明进程，丝绸之路以其跨越历史时期之长、连接文明形态之多而享誉世界。

　　泉州刺桐港，宋元时期被誉为"东方第一大港"，与埃及亚历山大港齐名，见证了宋元时代海上贸易繁荣带来的东西文明交融：来自域外的商船带来的不仅有胡椒、沉香，还有数以万计的客商；从闽地出发的船只不仅满载陶瓷、茶叶、丝绸，还有中国的诗书典籍……

　　1991 年，联合国教科文组织海上丝绸之路考察团确认了泉州为中国的海上丝绸之路起点城市。福建省歌舞剧院以此为主题编排了舞剧《丝海箫音》。

　　舞剧推出后，反响很好，在省内接连演出好几场。没想到，有一位观众，观看演出后一直惦记于心，并在 20 多年后，促成了这出舞剧的改编。

　　这位观众，是时任福州市委书记习近平。

　　2014 年 5 月，亚洲相互协作与信任措施会议第四次峰会在上海召开。对峰会上表演的文艺节目，习近平总书记提出不能少了"海上丝绸之路"的元素，建议筹备组进行补充。他还特地提到，23 年前，曾在福州看过舞剧《丝海箫音》。

　　"很快，我们就接到了通知，以《丝海箫音》为母版，新编《丝路梦寻·海》，准备亮相上海亚信峰会。"福建省歌舞剧院原编导、《丝海箫音》主创人员之一吴玲红记忆犹新。经过紧张排练，新剧以闽南风格浓郁的舞蹈语言、精美的舞蹈音画形式，反映海上丝绸之路起点——中国泉州在宋元时期云集各国使者与商贾，成为当时东方第一大港的历史。

　　2014 年 5 月 20 日，《丝路梦寻·海》作为上海亚信峰会的开场歌舞，登上了国际舞台。

上海亚信峰会闭幕后，福建省歌舞剧院在《丝海箫音》基础上，以"海上丝绸之路"为主题重新创排了大型舞剧《丝海梦寻》。

当年8月，《丝海梦寻》在北京国家大剧院成功上演，随即，承载着文化交流使命，开启了海丝寻梦之旅。2015年2月和4月，《丝海梦寻》先后在纽约联合国总部和巴黎联合国教科文组织总部会议厅上演。

二

作为古代海上丝绸之路的重要起点和发祥地，福建与海丝沿线国家和地区人文交往密切。在福建工作期间，习近平高度重视海丝文化遗迹的保护与传统文化的传播，重视发挥民间渠道的作用，展示海上丝绸之路起点的魅力与力量。

"宋代坤灵播，湄洲圣迹彰。至今沧海上，无处不馨香。"一首五言绝句，浓缩了妈祖文化始于宋代、源于湄洲，并从福建湄洲岛走向世界的史实。

妈祖，原名林默，宋建隆元年（960年）生于莆田湄洲岛，28岁时因海难救助献出年轻的生命。岛上渔民建庙祭祀纪念，妈祖由此成为渔民们共同信奉的海上女神。千年流布，妈祖文化成为中华优秀传统文化和世界海洋文明的重要组成部分，共有上万座妈祖庙分布在46个国家和地区，其中以海上丝绸之路沿线国家为甚。

1996年6月14日，习近平第一次到湄洲岛调研。在总结讲话中，他说："要丰富和发展地方特色文化，特别是妈祖文化。祖庙的建设要加强，妈祖文化研究要深入，研究其政治、文化、经济意义。"

1998 年 3 月 11 日，习近平在莆田调研时专程来到湄洲岛，与干部群众一起植树，并再次提到妈祖文化，肯定妈祖巡台是"做了一篇对台工作的好文章"。

2000 年 11 月 22 日，习近平赴莆田市调研时又一次登上湄洲岛。

一行人走到天后广场规划建设地点时，时任湄洲岛国家旅游度假区管委会副主任唐炳椿拿出天后广场的规划效果图给习近平看。

天后广场是湄洲妈祖祖庙南轴线工程的重要组成部分。按照规划，天后广场将建设成为每年妈祖海祭大典的举办地。但是，由于资金不足，工程推进困难。

"这个设计好，要抓紧建。到了年底，也没剩多少资金了，省长基金还有 200 万元，支持你们。"习近平当场表态。

在调研总结讲话中，习近平提出要"突出妈祖文化品牌"。他说："妈祖文化具有很高的旅游文化品质，很好地反映中华民族的性格，通过世界的交流和传播能树立中国人民在世界上的良好形象。"

修建天后广场，为每年举办的中国·湄洲妈祖文化旅游节及其他妈祖文化活动提供了场所。湄洲妈祖文化旅游节成为海峡两岸同胞以及海外侨胞进行妈祖文化交流及联谊的重要平台。

2009 年，"妈祖信俗"被联合国教科文组织列入《人类非物质文化遗产代表作名录》，妈祖文化成为全人类尤其是海上丝绸之路沿线国家共属的精神财富。

与湄洲岛紧邻的泉州，则见证了千年来多种文明包容互鉴的恒久力量。

2001 年 11 月，时任福建省省长习近平听取了省文化厅关于"海上丝绸之路东端——泉州"申报世界文化遗产的汇报。

文化厅作了一份可行性报告，认为泉州作为国务院公布的第一批国家历史文化名城，许多文化遗迹与海上丝绸之路息息相关。这些文化遗迹完整展现了长期建立在农耕文明基础上的古代中国，在其海洋文明发展高峰时期的航运设施水平、文化交流与港口城市的建设情况。同时，体现了古泉州作为宋元时期东方重要港口城市的历史地位，从不同角度勾勒出 10 至 14 世纪泉州作为海上丝绸之路重要港口城市的繁盛图景。

11 月 12 日，习近平主持召开省长办公会议，研究同意省文化厅提出的关于"海上丝绸之路东端——泉州"申报世界文化遗产的方案，同意以省人民政府名义向国家文物局申请列入预备清单，同意成立福建省"海上丝绸之路东端——泉州"申报列入世界文化遗产名录领导小组。

会上，他要求泉州市政府、省直有关部门要认真听取权威专家的意见，借鉴武夷山、福建土楼申报世界遗产工作中的经验制订相应工作计划，在国家有关部门的指导下有针对性地开展工作。同时，加强对泉州文化及其文化遗产等方面的研究。

2002 年 6 月，习近平赴泉州市调研，并对泉州市请求省政府支持的事项作了议定，同意由省财政给予泉州市财力补助 300 万元，要求泉州市抓紧做好"海上丝绸之路东端——泉州"申报世界文化遗产工作。

申遗之路由此开启，泉州走过 20 个年头，历经诸多变数和波折，2021 年 7 月 25 日，在第 44 届世界遗产大会上，世界遗产委员会一致决定将"泉州：宋元中国的世界海洋商贸中心"（由"海上丝绸之路东端——泉州"更名而来）列入《世界遗产名录》。

三

泉州东湖，一座外形宛如古代帆船的白色建筑，静静地泊在绿树蓝天下，硕大的"风帆"高耸，如同一艘远航归来的海船缓缓驶入港湾，浓缩了1000多年间泉州海外交往的时光。

这是泉州海外交通史博物馆，建成于1959年，是我国首个海事类博物馆，也是首批国家一级博物馆之一。

馆内，国内发现年代最早、体量最大的宋代海船，数百方宋元时期的伊斯兰教、古基督教、印度教石刻，各个年代的外销陶瓷器，以及数量繁多的反映海外民俗文化的器物……展示了中国古代海洋交通、航海科技与中外经济文化交流盛况，讲述了世界不同文明交流互鉴、互融共生的历史故事。

"大舶高樯多海宝""涨海声中万国商"，作为宋元时期的"东方第一大港""天下之货仓"，泉州刺桐港曾与世界近百个国家保持着海上贸易。1993年5月，泉州海交馆联合中国海外交通史研究会创办中国古船模研制中心，开始了我国有史以来最大规模的古代木帆船科学复原工程。经过八年的努力，完成156种船型的研制工作，并按比例做成各种模型。

当时，大家迫切希望能给这些古船复制品建一个大型船模陈列馆，以展示工作成果。但由于缺少建设资金，工程迟迟未能上马。海交馆原馆长王连茂回忆："我们做完了船型，但没钱建陈列馆，

2001 年 7 月 17 日，习近平在福州会见以索马里驻华大使穆罕默德·赛德为团长的伊斯兰国家使节团

就向当时的习省长写了一份报告。"

2000 年 8 月，习近平得知情况后，立即作出批示："福建是中国古代造船中心，泉州是中国古代海上丝绸之路的起点，在福建泉州海交馆筹建古代船舶发展史陈列馆是适合的，有特色，有意义，也有基础和基本条件。"在批示结尾，习近平叮嘱："尽快形成报告，报我审批。"

落实习近平批示，福建有关部门迅速协商解决建馆所需资金。很快，展厅改造与陈列所需的 320 万元经费全部落实。

2001 年 4 月 18 日至 20 日，习近平到泉州调研。在考察泉州海交馆的中国古代船舶发展史陈列馆的建设时，他说，在"海上丝绸之路"时代，泉州同阿拉伯国家有过非常密切的交往，又保存着十分丰富的文物史迹，建立这样一个陈列馆意义重大，"像这种有特色、有意义的项目应该大力支持"。

当年夏天，福建举办"海上丝绸之路"民俗文化活动。7 月 17 日，习近平在福州会见了以索马里驻华大使穆罕默德·赛德为团长的伊斯兰国家使节团一行。

习近平对客人的来访表示热烈欢迎。他说，福建省对外交往的历史源远流长，泉州作为古代中国海上丝绸之路的起点，曾是各国商贾云集之地。相信各位大使通过参加这次在泉州举办的海上丝绸之路民俗文化活动，可以参观伊斯兰文化史迹，感受当地伊斯兰文化氛围，增进对泉州市以及福建人民的了解，"希望通过类似的文化交流活动，增进双方的沟通与交流，促进双方经贸合作与发展"。

次日，位于泉州海交馆的中国古代船舶发展史陈列馆正式开放，成为我国首个全面展示海洋大国舟船历史、独特成就以及对人类造船技术发展的伟大贡献的陈列馆。

为了更好讲述泉州宋元繁盛时期的阿拉伯与波斯人的故事，泉州海交馆积极联系各方友好人士，聚集更多力量，筹建伊斯兰文化馆。

阿曼、沙特阿拉伯和摩洛哥等国家及其他阿拉伯国家驻华使团纷纷为泉州海交馆捐资、捐赠藏品，希望和中国政府共建中阿友好往来的展示窗口。

泉州海外交通史博物馆成为讲述海上丝绸之路故事的重要窗口，每一场外展都让更多的观众领略了悠久而灿烂的中华海洋文明。在"一带一路"倡议提出后，年均有两场以上的展览赴境外展出，与海丝沿线国家交流，目前足迹已遍及美洲、欧洲、亚洲和非洲等地。

四

福建是著名侨乡，昔日众多闽籍乡亲正是沿着海上丝绸之路走向世界。旅居海外的 1580 多万闽籍华侨华人中，80% 集中在东南亚；而东盟国家 2000 多万华侨华人中，有近 1000 万人祖籍福建。东南亚成为海外闽商最早的创业基地，也是福建人漂洋过海创造财富最集中的地方。一大批海外闽商热心桑梓，为两地经贸文化往来积极牵线搭桥。

福州自古以来就是中国与东南亚各地交往的著名港口，遗存着厚重的海丝历史印记和文化积淀。

明朝永乐年间，一支规模巨大的船队从福州长乐太平港扬帆出海。这支由明朝永乐皇帝派遣，由郑和统率的船队，在此后的 28 年间，七下西洋，出访了东南亚、南亚、西亚，远至阿拉伯地区和东非，历经 30 多个国家和地区，史称"郑和下西洋"，创造了世界航海史上的空前壮举。

循着海上丝绸之路的印记，福州开海兴榕、以海强市，经略海洋由来已久。改革开放后，福州成为中国首批对外开放沿海港口城市。

20 世纪 90 年代，习近平到任福州后，提出建设"海上福州"的战略构想，发出"向海洋进军"的宣言，在扩大对外开放中积极推行"引进来"和"走出去"。

对外开放政策的推行，掀起了华人华侨返乡投资热潮。任福州市委书记期间，习近平曾多次率代表团前往东南亚国家访问。除了经贸活动，他还特别注重人文交流活动。

作为随行人员，时任福州市副市长龚雄对其中两次印象最深。

一次是 1992 年 5 月，赴新加坡和马来西亚的吉隆坡、马六甲、古晋、诗巫等城市进行经贸考察。每到一处，习近平都详细介绍福州市的投资环境和进一步扩大开放的设想，探讨经贸合作的可能，受到了当地政府官员、华人社团和著名企业家的热烈欢迎，广泛联络了海外乡亲，也扩大了福州对外宣传。

马来西亚马六甲，有一座中国式古庙——三宝庙，其历史跟郑和（小字"三保"，也称"三宝"）下西洋相关，成为中马两国人民友好交往的见证。马来西亚沙捞越州诗巫，也称"新福州"，1900年，闽清举人黄乃裳率千人到诗巫进行大规模垦荒活动，经过百年发展，诗巫成为马来西亚沙捞越州的第三大城市。那里的福州十邑移民及其后裔，讲福州话、过福州传统民间节日，生活习惯一如在故土。

另一次是 1993 年 4 月的新加坡、泰国、印尼之行。在印尼，习近平一行同当地侨联、同乡会等广泛接触，筹集基础设施大项目的建设资金等。印尼华人首富林绍良和华侨林文镜陪同代表团一起，去印尼爪哇岛中爪哇省的商港和首府三宝垄参观。这座城市的名字，同样来源于郑和。郑和于明永乐年间抵爪哇岛中部的海港登陆上岸，开展和平贸易，进行友好交往。后来，当地人为纪念他，就把他首次登陆的地方叫作三宝垄，并建了庙宇，立起郑和塑像祭祀。

马六甲、诗巫、三宝垄……尽管时光飞逝，但历史与现实的呼应始终没有隔断。

"参观时，习近平很感兴趣，也很感慨。他说，这些遗迹、传说和习俗，都反映了海外赤子对华夏的深情和热爱，也显示了当地人民对来自中国的友好使者的怀念和崇敬。"龚雄回忆，"我想，在闽工作期间出访东南亚，与海外华人华侨交流交往的经历，必定让习近平更加深刻体会到海上丝绸之路的力量！"

五

郑和下西洋，被后人广为传颂。事实上，从福建走出的航海专业技术天才王景弘，对郑和下西洋的成功起到至关重要的作用。当年，福建制造的海船，是郑和下西洋的主力船。船队首先考虑从福建选拔航海技术人员。

王景弘出生于福建省漳州府宁洋县集宁里（今属龙岩漳平市）。

明永乐三年（1405年），他任郑和的副使，出使西洋，以后郑和第二、三、七次下西洋也都同行。王景弘担任航海技术方面的统领，与郑和一起指挥庞大的船队，在复杂的海洋环境中，开辟了海上丝绸之路。

郑和第七次下西洋途中在印度古里病逝后，王景弘一肩挑起重担，完成了第七次下西洋的任务。宣德九年（1434年），王景弘船队又出使苏门答腊，在返航途中，踏上台湾宝岛，遵照旨意，"安民告示""关爱同胞"。

长期以来，由于历史资料欠缺等因素，航海家王景弘的史迹得不到应有的重视和研究。在社会各界和王氏家族帮助下，张永和与龙岩语文高级教师王笑芳历经十余年研究，联合撰写40万字的《王景弘传》，于2019年3月出版，再现了这段并不为国人所熟识的历史。张永和说："这本传记，实际上是习近平同志当年在福建工作时，鼓励我创作的。"

张永和1941年8月出生于印尼，是归国华侨，1960年春回到祖国定居。他对当年与习近平的"布衣之交"，历历在目。

1998年，张永和当选福建省第九届人大代表。他印象很深，每年省两会，习近平在下组讨论时，总是与代表们亲切交谈。"当年习省长到龙岩代表团参加讨论时，跟我们说加快龙岩老区的发展，要做的工作很多，要让世界了解龙岩，也让龙岩了解世界。"

得知张永和是归侨，对东南亚一带了解较多，习近平特别嘱咐他多多反映一些海外特别是东南亚国家的信息。

2002年春，张永和重点收集了王景弘当年跟郑和下西洋开拓海上丝绸之路的材料，以及景弘岛、文莱首都王景弘总兵路、海外多处修建的纪念王景弘的庙宇等相关资料，一并寄给习近平。

习近平收到后，于 2002 年 4 月 19 日亲笔回信。信中说："来信收悉，附寄报纸上的文章已阅，非常感谢你为宣传福建所做的工作。希望你今后继续发挥与东南亚联系较多的优势，多提供一些有价值的信息和建议，多做一些宣传、推介福建的工作。"

张永和很受鼓舞。随后不久，张永和到福州开会，交谈中提到王景弘，习近平鼓励他写传记。张永和有些犹豫，认为王景弘的资料很缺，写成书比较困难。"习近平同志说，王景弘是我们福建的乡贤，为开拓海上丝绸之路作出很大贡献，大有文章可作。他鼓励我要知难而上。"省政协也高度重视王景弘的研究，先后两次在龙岩召开王景弘研讨会。

六

海纳百川，有容乃大。

习近平亲自引领，主导推动得海洋文明风气之先的福建不断扩大开放，加强对外经济文化交流，也见证了福建人民与多国人民的诚挚友谊。

2015 年 5 月 23 日，中国国家主席习近平在中日友好交流大会上特别提到："我在福建省工作时，就知道 17 世纪中国名僧隐元大师东渡日本的故事。在日本期间，隐元大师不仅传播了佛学经义，还带去了先进文化和科学技术，对日本江户时期经济社会发展产生了重要影响。2009 年，我访问日本时，到访了北九州等地，直接体会到了两国人民割舍不断的文化渊源和历史联系。"

他说:"中日一衣带水,2000 多年来,和平友好是两国人民心中的主旋律,两国人民互学互鉴,促进了各自发展,也为人类文明进步作出了重要贡献。"

这番话让世界将目光聚焦到了隐元大师东渡前修行之所——福建福清黄檗山万福寺。

明朝崇祯十年(1637 年)十月至南明永历八年(1654 年,即清顺治十一年)五月之间,祖籍福清的隐元禅师住持并振兴了福清黄檗山万福禅寺,开出临济宗黄檗派。

1654 年 6 月,他东渡长崎,随后创建京都黄檗山万福寺,成立黄檗宗。隐元禅师以他的思想和禅法让日本上下充分吸收了中华文化精髓,助力江户时期日本社会质的飞跃。日本也将这一时期以隐元禅师为代表的东渐日本的华夏文化统称为黄檗文化。

习近平高度评价黄檗文化和隐元禅师的贡献,称其不仅是文化的使者,也是文明的使者、友好的使者,在当代继续发挥着不可替代的作用。

1997 年 6 月,时任福建省委副书记习近平到黄檗山万福寺调研。"习近平很了解佛教,对黄檗山万福寺与他工作过的河北正定临济寺之间的法脉渊源,隐元禅师在中日友好交往中的历史地位,他都熟稔于心。"万福寺住持戒文回忆说,"他鼓励我们要在中日文化交流中继续发挥桥梁纽带作用。"

2019 年 10 月 11 日,习近平主席应邀到印度南端的泰米尔纳德邦金奈会见印度总理莫迪。他说,中印都是拥有几千年历史的文明古国,交流互鉴绵延至今。泰米尔纳德邦自古同中国海上贸易联系密切,是古丝绸之路的海上货物中转站。

习近平提出，支持中国福建省和泰米尔纳德邦、泉州市和金奈城建立友好省城关系，谱写海上丝绸之路新篇章。

在福建工作的经历，让习近平对泉州与金奈悠久的经贸文化交流历史了然于胸。

正是沿着海上丝绸之路，宋元时期的印度泰米尔商人来到"东方第一大港"泉州，并将印度教带到这里。泉州历史上的印度教寺庙——番佛寺在元末因战乱坍塌后，大部分建筑构件流入民间，有的成为其他寺庙用来维修的构件。泉州成了中国唯一留有印度教寺庙遗存的城市，近300方印度教寺庙建筑构件，见证了两国悠久的贸易往来和文化交往，也见证了泉州与金奈的友好渊源。

泉州开元寺大雄宝殿后廊，有一对南印度朱罗时期常见的石柱，柱上雕刻着毗湿奴及其化身的神话故事，配以八幅中国吉祥图。石柱、石雕，无声印证着中印文化在宋元时期相互融合、和谐共存的往昔，也默默见证着今天海上丝绸之路正汇入新的历史长河……

十五、党是领导我们
事业的核心力量

牢牢把握思想"脉搏"

一

1988 年 6 月，习近平就任宁德地委书记。

作为地方党委"一把手"，习近平以一场系统、全面、持续一个多月的深入调研作为工作开局。

7 月初，调研从宁德地区西南部的古田开始，从山区到沿海，九个县，一个县一个县地跑，跑完一圈，最后到达宁德城区时，已是 8 月初。

每到一个县，习近平都会翻阅县志，了解县情，走村进企入户，问计于民。用脚步丈量实情，和基层干群面对面交流，习近平对闽东区情县情及发展现状，从面到点，有了更加深入的了解；对闽东干部群众的思想观念，感受也更加深刻。相比现实困境，思想藩篱亟待破除。

各级干部思想不统一、观念有局限。调研所到之处，县镇干部言必称贫；因经济落后，宁德干部到省里开会坐后排，发言经常轮不到，信心不足；到上级部门争取支持，经常坐冷板凳、吃闭门羹，干事创业提不起精气神；由于宏观环境和个别案件的影响，意志消沉，内心想发展，但行动上保守不太敢闯。

欲事立，须是心立。闽东要发展，思想必须解放。

调研中，每到一个地方，习近平都注重通过辩证唯物主义的思想方法，引领干群廓清思想迷雾，澄清模糊认识，排除各种干扰，把思想统一到抓发展、促脱贫上来。

屏南，是此次调研的第二站。

"屏南屏南，又贫又难"，无论是走乡镇，还是听汇报，这句当地俗语，频频萦绕在习近平的耳边。

"屏南屏南，观念一变就不难。"在总结座谈会上，习近平说，屏南虽然现在经济不发达，但要看到它是大有潜力、大有希望的，多讲振奋人心、鼓舞士气的话，不能自己把自己看扁了。

在寿宁，习近平鼓励当地干部要学习焦裕禄无私奉献、艰苦奋斗的精神，并提出寿宁不要单纯追求增长速度，不要一刀切地发展工业，而是要大力发展大农业，做好"半县香菇半县茶"这篇文章。

在福鼎，习近平到温州看了三个县后指出，对外要开放，对内也可以开放。福鼎要打开边界，发展边贸，把温州的资金、技术、人力引进来。

……

这次调研，既是问计于民、寻求发展思路，也是凝聚共识、提振精气神。

"地方贫困，观念不能'贫困'。"在《弱鸟如何先飞——闽东九县调查随感》中，习近平对此有着专门的论述："安贫乐道"，"穷自在"，"等、靠、要"，怨天尤人，等等，这些观念全应在扫荡之列。弱鸟可望先飞，至贫可能先富，但能否实现"先飞""先富"，首先要看我们的头脑里有无这种意识。

习近平认为，闽东要发展，当务之急就是党员、干部、群众都要来一个思想解放，观念更新，四面八方去讲一讲"弱鸟可望先飞，至贫可能先富"的辩证法，跳出老框框看问题，振奋干群精神。

九个县跑下来，习近平作了一次全面总结。在地委工作会议上，习近平讲话不到一个小时。

话不长，很提气。习近平提出，宁德的发展，要立足实际，不要有超过现实的思想，更不能心急，要有"滴水穿石"的精神，拿出锲而不舍的干劲。要一步一个脚印做事情，久久为功，而不是急于求成。还要树立"弱鸟先飞"的意识，虽然困难很多，但还有很多优势，可以先飞，也可以高飞、可以快飞，思想上、精神上要有自信和准备，观念上必须更新。

"他的这次讲话在闽东吹响了思想大解放的号角。"全程参与调研的时任宁德地委副书记、行署专员陈增光说，这在闽东历史上是没有过的。"他的讲话让闽东干部眼前一亮。整个地区各级干部的情绪和积极性都被调动起来了。"

"弱鸟先飞"的意识，加上"滴水穿石"的精神，凝成了"不耻落后，意气奋发，放胆开拓，争先创优"的闽东风格。

闽东干部精神面貌为之一振。

二

把方向、管大局、保落实，是地方党委的重要作用。

在时任宁德地委委员兼秘书长李育兴眼中，年轻的习近平具有高瞻远瞩的战略思维，往往能够在务实的基础上把眼光放长远，以大气魄、大胸怀来规划全局。

山区小县柘荣，新中国成立后曾两次撤县，又两次复县，基础设施建设和经济社会事业都比较薄弱。1987 年全县工农业总产值才 8000 多万元，素有"省尾"县之称。

1988 年下半年，习近平到柘荣检查工作。

在察看濒临破产的覆铜板厂时，习近平提出一定要想方设法采取措施，"死马当作活马医"。

当时，全国正在进行治理整顿。这场针对经济过热、货币超发、固定资产投资规模与国力不相适应等现象的宏观调控，让当时经济不发达的闽东，感受到了压力。

现有企业要"关停并转"，原计划的大项目不敢上。当时干部群众颇多议论，认为宁德虽然地处福建沿海，但由于种种原因没能赶上经济大发展的"末班车"，现在上项目又碰上政策"收"了，因此感叹生不逢时。

"闽东人民太想富起来了，对修建温福铁路、开发三都澳、建设中心城市的'三大目标'抱有热切期望。但碰上国家治理整顿，项目上不了，大家有点泄气，认为'没有希望，做不了事'。"时任福建日报社宁德记者站站长卓新德回忆说，这种"生不逢时"论，在当时的闽东颇具代表性。

对此，习近平提出的一个创见，让很多党员干部内心深受触动。

"治理整顿是一次新的发展机遇。"习近平认为，中央提出治理整顿，不是不要发展，而是要纠正盲目发展，要在加强宏观调控的基础上实现综合平衡，而不是急于求成，什么都干。

习近平进而指出，柘荣本来就没多少企业，效益也不大好，如若大部分砍掉，拿什么来带领群众摆脱贫困？

"这是一种'向死而生'的勇气"，时任柘荣县委书记钟安领悟到，治理整顿的目的就是要实事求是地找出企业效益不好的原因，逐个分析，对症下药，而不是简单地大砍大削。习近平的话，是要求深入把握企业发展前景和优势，结合国家需要做适当调整，千方百计把经济搞上去。

1988 年 10 月，在接受《经济日报》采访时，基于"治理整顿向我们提供了新机遇"的宏观把握和认识，习近平更深一层谈到了具体发展思路。

"宁德地区主要是山区，工业基础差，但农业不差，可以说是念'山海经'、发展大农业的好地方。目前中央抓降温消肿，强调全党全国都要重视农业，加强农业，政策会对我们发展农业体现倾斜；所以，对我们这个地区的发展是个新机遇。"习近平说，宁德的发展战略总体还是以发展农业为主，充分开发山海资源，先把农业这个基础培养起来，使广大农民通过发展现代大农业脱贫致富，进行基本的积累，稳步发展适合当地条件的生产体系。

三

调研中，习近平发现了几个靠发展现代农业、特色农业脱贫致富的农民典型。其中包括："三灾六难"中奋起的柘荣县五蒲村党支部书记郑帮德，造林 1200 亩、绿了荒山白了头的周宁县农民黄振芳，大胆发展茶产业、带领村民致富的福安县坦洋村党支部书记刘少如，身残志不残、无私传授技术带动群众脱贫致富的屏南县农民杨声球等。

于是，举办一场形势报告会的想法开始在习近平心中酝酿。

"能否把农村改革开放中涌现出来的先进人物、先进典型请来，给干部们做一场报告？"卓新德回忆说，习近平曾和他多次探讨。

1989年春节刚过，习近平就把地委办、地委宣传部负责人叫到办公室，部署此事：题目就叫"话改革，讲形势"；主题就围绕"一个中心、两个基本点"，突出改革；原则上一县一个人，形式就是现身说法，用自己的话讲述自身经历。

之后，从策划立意到形式创新，从报告人选到发言内容，习近平全程把关。

2月23日8时30分，宁德地委行署六楼会议厅，"宁德地区农民'话改革，讲形势'报告会"准时开始。

主席台上，八名农民代表和习近平、分管农业的行署副专员吴增德、宁德地区人大工委主任吴敦诚并排就座。台下，是宁德地委副科级以上的干部。

通过亲身经历，农民代表生动地讲述了脱贫致富的经历及改革开放十年间的乡村巨变。

刘少如第一个发言。他讲述了坦洋村通过发挥党支部战斗堡垒作用，十年间从过去一个穷得叮当响的山村，变成全县首富村、省级文明村，改变了一代坦洋人命运的奋斗历程。

掌声未落，习近平即兴点评道：坦洋的经验说明一个道理，改革要担风险，创业要有带头人。

习近平对每个人的发言都作了点评。黄振芳第二个讲完，习近平点评他是"承包造林的大户，绿化荒山的模范"。对于林银德的事迹，习近平点评说：闽东改革要念好山海经，海上大有文章可做。听完林永安的报告，习近平说他注重看书学习，重视科技，"发挥科技作用，对农民脱贫致富是很重要的"。

杨声球最后一个发言。受其感染，习近平接过话筒说，杨声球身残志坚，为山区发展商品生产作出了很大贡献。一个残疾人作出这么大的成绩，生动地体现了党的十一届三中全会以来的路线、方针、政策的无比威力。

精彩感人的事迹、通俗生动的语言，引得台下掌声阵阵。

报告会 10 时 30 分结束。习近平又参加了随后召开的座谈会，倾听八位农民代表讲述遇到的困难和问题。座谈会结束已到中午，习近平召集大家到行署办公楼前合影留念。

习近平把八名农民朋友请到第一排就座，他的左边是杨声球、黄振芳、陈庆贤、刘少如，右边是林银德、林永安、池仁贤、郑帮德；主持报告会的吴增德坐在左边四位农民当中，吴敦诚坐在右边四位农民当中；其他领导干部站在后面两排。

报告会在闽东反响热烈。2 月 25 日，《福建日报》头版以《山鸡飞上凤凰台》为题报道了这场报告会。报道中写道："农民代表用一村、一户、一人的变化，赞颂了十年来改革政策的伟大胜利，受到了干部的热烈欢迎。他们说，农民是这十年改革的实践者和创造者，他们感受最深，最有发言权，听了叫人精神振奋。"

这场别开生面的报告会，至今还为闽东人津津乐道。

四

20世纪八九十年代，商品经济如春芽萌动，一些地方出现抓党建、抓发展"两张皮"现象。

习近平抓党建，紧紧围绕经济建设这个中心，突出党建引领，一竿子插到底，真正做到"两手抓""两手都硬"。

有一次，习近平到一个乡调研。乡政府的墙壁上，挂满了各种锦旗，唯独看不见经济建设这面锦旗。

项南在习近平所著的《摆脱贫困》的序中写道："他（习近平）认为能得锦旗当然是件好事，但决不可各吹各的号，各唱各的调，主次不分，抓不住中心。"习近平主张要集中各方力量，充分发挥宁德的山海优势，来个"经济大合唱"，而不可另立第二个中心，更不能搞多个中心。坚持"一个中心、两个基本点"的路线，什么时候都不能有丝毫的动摇。

1978年12月召开的党的十一届三中全会，明确提出要把党的工作重点转移到经济建设上来。然而十年过去了，不少党员干部碰到具体问题依然"睫在眼前犹不见"，主次颠倒。乡镇干部也反映非经济工作牵扯了大部分精力。

对此，闽东首次调研后的总结会上，习近平就明确提出，各县的五套班子都要围绕经济建设来做好本部门的工作，要搞"经济大合唱"。乡镇干部的主要精力、时间只能用在经济工作实践上。

摆脱贫困，是习近平在宁德的工作着力点，也是他加强党的建设的出发点。

习近平指出，农村党组织要带领广大农民群众投身于发展商品经济的事业中，创造物质文明和精神文明，走共同脱贫致富的道路。这是党组织一切工作的主旋律，农村党组织的思想建设、组织建设、制度建设都应当围绕着这个主旋律来"弹钢琴"。

心往一处想，劲才能往一处使。为了把干部思想统一到发展上来，习近平在闽东开创了一种思想理论学习的新形式。

屏南仙山牧场，海拔 800 多米，山高地远，只有一条狭窄的山间小道通往外面，很少有领导干部去过。

1989 年 8 月底，主政宁德刚一年多点儿，习近平就打破常规，率地委、行署班子成员，各县（市）委书记及地直机关部门负责人，专门来到这里，举办一期地委学习中心组读书班。

盛夏的仙山牧场，酷暑难耐，大家走得大汗淋漓。

实地看到百姓肩挑手提运送农产品，亲身感受大山深处百姓的艰苦生活，干部们顿时感到肩上的责任十分沉重，上了一堂加快发展的"现场课"。

在偏远的大山里，干部们平心静气、认真学习。围绕落实党的十三届四中全会精神，就如何加强党的领导、带领闽东人民摆脱贫困，互相交流、碰撞思想，大家有了很大启发。

"各级领导干部要以求实、求真、求深的精神，抓好思想理论建设，带头学好、用好马列主义，真正掌握理论武器。"读书班小结时，习近平提醒大家，我们的工作比较繁忙，真正脱产学习的机会很少。所以，我们应当有一种雷锋的"钉子"精神，挤时间学习，争分夺秒学习。要虚心向书本学习，虚心向实践学习。

五

习近平提出，注重发挥党校"三个阵地、一个熔炉"①的作用，提高领导干部和党员素质。

1990年6月，习近平到任福州不久，就在福州市委党校第三期领导干部进修班开学式上说："一个干部政治立场的坚定性，来自于理想信念的坚定性，而理想信念的坚定性光靠朴素的阶级感情是不够的，还要靠干部的马克思主义理论修养来支撑。""如果我们党和国家的各级领导干部中，有相当一批真正学会并运用马列主义的人，就能大大提高党的战斗力，使我们国家经受住任何惊涛骇浪的考验，沿着社会主义道路奋勇前进。"

在习近平的直接推动下，围绕思想教育这个中心环节，福州市委成立了"干部培训领导小组"，建立了定期研究干训工作的联席会议制度，先后制定《1991—1995年福州市干部培训计划》《1992—1996年青年干部培训规划》《福州市青年干部政治理论培训教学计划》等，同时把干部的教育培训列入年度工作目标责任制和年终检查、评比，分层次、有重点地引导干部联系实际进行党性、党纪和党员标准再教育。1990年至1995年，福州市共培训各类干部九万人次。

习近平认为"思想教育既要抓深化，又要抓普遍教育"，坚持每个时期都突出抓好一个教育主题。他指出，要充分发挥市、县、乡三级党校的网络作用，抓好各级党员干部的培训、轮训工作。

---

① 即学习研究宣传马克思列宁主义、毛泽东思想、邓小平建设有中国特色社会主义理论的重要阵地和干部增强党性锻炼的熔炉。

1991年，福州所有的乡镇（街道）都成立了基层党校。他强调，各级党委要"充分利用县、乡党校这一阵地"，"县级的党校年内把党支部书记轮训一遍，乡镇党校年内要把党员轮训一遍"。

1990年11月24日上午，习近平率先到福州市委党校，向近200名参加第五期领导干部进修班、第三期党务干部培训班、90级理论大专班学员和党校教职工作专题授课。在习近平的倡议下，福州市委作出决定：市委常委、副市长都要到市委党校讲课。

1992年2月，时任福州市委书记习近平兼任福州市委党校校长。在此期间，习近平多次主持召开市委常委会研究党校工作，带领相关部门及分管领导到党校现场办公，指导工作，改善办学条件，解决实际问题，学校软硬件都得到很大提升。

1993年3月18日，在福州市委党校建校40周年庆祝大会上，习近平说："党校是党委抓党建的一个重要部门，肩负着教育党员、培养干部的特殊使命。全党都要关心、支持党校建设，共同把市委党校工作推上新台阶。"在他的推动下，福州市形成了各有关部门"共建党校"的工作机制。

20世纪90年代初，教工住房紧张成为福州市委党校面临的突出问题，一座住着34户教工的宿舍出现裂痕，成为危房。对此，1992年7月、1993年1月习近平两次作出批示，落实解决。"经过一年多的努力，改建了危房，住房从原来的34套扩展到38套，还另外增加了离退休人员活动室和车库各一间。"时任福州市委党校常务副校长缪慈潮回忆说，市财政随后拨款180万元，加上教工的部分集资款，学校又购置了30套教工住房，终于完成这一安居工程。

到省里工作后，习近平先后17次到福建省委党校调研、授课、作报告。

2002 年 4 月 24 日下午，习近平到福建省委党校作经济形势报告，就福建经济社会发展基本概况与现代化进程的全国比较、当前国内外经济形势和福建面临的发展契机、今后福建的发展思路和当前的工作重点这三大问题，进行了深入的阐述和分析。习近平指出，进入新世纪，国际国内经济形势发生了深刻变化，这既带来了新的机遇，也面临新的挑战。"致安之本，惟在得人"，推进改革开放和现代化建设，需要造就一支高素质的干部队伍。他强调，全省各级党政领导机关，肩负着福建省发展的历史重任，必须进一步加强学习，不断提高自身素质，以更好地适应时代要求。

"廉不诉穷勤不诉苦，公而忘私乐而忘忧。"报告的最后，习近平用这句话与在党校学习的各级党政干部共勉。习近平说："要把学习掌握的科学理论和知识，用于认识我国的基本国情和我省省情，用于指导实践，创造性地开展工作，更好地推动各项事业的发展，创造出无愧于我们这个时代的光辉业绩。"

2010 年 9 月 4 日，时任中共中央政治局常委、中央书记处书记、国家副主席、中央党校校长习近平到福建调研时，特地来到福建省委党校。

看到从中巴车上走下来的熟悉身影，时任福建省委党校常务副校长吴玉辉想起了一年前的邀约。

2009 年 5 月 13 日，习近平到中央党校出席春季班开学典礼。当时，吴玉辉正在中央党校第 52 期地厅级干部进修班学习。

习近平与学员合影留念后，现场与吴玉辉亲切交谈，关心福建省委党校的建设情况。吴玉辉说："您在福建工作时，非常关心省委党校的建设，党校的教职员工都很想念您。您如果有到福建，再来党校看一看。"

"好！"习近平说。

一诺千金。那天，习近平在福建省委党校综合楼一楼长廊观看了建校 60 周年的展览。他边走边看，不时停下脚步。

"在培训干部过程中，我们注重加强学员的党性教育，经常组织学员到古田会议会址、谷文昌纪念馆现场教学，注重发挥革命传统和红色资源的教育作用。"吴玉辉汇报说。

"很好！"习近平频频点头。

随后，习近平来到综合楼 13 层的教室。雷弯山教授正在给第 39 期中青班学员讲授《马克思主义理论与方法》。

看到习近平走进教室，学员们激动地站了起来。

"福建省委党校是我关心的地方。"面对学员，习近平说，党校是一个很重要的党建工作阵地，现在开展教育、培训、研究工作，都需要把党校这个基地建设好。

"要把锤炼党性作为党校教学的一个重点和基本点来把握。"习近平说，"党校一定要把党性教育这一课上好，把党校学员的党性锻炼认真抓好，这是党校姓党的一个重要方面。党校现在有很多的改革，很多的创新，但是无论怎么改、怎么创，党性教育这个基本点一定要把握住。"

习近平强调："学员到党校学习，要树立马克思主义的理想信念，要加强马克思列宁主义、毛泽东思想、中国特色社会主义理论体系的学习，中国特色社会主义理论体系就是当代中国的马克思主义。我们要了解马克思主义理论体系的内在传承关系。要把握好它的源，它的本。"他还叮嘱说："中央党校、地方党校要互相交流，共同研究怎么使我们的教学科研更能适应党建的需要。"

即将离开，习近平和在旁边的老教师、行政人员——握手，并主动招呼大家合影留念。

把堡垒建在基层

—

1990 年 5 月 4 日，细雨蒙蒙。调任福州市委书记的习近平，来到宁德地区福安基层党建联系点——赛岐铁合金厂、坂中畲族乡、社口乡坦洋村，"基层话交接"。

"习近平很重视党建联系点的建设。"时任福安县委书记李育兴记得，习近平挂钩的三个联系点都成为基层党建先进典型，在1990 年宁德地委工作会议上还做了经验介绍，反响很好。

早晨，习近平一行首站来到赛岐铁合金厂。座谈会上，茶浓情亦浓。

"我们厂今天取得的成绩都有您的一份辛劳，一份汗水。听说您要离开闽东了，我们从心里舍不得。千言万语化成一句话：厂里的全体职工感谢您。"厂领导介绍了这几年习近平挂钩后给厂子发展带来的变化，副厂长和其他骨干人员也谈了习近平帮助解决厂里具体问题的事例，一桩桩、一件件，非常详细。

喜闻赛岐铁合金厂被列为全国冶金行业重点企业，习近平叮嘱要进一步抓好企业党建工作，力争生产上新台阶。

第二站，来到坂中畲族乡，这里脱贫工作开了好头，已呈现"绿竹丛丛富春翠，农舍簇簇新砖红"的景象。得知习近平要离开宁德，畲族乡群众特意泡了一壶清茶，依依惜别。

第三站，是坦洋村，坦洋工夫红茶的发源地。"青山不老，绿水长流，喝过坦洋工夫茶，人走情常在。"离别在即，习近平情深意切的话语，令在场的干部群众无不动容。

这是他两年内第四次来到坦洋。第一次来坦洋，是 1988 年的夏天，那天也下着小雨。

对坦洋村的情况做了详细了解后，习近平提出，农民要想脱贫致富，必须有个好支部；农村奔小康，党组织要真正能站到"前台"，真正能居于"第一线"。坦洋的党员干部要带头打破"祖宗山"，大力发展特色茶产业。他还说，经济搞上去了，党员的理想信念、先锋模范作用，都只能强化，不能削弱。

习近平的话，坦洋村的党员干部一直铭记在心。坦洋村后来也成了习近平的农村党建联系点。经过持续努力，坦洋村党支部被评为"全国先进基层党组织"。

离开坦洋村，习近平一行到福安城关召开了座谈会，习近平作了讲话，特别强调了党建。他说，党的建设是关系成败、关系发展、关系人民群众幸福安康的关键，一定要紧紧围绕和依靠党的领导，推动更好发展。

对基层党建工作的思考，习近平在《摆脱贫困》里有深入的阐述。他在写于 1990 年 1 月题为《加强脱贫第一线的核心力量》的

1990 年 5 月 4 日，刚调任福州市委书记的习近平到宁德交接工作时，调研福安市社口乡坦洋工夫茶叶公司

文章中，开宗明义提出："党对农村的坚强领导，是使贫困的乡村走向富裕道路的最重要的保证。"

"要想脱贫致富，必须有个好支部。"习近平指出，农村脱贫致富的核心就是农村党组织，必须使广大农民群众从实践中得出这样的共识。

在福州工作期间，习近平尤为重视农村党建。他指出："县乡两级的工作重点一定要放在村里，只能放在村里，县乡领导要花主要精力抓好农村基层组织建设。"

1990 年 6 月，习近平到罗源、连江、长乐三县调研后指出，"上头千条线，下头一根针"，只有把基层组织建设好，我们的各项工作才能真正落到实处。否则，上级机关的工作就只能是自我循环式的空转，忙来忙去只是瞎忙。

1991 年 4 月 24 日，在福州市村级组织建设经验交流会上，习近平指出，抓基层、抓根本是我党的优良传统。在当前建设有中国特色的社会主义新时期，我们更应该发扬"扎根固本"的求实精神，各级各部门同心协力狠抓基础工作，狠抓村级组织建设。习近平要求，要突出加强党支部建设，全面实施"堡垒工程"计划，用三年时间，将全市村级组织建设提高到一个新的水平。自此，福州市"堡垒工程"计划启动，三年建设纲要正式实施。

习近平尤为重视抓住薄弱环节不放，要求抓好后进村的转化工作，"限期改变一部分基层党组织的软弱涣散状态"，"对软弱涣散、脱离群众、不起作用的支部，要通过'达标升级'等活动，采取有力措施，限期整改"。两年后，福州市一类支部占比从 52.8% 上升到 86.4%，三类支部占比从 8.37% 下降到 2.4%。

针对"部分村干部积极性不高，缺乏带领群众致富的责任心和真本事"，习近平指出，"要加强党支部建设，首先要加强支部的组织建设"，"选配能人当'领头雁'"，"注意把那些有理想，思想上坚定，执行党的路线方针政策坚决、廉洁奉公、不谋私利，有奉献精神，能带领群众勤劳致富、共同致富的优秀党员选拔担任党支部书记"。

在主政福州期间，习近平重视抓好村级后备干部的培养，"在全市建立一支6000名的村级后备干部队伍，做到每个村保持有2—3名的常数"。

二

党建工作，做实了就是生产力，做强了就是竞争力。在民营经济重镇泉州，这已成为企业家的共识。

而在20世纪八九十年代，很多民营企业家对党建工作还没有什么概念。

在省里工作期间，习近平曾七次到晋江调研，总结出至今依然有指导意义的"晋江经验"。调研中，习近平经常谈到党建的问题。

1998年8月26日，时任福建省委副书记习近平到晋江调研。其中一站是西滨镇最大的民营企业优兰发集团。

同晋江绝大多数企业一样，优兰发始于草根，最开始生产瓦楞纸，短短几年，迅速成为民企中的"大块头"。

当时，亚洲金融危机还在肆虐，国内不少行业受到冲击，并不景气。听说公司引进了当时国内最先进的设备，产品供不应求，基本没受金融危机影响，习近平表示满意。

"闽南企业家敢拼会赢，你们也不能满足，要不断地向前看，把最前沿的设备和技术引进来。"习近平说。

之后的问题则出乎董事长柯文托的预料："企业发展得这么好，有没有成立党组织？"

"还没有，不过公司有七八个员工是党员。"柯文托思考了一会儿回答道。

习近平调研后不久，优兰发就成立了党支部，2010 年升格为党委。

2000 年 6 月 27 日，习近平到晋江凤竹公司调研时，详细了解了凤竹公司在党工团建设上的做法，听后十分肯定，叮嘱企业要把党建工作与企业管理有力融合起来。抓好党建促发展，成为凤竹公司管理层的共识。2001 年 7 月，凤竹公司成立党委。之后还陆续组建了民兵、科协等组织，形成了以党组织为领导核心、群团组织互相配合的党建工作格局。

之后，习近平又来到安海玩具同业公会调研。在展厅看完玩具的样品展示和现场测试后，习近平来到党员活动室。"目前，安海非公经济组织已有 5 个党总支，25 个支部。"时任安海商会会长吴景良汇报说。

当天下午，习近平在泉州参加民营企业家座谈会。围绕"如何使民营企业再上新台阶，继续持续健康发展"主题，12 名企业家代表畅所欲言。

彼时的泉州，得改革开放风气之先，民营经济取得长足发展。20 多年间，民营经济总产值年均递增 20％左右，其中"八五"期间年平均增长幅度高达 40% 左右，至 1999 年底，全市民营经济总产值达 1500 多亿元。充满生机和活力的民营经济，成为泉州经济的重要组成部分和重要经济增长点。

面对我国即将加入世贸组织的形势，习近平指出，民营企业提高整体素质，提升竞争力势在必行。习近平要求，各级党委要深刻认识加快民营经济组织党建工作的重要意义，加快企业党组织的组建步伐，扩大覆盖面，发挥企业党组织在职工中的政治核心作用。

把党的政治优势、组织优势、制度优势转化为企业的竞争优势、创新优势、健康发展优势。从 1984 年成立全国首个民营企业党支部，到全国率先推行民企"党建入章"、推动党建工作有效融入公司治理，泉州非公党建探索持续深入。2010 年，泉州实现了规模以上企业党组织全组建、规模以下企业党建工作全覆盖。

2010 年 9 月，习近平在福建调研视察时指出，泉州市是非公有制经济比较集中的地区，泉州在探索非公有制经济组织党的建设方面做了大量工作，积累了不少经验，希望继续坚持探索，努力把联系点办成非公有制经济党的建设示范点。

三

成立于 1952 年的福州市军门社区，位于老城区中心地带的东街商圈，毗邻著名的历史文化街区三坊七巷。

2014 年 11 月 1 日下午，军门社区的居民翘首以盼。他们在等待着一位重要客人的到来。

"总书记好！" 17 时 18 分，那个高大且熟悉的身影映入眼帘，人群一阵欢呼。

这是习近平第三次到军门社区调研。在社区三楼展厅，他特意走到"昔日纸褙军门前，今日文明一枝花"的木刻金字对联前，给大家介绍当初为什么要用"褙"这个字，并讲述了他第一次来军门社区时看到的情景。

那是 1991 年，时任福州市委书记习近平到军门社区调研。彼时军门社区只有十栋楼，600 多户居民。居委会还在安泰路边一间低矮的平房中办公，条件很简陋。与周边木板平房一样，十几平方米，三个人、两张办公桌，墙壁上都褙着报纸。

习近平问："你们有成立党支部吗？有几个党员？"

时任军门社区居委会主任林丹回答说："没有。居委会只有我一个党员，组织关系在东街街道居委会综合党支部。"

习近平要求今后要进一步加强支部建设，同时积极想办法改变居委会办公场所面貌。

1991 年下半年，军门社区成立了党支部。

20 世纪 80 年代末 90 年代初，伴随城市化进程加快，街居工作越来越繁重，所承担的工作范围已远超其原先在"纯民政体制"下被赋予的职能，街居的人权、事权、财权与工作实际严重脱节分离，街居建设体制机制亟待改革理顺。1990 年，就任福州市委书记不久的习近平察觉到这一问题，将街居工作列为"福州 1991 年工作思路"调查的一项重要内容。

经过调研，习近平作出了"街道是国家政权的基础，是城市基层政权的派出机构；居委会是城市的基石，是党和政府联系群众的桥梁和纽带"的判断，并明确提出，加强以街道为核心的城市基层组织建设是保证党的路线、方针、政策在城市贯彻落实的关键。

在此背景下，福州市开展街居体制改革试点，大力加强街居组织建设，鼓励有条件的居委会都要成立党支部。

1991 年 8 月，在福州市街居工作会议上，习近平提出，新时期街道工作的指导思想应该坚持党的基本路线，以加强基层党的建设和政权建设为着眼点，以经济建设为中心，以城市管理为重点，以街居工作为基础。

习近平坚持每年召开一次街居党建工作座谈会，对城区居委会党建工作进行一次全面检查，开展了创千万元街道、百万元居委会和辖区内单位党组织共建、联建活动，建成了全市首个社区服务中心。

针对当时居委会党组织覆盖不足的问题，习近平提出"街居基层党组织建设要积极创造条件，逐步实现一居一支部"。

截至 1993 年底，福州市城区 27 个街道、383 个居委会全部实现了"一居一支部"的目标。

针对当时街居工作人员人手不足、能力不够、待遇偏低等问题，习近平全面分析现状，提出不能简单地靠增加机构和人员编制来解决问题，关键还是要优化队伍结构，转变作风、改变工作方法。他指出，要坚持党要管党和从严治党的方针，加强班子建设，选好书记，配好干部，抓好培训、培养后备干部，要求街居党组织"建立起过硬的街居干部队伍，使我们每个干部都成为'地段通''里弄通'和居民的'贴心人'"。

1995 年 4 月，习近平陪同时任民政部部长多吉才让来到军门社区居委会调研。

这是习近平第二次来军门社区调研。彼时的居委会办公场所已搬至安泰中心，条件有了很大改善：社区党支部有了500多平方米的"根据地"，党支部活动有声有色，尤其是党建引领精神文明建设取得很大成效。习近平听后，高兴地写下了"昔日纸褙军门前，今日文明一枝花"的感言。

"20多年来，这14个字激励着社区每一位工作者。"社区党委书记林丹说。军门社区强化党建"龙头"作用，通过完善困难群众帮扶机制，着力在关注民生、服务群众上下功夫，设立党员服务站、居家养老服务站、小学生四点钟服务站，到2020年底，共荣获"全国先进基层党组织""全国文明单位"等荣誉称号170多项，其中国家级荣誉有22项。

当2014年11月1日习近平第三次来到军门社区时，社区的办公场所已经搬迁至一座五层楼房，社区党委下辖15个支部、18个党小组。目睹社区的巨大变化，习近平十分高兴，对社区以党建创新推动社会治理创新的做法给予充分肯定。

考察结束，习近平正要乘车离开，一只脚已经踏进车厢，看到车门边送行的林丹，他又收回脚步，叮嘱说："社区的党组织和党员干部天天同居民群众打交道，要多想想如何让群众生活和办事更方便一些，如何让群众表达诉求的渠道更畅通一些，如何让群众感觉更平安、更幸福一些，真正使千家万户切身感受到党和政府的温暖。"

2021年6月29日，在中国共产党成立100周年之际，习近平总书记亲自向林丹颁授了党内最高荣誉"七一勋章"。载誉归来，林丹说："我将牢记习近平总书记的殷切嘱托，继续按照'三个如何'重要指示的要求，做好为群众服务的每一件事。"

反腐败，讲廉政——我们别无选择

一

1988 年 6 月，习近平到宁德赴任。经过连续一个多月的调研摸底，对于闽东的问题、难题，习近平心里有了底。

调研中，不少群众反映了干部乱占地建房的问题：一些领导利用公权谋私利，批地，批"三材"（钢材、木材、水泥），一些干部多吃多占，占着机关好几套房子，新来的干部没有地方住。在宁德城关、塔山一带，有成片违规建房，一排排三四层小楼很显眼，干部为了一己私利，经营个人的安乐窝，更有甚者如福鼎等地，整条街都是干部利用特权盖的新房，群众索性取名"干部街"。

"群众一包、两包水泥都买不到，你能够拿这么多指标去建房，当然老百姓就有意见了。"时任宁德地委办政研室副主任李金煊感同身受。

群众的话，习近平放在心里，他发现郊区很多房子盖得跟小洋楼一样，每栋都不错，但是看上去很不规整。

这些房子都是谁盖的，有没有一些干部参与其中？习近平立即交给时任宁德县委书记陈修茂一项"秘密任务"，扒一扒这些房子的老底。

经过调查，陈修茂果然发现了问题。

"这些房子，一部分是农民盖的，一部分是干部的，还有些是籍贯在这里，但在其他地方任职的干部盖的。"陈修茂如实汇报。

"群众有没有反映？"习近平接着问。

"群众当然有反映了，别说老百姓的反映了，我们自己都很纳闷，这些干部怎么会有钱在这里盖房子？工资收入很低，每月只有100元上下，哪来这么多钱？"陈修茂也很纳闷，占地建一座房子，起码要几万元，建房标准与干部收入状况严重不相称。

经过大摸底，结果让人吃惊——

全地区处级和科级干部建私房的分别占同级干部的三分之一和四分之一，违纪违法建私房，侵占了良田耕地，占用国家专用"三材"指标；一些人建了私房还霸占公房，甚至买地卖地、建房卖房，搞"地倒""房倒"，从中牟取暴利；有的在建私房过程中利用手中之权索贿受贿，贪污挪用公款。

对此，闽东人称之为"马路边的腐败"。

二

那时，改革开放迎来第一个十年，成效在经济欠发达的闽东地区刚刚显现，当地一些干部纪律开始松懈，不正之风趁机冒头。

1988年底，习近平在研究1989年地区总体工作时，确定了加强党的建设、坚决惩治腐败、促进改革开放的方针。

12月30日，在全地区加强土地管理、整顿干部建房、查处干部建房中的违纪问题电话会议上，习近平对治理干部违法违纪占地建房问题进行了专门部署：

——"停"，从即日起先停下来，停止审批，停止施工。在这方面态度一定要坚决，不能含糊。对那些我行我素，置若罔闻，仍在审批或突击抢建、顶风冒犯的，要严肃查处。

——"清"，在停的基础上，各县、各部门要进行认真清查，弄清地皮、"三材"、资金来路，张榜公布。

——"理"，再分别情况作出处理。对违纪和以权谋私的，不仅要给予经济处罚，触犯刑律的还要依法制裁，以达到惩前毖后的目的。

随即，地区成立了清房领导小组，各县（市）和地直机关各口也成立了相应机构，抽调了大批干部，对全区占地盖房的干部进行全面清查。

动了真格，闽东上下震动。

当时，绝大多数干部群众表示支持，认为是时候狠刹干部队伍歪风。但也有人出面劝说地委领导，违规建房者有相当部分是科、处级干部，人际关系复杂，牵涉面广，难度大，有风险，暂时不抓为好。甚至有人还顶风抢建，有的隐瞒不报或弄虚作假、多建少报。

习近平请来了时任宁德地区纪委副书记张经喜，就问了三个简单问题：

"老百姓意见大不大？群众意见大不大？"

张经喜据实回答："大。"

"是不是当前影响积极性最大的问题？"

"是。"

"将近三百万人该得罪，还是这两三千人该得罪？"

"那当然是宁肯得罪这两三千人。"

习近平立即拍板:"那咱们就干,要干就干成,义无反顾,开弓没有回头箭。"

三

一些人不解,宁德这么贫困,不抓经济发展,一上来就刹风,挫伤了大家积极性。

1990年2月,习近平撰写了《廉政建设是共产党人的历史使命》一文,道出了初衷:"党内一小部分人的腐败问题确实已经到了难以容忍,不惩治不足以平民愤的地步。有一段时间曾流行'腐败不可避免论',有人认为改革开放必然会带来腐败现象。如果是这样——改革开放不是带来民心的振奋,而是民心的颓废;不是增强了党的凝聚力,而是带来民心的涣散——那决不是我们所要进行的改革开放。我们党的宗旨和社会主义制度的本质,都决定了我们不能容忍腐败现象的滋生和蔓延。我们的目标是:既要发展经济,又要廉洁的政府、清明的政风!"

因此,对于清房工作,习近平有自己的考量:联系闽东地区的实际,穷地区,穷家底,脱贫致富的任务非常艰巨,这就更需要我们讲廉政,以此团结和带领群众。

在习近平身边耳濡目染,李金煊深知此事的重要性:"不清房的话,宁德地区这么穷,干部不廉洁,后面脱贫致富谁来搞?就搞不起来!"

1989年1月,习近平召开了地委工作会议,进行了思想、组织总动员。一开会，他开门见山，决定突出肃清腐败现象在三个方面的表现，即干部违法违纪占地建房、以权承包工程和贪污受贿，并把严肃查处干部违法乱纪占地建房确定为惩治腐败的突破口，对惩治腐败的斗争作了全面的部署。

一向语气温和的习近平，厉声说道："利用职权占用公共用地，给自家盖房子，还怎么取信270万闽东人民？反腐败必然要涉及到具体的人，如果我们在一个人身上丧失原则，我们就会在几百万人心上失去信任！"

"这件事既是我们各级领导干部对人民、对子孙后代担负的义不容辞的责任，也是抓住当前群众意见的'热点'、解决我们廉政工作的一个重要内容。"习近平的话掷地有声，"反腐败，讲廉政——我们别无选择。"

大家还顾虑重重，普遍存在畏难情绪，习近平有的放矢，替大家卸下思想包袱："不错，占地盖房的干部确实不少，但对广大干部而言，他们是少数，对全区200多万群众而言，他们更是少数，只不过千分之一嘛！"

声轻语重，会场寂静无声。

紧接着，针对大家怕得罪人的错误认识，他进而提出了"谁得罪谁"的观点："这里有一个谁得罪谁的问题，你违纪违法占地盖房，为一己之私破坏了党的权威和形象，是你得罪了党，得罪了人民，得罪了党纪国法，而不是代表了党和人民利益查处你的干部得罪了你！"

"习近平同志讲话就是这样，看问题有辩证分析，话讲得又务实周到，三言两语，把道理讲透了。大家都爱听，有时开会时间拖延了一点，但是觉得有收获，每次他作报告，会场就很安静。"

习近平的讲话廓清了思想迷雾，为全地区清房工作进行了一场思想"总动员"。

四

随即，清房工作在全地区全面展开。

习近平对各个环节都倾注心力，亲自指挥，亲自推动。对于全区清房工作的每一阶段进展，每一次会议，每一个事项，都时时过问，一抓到底。

他强调，坚决整肃干部违法乱纪占地建房、以权承包工程和贪污受贿等腐败现象，要辅之以纪律和组织手段，恢复纪律刚性约束的本来含义，解决纪律执行失之偏宽的问题。

"眼睛要紧紧盯住全地区400多名处级干部的问题。"习近平强调，要敢碰硬，严肃查处，不能姑息。

在福鼎县，新规划的龙山开发区位置好，一些县领导在此营建安乐窝。其中，县人大常委会主任周某某利用职权换到建房开发地239平方米，相当于一般干部的近四倍；占用水产科研建设项目专用钢材指标两吨和建筑部门的水泥指标20多吨，少交地价款2879元；在未办理建房申报审批手续的情况下，擅自动工。

不过，这些"钉子户"职务高、资格老，不断干扰、抵制清房工作。敢不敢拆，福鼎群众都在盯着："党风好转不好转，关键要看'龙山'上。"

"福鼎清房工作涉及人员数量之多、职务之高，在整个地区都很少见，这场硬仗不仅是福鼎县清房工作的关键点，也是整个地区的焦点。"时任福建日报社宁德记者站站长卓新德印象深刻。

对此，地委、行署毫不手软：凡发现干扰、抵制清房工作的"钉子户"，不管职务多高、资格多老都要坚决拔除，处级以上的"钉子户"，由地区派调查组调查，一经查实问题，一律严肃惩处。

最终，这些"钉子户"被拔除，福鼎县两名正处级干部和13名副处级干部被处理。截至1990年底，全地区共清退公房1982户，清退面积88411平方米。全地区共查结违法违纪占地建房干部3782人，其中处级99人，科级476人，给予经济处罚3446人，收回补罚款198.03万元。宁德群众无不为这次查处干部占地盖房拍手称好："惩治腐败是真干了！"

时任宁德地区纪委副书记张经喜回想起这次清房工作，他一口气说了五个"非常"："态度非常坚决，决心非常坚定，力度非常大，实效非常好，群众非常拥护，老百姓说共产党的老作风又回来了。"

就在那时，分房有了"公道"，许多宁德人圆了梦寐以求的房子梦。"这回退房、分房，'两公开一监督'，铁丁丁的。要不，像我这平民百姓，哪能分到这般好的房子。"宁德市机关普通干部龚清鉴工作21年，因没分到公房，前后搬家九次。1989年底，他分到一套三房一厅的公房，一家祖孙三代八口欢天喜地。

"我就是在那儿讲一个公道，我们干部不要去伤害人民的利益。"2003年11月，在接受《东方时空》采访时，对宁德的清房工作，习近平一言以蔽之。

五

惩治腐败和廉政建设取得了阶段性成果。习近平告诫大家，还要勇追穷寇，巩固战果，把惩治腐败的斗争引向深入。

"共产党人要承担起廉政建设的历史使命，任重而道远。"在习近平看来，还必须动手从根本上铲除腐败现象赖以生存的温床。滥用权力，就是一个温床。

"人民把权力交给了我们，我们在使用权力的时候就要让人民放心。怎么样才能让人民放心呢？一个很重要的措施是建章立制。建立一整套系统、全面的制度以制约和监督权力的使用，这是杜绝腐败的根本性措施。"习近平在《廉政建设是共产党人的历史使命》一文中，道出了他当时的思考。

缘此，他提出当前闽东地区的廉政建设还有三件事：第一件事是继续查处大要案，向深度和广度扩展，查处几个典型案件公布于众；第二件事是"抓住重点，常抓不懈"，要在继续查处贪污受贿、以权承包工程、占地建房的同时，着力抓好查处吃喝请客、送礼、赌博、拖欠占用公款的问题；第三件事是要建立廉政责任制，各级领导首先做好洁身自好，正人先正己，从我们做起，当好表率。要严格要求自己的家属、子女和身边的工作人员，凡是涉及亲友的问题，要做到不庇护、不隐瞒、不说情，用党性作为行为的准则，严格执行已经拟定的廉洁自律的规定。

在他主持推动下，宁德对公房分配实施"两公开一监督"制度，即公开办事章程、公开办事结果，加强群众监督。

之后，一系列制度设计相继推出。

经过反复打磨，并广泛征集意见，1989 年 3 月 29 日，宁德地委、行署出台《关于地委、行署领导干部廉洁自律的若干规定》，主要包括 12 条：

一、在职期间不准以任何名义占地营建私房。

二、不准个人介绍基建工程。

三、不准贪污受贿和索贿。

四、不准违反招工、招干、招生、毕业生分配、征兵、复员转业军人安置和人事调动的有关规定，私自安插子女、亲友，谋求特殊照顾。

五、不准在干部的提升、晋级和调配选拔上，违反组织原则和人事干部工作程序。

六、公务往来不收礼，不向基层单位索要各种产品、礼品，索购紧俏商品。

七、下基层不准大吃大喝。要严格要求按接待标准办伙食，按规定缴纳伙食费。

八、不准公车私用。如特殊情况私事要用车，要向车辆管理单位缴纳用车费。

九、不准利用职便以任何名义参与经商办企业。

十、不准弄虚作假骗取荣誉或奖励。

十一、要敢于坚持原则，敢于碰硬，带头抵制各种不正之风；不准为违法乱纪的人和犯罪分子说情袒护、徇私枉法。

十二、教育管理好家属子女和身边的工作人员。

1989年4月5日，宁德地委出台《关于民主建设的若干意见》，提出"领导干部始终把自己置身于党员和群众的监督之中"；继续推行"两公开一监督"制度和群众举报制度，严格执行组织生活，各级党的领导干部要以普通党员的身份，定期过好双重组织生活，接受党员监督。

仅仅一个多月后，1989年5月15日，《关于党政机关廉政建设的若干补充规定》出台，共五条：

一、不准购买新的进口豪华汽车。

二、不准修建超标准的办公楼、宿舍。

三、领导下乡要轻车简从，不要到当地边界迎接上级领导。

四、上级领导来检查工作，除有关人员外，不要层层增加陪同人员。

五、今后领导干部生病，各部门、单位不要用公款赠送慰问品；不以各种理由，用公款向领导赠送礼品。如有违者，财务部门不予报销，领导干部要把物品退还有关部门、单位或上交。

人民日报社福建记者站原站长张铭清清楚记得，1990年5月，他受报社派遣赴宁德采访，在习近平忙完公务后，夤夜造访，就反腐败斗争谈了一些看法。

"当时，习近平顶住很大压力，带领地委班子动真格、出实招，严肃查处了当地一些干部违纪违法占地建私房的行为，同时建章立制，立好规矩，从根本上遏制腐败歪风，广大人民群众无不拍手叫好。"所见所闻，让张铭清很快提笔写作了长篇通讯《办好一件事，赢得万人心》，发表在 1990 年 5 月 21 日的《人民日报》上，文章配发的评论指出：中央曾三令五申，要求各地尽快解决干部非法占地建私房，但像宁德解决得这样彻底的还不多。

六

1990 年 4 月，习近平调任福州市委书记。不久，他接连处理了两起涉及党风廉政建设的案件。

1991 年夏，福州久旱不雨，烈日灼心。侨乡连江县琯头镇灾情严重，农田用水很紧张，只能暂时分水灌溉。8 月 2 日，镇里几名干部下乡检查旱情时，发现官岐村民擅自打开过江水闸，润了自家田，但是一江之隔的粗芦岛千亩良田却无水插秧。在关闸截水时，镇干部与村民发生了冲突，两名镇干部被打伤。当晚，镇里干部头脑一热，带领 60 多人围村，因打伤镇干部的村民没找到，便动手打骂村民，冲到村民家中打砸，酿成了"8·2"事件。

很快，习近平知道了此事。经过初步了解，习近平有了自己的判断，"群众是占理的，干部野蛮行为是不能容忍的"。

就在一个月前，福州市刚刚明确加强领导班子思想作风建设的"十个必须"，其中重要一条就是必须深入基层、深入群众，努力为基层、为群众办实事，排忧解难，解决基层和群众生产生活中的热点、难点问题。旱情当头，官岐村事件严重破坏党群、干群关系，影响极坏，习近平随即指示，组织调查组进行核实，做好群众安抚工作，再根据实际情况研究处理。调查组由公检法等部门的十多位同志组成，由市政府副秘书长带队。

"下去之后不要搞官官相护，要多听群众意见，实事求是依法办事。"习近平反复叮嘱。

一个月后，调查组稳住了局面，掌握了真实情况，回来后向习近平主持的市委书记办公会作了汇报。习近平听取汇报后，认真看了相关录像，严肃指出："这件事情处理的宗旨，就是为民伸张正义。对欺压百姓的官员，一定要严惩不贷，绝不姑息。"

随即，连江县委、县政府及时处理了殴打侮辱群众的干部，并安抚了受害者。由于事情处理得公正合理，得到了官岐村群众的谅解。调查组离开时，老百姓夹道欢送，还放了鞭炮，就连在海外的乡亲也赞不绝口。

当时，福州还发生了一起乙肝疫苗案，市防疫站勾结基层防疫站、卫生院等有关单位，抬价出售疫苗非法牟利，涉及面非常广，案子震动了全省。

习近平当即指示："第一，对这样严重侵犯群众利益的违法行为，要坚决查处，绝不手软，涉及谁就查谁，不管牵连出什么人，一查到底；第二，市委坚决支持纪检工作，如果你们感到人力不足，力量不够，我将组织力量支持你们；第三，如果你们在哪里受阻了，立刻告诉我，我来给你们清除障碍，一定要把这个案件查好查实查彻底。"

最终，相关责任人全部查清，处理了所有违法乱纪人员，情节严重、触犯刑律的移交司法机关惩处。

七

20世纪90年代，中国改革开放进入了新的历史阶段，社会主义市场经济蓬勃发展。但社会上也充斥着不和谐调声，一些领导干部认为纪委工作只会给改革开放的大好形势设障碍、搞干扰。如何处理好经济社会发展与党风廉政建设的关系，习近平进行了深入思考。

1991年，习近平在省纪委机关刊物《福建纪检》第七期上发表《以铁的纪律为九十年代发展保驾护航》一文，他回答了为什么要加强党风廉政建设和反腐败斗争、怎样加强党风廉政建设和反腐败斗争的问题：党的纪律是保持党的队伍的纯洁性和战斗力，保证党的事业取得胜利的基本条件。必须依靠铁的纪律，来统一全党的思想和行动；必须依靠铁的纪律，推进改革开放的健康发展；必须依靠铁的纪律，保证十年规划和"八五"计划的顺利实施。

在这篇文章中，他还认为，铁的纪律来自于综合治理：一要狠抓领导，扩大号召力；二要狠抓教育，增强免疫力；三要狠抓监督，强化约束力；四要狠抓执纪，加强震慑力；五要狠抓队伍，提高战斗力。

1994年4月，他再次强调改革发展与反腐败"两手抓、两手都要硬"："反腐败与加快改革开放、发展经济是一致的。一方面，只有克服消极腐败现象，才能维护正常经济秩序，维护改革声誉，维护开放形象，把广大人民群众的积极性、创造性引导好、保护好，促进社会生产力的解放和发展；另一方面，随着改革开放的深入，民主法制的完善，消极腐败现象的滋生蔓延才能得到有效的遏制，以至从根本上铲除腐败现象赖以生存的土壤和条件。"

这一时期，坚持领导干部廉洁自律、查办违纪违法案件、纠正部门和行业不正之风三者齐头推进，成为党风廉政建设和反腐败工作的战略新部署。针对群众关注的突出问题和"热点"问题，一些部门和行业不正之风引起了习近平的注意。

那时，全国各地兴起了经商办企业、炒股的热潮，市委办公厅有的同志到外地参观学习，回来后激动不已，也建议创办印刷厂、冰棒厂之类的企业，集资筹办创收。

习近平知道后，与时任福州市委常委、秘书长林文斌碰了头。

"你要注意，党政机关绝对不能经商办企业，鱼与熊掌不可兼得，想发财就不能当干部，当干部就不要想发财。"习近平语重心长。

当时，各地党员干部当中不少人热衷炒股。习近平不断给大家敲响警钟："要守好规矩、专心做事，千万不要贪图那些蝇头小利。"

一些企业想要把股票作为干部福利送给大家，习近平断然拒绝："我们用不着这样做，干部的福利问题有组织来关心，不用这些老板'破费'。"

边反边改，边反边建，针对出现的新问题，制度建设循序渐进。

1991 年 2 月 20 日，习近平在福州市委工作会议上提出领导干部"七不准"规定：所有领导干部不准插手为工程队介绍基建工程；领导干部和领导机关不准接受企业承包者包括乡镇企业承包者的钱、物；不准利用审批权限的职便收受钱、物，更不准敲诈索贿；

执法执纪人员不准贪赃枉法、徇私舞弊；不准党政干部违法违纪建私房；不准用公款向领导干部和领导机关送钱送物，领导干部和领导机关也不准收受下属单位的钱、物；不准党政干部以权入股，包括空股和实股。

4月16日，在福州市直机关党工委成立大会上，习近平提出加强党的作风建设"十反对十提倡"，其中重要一条就是坚决反对以权谋私，大力提倡廉政勤政。

1993年6月，在福州全市党建工作会议上，针对经济生活中出现的不正之风和违法违纪问题，习近平专门强调了五条廉政纪律：党政机关工作人员在公务活动中不得收受以各种名义赠送的礼金、有价礼券和贵重礼品，党政机关干部不得参与炒买炒卖股票，不能利用党政机关的职能去经商办企业，党政领导和执法执纪等监督部门不能经商办企业，党政机关领导干部不能收取回扣。

八

20世纪90年代中期，改革开放深入推进，人流、物流、资金流的对外交往越来越频繁，机关里也冒出一股"出国热"。习近平察觉到了这种情况，决定对福州市的因公出国工作建章立制。

1995年6月30日，林文斌将一份调研报告转呈给时任福建省委常委、福州市委书记习近平阅批。

报告撰写者是时任福州市外办副主任李宏，当时他接到了一项"秘密任务"："针对一些党政领导干部利用公款出国旅游或无实质性出访任务的现象，习书记指示我们组建调研组，摸清情况，对改进因公出国管理和服务提出建议。"

十天调研，深入五区八县（市）国企、民企，调研组撰写了《关于进一步完善我市因公出国（境）审批和涉外管理工作的调研报告》，提出了"四严四宽"建议：对党政人员从严，对企业人员从宽；对非经贸类团组从严，对经贸类团组从宽；对使用市财政外汇的团组从严，对企业使用自由外汇的团组从宽；对一般性出访团组从严，对有实质性出访任务团组从宽。

7月4日，习近平在调研报告上批示：党政机关仍要严格把关，企业活动可简化审批环节，但应把住关，避免外逃不归事件。原则同意该调研报告。

此后，"四严四宽"成为福州市因公出国审批的一个重要原则。"从制度上防止出现出访扎堆的情况，这与今日规范出访活动的内在精神是一致的。"李宏说。

在习近平的要求下，福州市委办公厅建立了贵重礼品登记报告制度，领导干部出国出境收受的贵重礼品、礼金必须如数上交。

跨入新世纪，基础工程建设步伐不断加快，工程建设成为腐败问题新发的"重灾区"。

2000年2月14日，在全省重点建设工作会议上，时任福建省省长习近平对搞好重点建设的防腐倡廉工作"约法六章"，杜绝"修一条路倒一批干部"的现象发生。

时任福建日报社屏山记者站站长黄世宏记得，在那次会议上，习近平指出，重点建设资金都是人民的血汗，一分一厘来之不易。各级各部门的领导要把管理建设工程的权力视为为人民服务和为党工作的机会，做到拒腐永不沾。"他在会上先拿自己'开刀'：今后如有任何人打着我的名义，要干预和插手工程承发包，肯定是假的，一律取消他的竞标权。这番话振聋发聩，虽然过去了 20 年，但记忆深刻。"

九

2001 年 1 月 31 日，春节后上班的第一天。习近平召开了一次重要的会议——省政府廉政工作电视电话会议。会议周密部署，46 家省直有关部门在主会场参会，73 家省直和中央驻闽单位在福州电信枢纽大楼分会场参会，各市、县（区）设分会场，还邀请了六家中央和省里新闻单位听会。

步入新世纪，纪检监察工作从着力遏制，到更加注重标本兼治，从源头上预防和治理腐败。由此，习近平将源头治理列为当年廉政建设的一项重点工作。

"官德毁而民德降。"极少数腐败分子为了谋取个人、小集团或部门的利益，滥用职权、知法犯法、执法违纪，已经到了私欲膨胀、道德沦丧的地步。这让习近平更加觉得，加强廉政建设，需要法治，也需要德治。

"我在省人大九届三次会议上做的《政府工作报告》中，要求各级政府工作人员时刻牢记政府前面的'人民'二字。政府工作人员在社会主义市场经济的发展过程中，决不能为了个人和小团体的利益，忘记人民群众的利益，忘记为人民服务的根本职责，想问题、办事情没有为人民群众考虑，甚至侵害人民群众的利益。"对症下药，他提出德治要重点加强国家公务人员特别是领导干部的道德修养建设，牢固树立全心全意为人民服务的思想。

这一年12月11日，中国迎来了历史性的一刻，历经15年艰苦卓绝的谈判，中国叩开了世贸组织的大门。在世界多极化和经济全球化的背景下，伴随国内经济、政治等领域的深层次变革，纪检监察工作迎来了新的挑战。

对于"权力观"，习近平有了更系统的认识：要始终牢记政府前面的"人民"两个字，坚持用人民赋予的权力为国家和人民谋利益，决不把它变成谋取个人或少数人私利的工具；必须加强学习，提高思想境界和道德修养，在思想上、行动上、作风上做到立党为公、执政为民；必须破除"官本位"意识，要立志做大事而不是做大官，始终把心思用在工作上，用在为人民群众谋利益上；必须与党同心同德，自觉地为民尽责、为国竭力、为党分忧，自觉维护党和政府的形象与威信。

针对如何加强思想政治工作，他提出"六种教育"：要结合反腐倡廉的实际，大力加强对政府机关工作人员特别是领导干部的理想信念教育、思想政治教育、廉洁从政教育、纪律作风教育、道德法制教育和科学文化教育，真正打牢思想政治基础，筑严思想政治防线。

如何从源头上预防和解决腐败问题，习近平认为，当前政府机关中存在的腐败现象，很大程度上是因为体制不合理、机制不健全、制度不完善，导致行政监控不力、行政行为失范、行政权力滥用。为此，必须适应社会主义市场经济的新发展和我国加入世贸组织的新形势，吸取发生在省内的一些大案要案的教训，从改革现行体制、机制和制度入手，进一步加大从源头上预防和解决腐败问题的力度。

从"权、钱、人"入手，继续实施行政审批制度、财政制度、干部人事制度三项改革外，他还特别提醒各级政府各部门针对体制、机制、制度中容易滋生腐败的薄弱环节，经济和社会管理中的重点部位和领域，加强制度建设。当年，他把规范和执行招投标制度列为重点。

党风廉政建设和反腐败斗争既要持久作战，又要与时俱进。对此，习近平强调运用辩证思维来看待和解决："我们一定要认真处理好反腐败斗争阶段性和长期性的辩证关系，立足当前，放眼长远，常抓不懈，坚持开展反腐败斗争。"

念好"人才经"

一

20 世纪 80 年代末的闽东，轰动全省的"杜国桢案"余波未消，一些干部背上了思想包袱，私下里咬耳"不敢走大路，只能走田埂路"，情绪低落，畏葸不前。

"'杜国桢案'是以'对台贸易'为名进行走私的重大案件，首犯杜国桢被依法判处死刑。当时一个副专员、几位县级领导和一些企业厂长都牵涉其中，在宁德甚至整个福建省震动都非常大。"时任宁德地区行署副专员汤金华回忆说。

到宁德后，习近平逐渐了解了"杜国桢案"的始末。

闽东霞浦县三沙镇自古就是"海疆重镇"，临东海之滨，控闽浙要冲，与宝岛台湾隔海相望。

从 1981 年开始，福建率先开展的对台小额贸易发展较快。闽东对台有三沙口岸的优势，借此天时地利，宁德地委要求霞浦扩大对台贸易。

1984 年 12 月，42 岁的霞浦县委书记杨有志只想到为县财政增收，一下子突破了小额贸易的规定。这一突破，造成一笔 500 万元的蘑菇罐头大宗交易通过三沙港码头走私的严重后果。

最终，这批蘑菇罐头未运到台湾，却在香港抛售，"杜国桢案"最终东窗事发。1987 年 8 月，杨有志由霞浦县委书记降为福鼎县委副书记。降级后，杨有志并未就此一蹶不振，在 1988 年 4 月接受《福建法制报》采访时，他吐露了不怕摔跤、继续放胆干的想法。这篇标题为《"放胆书记"话放胆》的报道，发表在《福建法制报》5 月 8 日头版。

习近平在闽东大调研后，就提出"敢为天下先，敢于冒一定的风险，不吃别人嚼过的馍"的主张，要求"树立起'不耻落后，意气奋发，放胆开拓，争先创优'的闽东风格"。

基于此，他提出要正确区分违法乱纪与改革开放中出现的失误。重要的一点是要保护改革者的积极性，鼓励干部为人民事业敢为天下先。

知道杨有志的情况后，习近平没有避而远之，而是一直鼓励他："不要紧，你是一条汉子。只要你大胆工作，干出成绩，组织还会关心和重用你。"

1988 年 10 月，经推荐、考核等组织程序，杨有志担任福鼎县委书记。

"习书记对我体恤备至，愿意给我这样犯过错误的同志重新投身事业的机会。跟着这样的领导干工作，哪还能没有动力、没有干劲呢？"杨有志始终感念组织的再造之恩。

二

为政之要，惟在得人。

对于选人用人，习近平在 1990 年 3 月发表的《从政杂谈》一文中就明确提出："人才经"，可以用知、举、用、待、育五个字来概括。"知"就是识别人才。我国古代谓德、量、才、志、绩者为人才。所谓德，主要指政治操守好。现在对德的要求，可以用毛泽东同志的一句话来概括："懂得马克思列宁主义，有政治远见，有工作能力，富于牺牲精神，能独立解决问题，在困难中不动摇，忠心耿耿地为民族、为阶级、为党而工作。"所谓量，是指能接受正确意见，容纳贤才。所谓才，是指才能，有创造力，有驾驭能力和应变能力。所谓志，是指志向远大，意志坚定，有韧劲。所谓绩，就是政绩，在工作中，能奋发有为，尽心尽力，有所建树，人民群众能各得其所，安居乐业。

习近平认为，做干部要德才兼备，但更重要的是德。为官一任，就是要重视品德修养，带领一方百姓过上好日子。

他特别看重干部在关键时刻的担当、完成急难险重任务的表现。他曾引用林则徐的《观操守》——"观操守在利害时，观精力在饥疲时，观度量在喜怒时，观存养在纷华时，观镇定在震惊时"，强调盯住关键，关键时刻最能看出一个人的素质，一定要把干部在关键时刻的表现考察清楚。

1990年初，宁德地区要推荐一名地委委员、纪委书记。人选都很优秀：有的人选工作经验丰富，资历比较深；有的人选年纪虽轻，但工作能力很强。

经过反复推敲比选，听取各方意见后，时任宁德市委书记陈修茂进入了习近平的视野。

彼时，宁德市财政收入不到400万元。1988年10月，国务院批准宁德撤县设市，逢此良机，上下同求发展，在陈修茂带领下，宁德市没有猛砍几"板斧"，而是花心思在农业、交通能源、科技教育、城市建设上打基础，提出农村经济的开发立足于剩余劳力转移与资源开发结合的新思路，将1989年定为宁德市的"教育年"，增加拨款100万元支办教育；作为宁德地区清房工作的主战场，宁德市关键时刻敢于碰硬骨头，查处了12名违规占地建房的县处级领导干部，与福安县共同探索了"两公开一监督"的好经验……

"当时在大家眼里，陈修茂工作有干劲，干工作都是冲在最前头，在治理'标会'、干部违规占地建房等工作中勇于担当。"时任福建日报社宁德记者站站长卓新德回忆说。

如何评判好干部，习近平心里有杆秤。"闽东是一个穷地方，需要一批能吃苦、讲奉献的人去工作。我们对闽东干部的评估不是注重于他近期内做出多少醒目的成绩，而是注重于他是否尽心尽力去做长期性、铺垫性的工作。一个贫穷的地方，你想一朝一夕就改变它的面貌是不现实的，只要你讲奉献，尽心尽力，就是一位好同志。"

虽然有资历比陈修茂更深的人选，但是习近平没有论资排辈，而是根据实绩推荐了 39 岁的陈修茂。

有位领导提出了异议：纪委书记一般要求年纪大、德高望重的干部，这么年轻的同志去当纪委书记，会不会不合适？

对此，习近平认为，共产党的选人标准只有一个，就是"四化"标准，讲五湖四海，看政绩。不管你是哪个地方人，只要符合"四化"标准，就举用你；不管你资历深浅，只要办事能力强，就举用你。而且，青年干部是党的事业的希望，他们精力充沛、年富力强、热情高、有闯劲，更要不拘一格大胆培养使用。

因此，他坚持道："我比陈修茂同志还小了两岁，我都能当地委书记，他为什么不能当纪委书记？关键还是看能力。"

虽然过去了 30 多年，但是陈修茂清楚记得，自己当时颇感意外。在正式任命文件下达前，习近平找他谈话时说："你当纪委书记是很适合的，因为从你的工作风格、水平，到你的为人、本质，都适合当纪委书记。我相信你能做得好。"

三

对干部的支持与关爱，其来有自。

习近平指出，"待"就是尊重人才，尊重人才要尊重他们的个性、创造性，不要压抑和埋没他们的才能；要关心、爱护人才，不能"又要马儿跑，又要马儿不吃草"；要信任他们，不能委以事权之后，又滥加猜疑，否则，会导致上下离心离德，无法工作。

在担任福州市委书记期间，他每月都要到区、县帮助当地干部解决问题。在下去之前，他先让市委办公厅通知区、县领导，问清楚他们认为最难办的问题。了解情况之后，他就带着相关部门领导深入实地调研，召开现场办公会，根据当地干部反映的实际困难一一解决。现场解决问题后，还建立检查责任制，监督和追踪问题的解决过程，让问题尽快彻底得到解决。

时任福州市委副书记赵守箴刚来福州工作时，主要分管干部工作，他对习近平的用人之道印象深刻。"他一旦用人，就会对人充分信任，用人不疑。他在用人时能帮扶干部，为干部成长提供支持，而不是只用人不帮人，不是那种布置完任务就只看结果，其他什么都不管，都让下面的人自己去解决。用通俗一点儿的话说，他不做'甩手掌柜'。"

1990 年 12 月 26 日，这一天，时任福州市政府副秘书长黄建兴终生难忘。时任福州市委书记习近平请他到办公室谈心。这次，既谈心事，也谈工作。

1987 年，省委办公厅欲调时任永泰县副县长黄建兴去工作，但因家庭原因，黄建兴没有去。1988 年夏天，黄建兴因忙于抗洪，疏于照顾家中生病的孩子，耽误了医治时间，17 岁的儿子不幸离世。中年丧子，那段时间，黄建兴精神恍惚，意志消沉。

1990 年下半年，省委办公厅又想调黄建兴。这一次，省委办公厅请习近平来做黄建兴的思想工作。

谈心之初，黄建兴还是拒绝了："习书记，我不想去省里工作了。"

习近平温和地问："建兴，你为什么不去？怎么想的，跟我说说。"

黄建兴哽咽了："我连孩子都没有了，对我来说，一切都没什么意思了。"

沉默了一小会儿，习近平安慰说："建兴，你所遇到的这种打击，是一般人难以承受的。但是，过去的事情谁也无法改变了。你作为一个男子汉，千万不要消沉下去，一定要振作起来。你调到省里面，工作忙一点，还能分散你的注意力，对你也是有好处的。"

一番话，黄建兴很感动："您这么理解和关心部下和百姓，我很佩服。我什么地方都不去，就想跟着您好好工作。"

习近平说："你先去吧，以后日子长着呢！说不定我们还有机会在一起共事。"

句句贴心体己，黄建兴心头不由一热，眼泪夺眶而出。

其实，黄建兴与习近平接触并不多，因为黄建兴 1990 年 5 月才调到市政府办公厅工作。"他这么大的领导，在百忙中还抽出时间聊家常、谈心事，不摆任何架子。"黄建兴回忆说。

四

1991 年 9 月 13 日，习近平在《福建日报》发表了署名文章《念好新时期的"人才经"》，对于如何念好新时期的"人才经"，他重申"知、举、用、待、育"五个字，理念愈发昭彰。他认为尊重爱惜人才要从五个方面入手：每一个领导者既要有求贤若渴之心，又要有爱才护才之意。在抗日战争初期，毛泽东同志曾提出爱护干部的五条办法：一是指导他们，放手让他们工作，又适时地给以指示；二是提高他们，就是给以学习机会；三是检查他们的工作，帮助他们总结经验，发扬成绩，纠正错误；四是对于犯错误的干部，一般应采取说服的方法，帮助他们改正错误；五是照顾他们的困难。这五条既是我们党关怀和爱护干部的经验总结，也是对各级领导者爱护人才的具体要求。

习近平对敢闯敢冒的干部厚爱有加，倍为珍惜。他说："作为一个领导干部，不能不干不闯、只能站着观看，更不能让不干事的人对干和闯的人不负责任地品头论足。应当充分认识在加速经济发展中敢闯敢冒干部的重要作用，正确评价敢闯敢冒干部在社会主义现代化建设中的功绩，在工作实践中为敢闯敢冒干部大力'撑腰壮胆'。"

在他推动下，福州市委建立了"容错机制"，容许干部在工作中出现错误。只要你是一心为公、不谋私利，就算工作中出了一些闪失，有些纰漏，只要认真总结经验教训，及时纠正，就不追究责任。

对此，时任福清市委书记练知轩深有体会。

福清市人口超百万，经济总量位于福州县（市）区首位，但十年九旱，人均水资源占有量仅为全国人均水平的三分之一，"大雨一来哗啦啦，三天无雨干巴巴"，40多万亩的耕地，半数属于"望天田"，靠天吃饭。

1992年11月10日，福清启动闽江调水工程。这项当时全国县级最大的水利工程，要穿过邻县闽侯五个乡镇大山，开凿一条20公里隧道，引闽江甘泉，泽玉融宝地。

不料，闽侯当地一些人别有用心，极力阻挠该工程。1994年12月2日，闽侯县在处理阻挠调水工程的不法分子时，当地一些群众在极少数人挑动和教唆下，冲砸青口镇政府，堵塞福厦公路，酿成了"12·2"群体性事件。

习近平得知后，立即指示闽侯县四套班子领导入驻青口镇，组成三个工作组，对三个重点村进行重点专访，县里发放 5000 份公告到群众手中，宣传调水工程的意义，解开群众思想疙瘩，并派公安部门维持秩序、疏通道路。当日下午，事态很快得到平息，不法分子受到惩处。

虽然福清市事前未报告，但是习近平并没有怪罪福清的同志。

"这件事情在当时的动静很大，我事前没有报告，事后也没受批评。习近平同志明察秋毫，他知道这是干部为百姓做好事，是部分百姓一时思想上转不过来。他不会不问青红皂白就怪罪手下的干部。"多年以后，练知轩仍然感念于心。

五

育才造士，为国之本。习近平认为，"育"就是培养人才。培养人才，一要精心扶植，二要严格要求，三要大胆使用。

1995 年 11 月的一天，初冬的榕城，暖阳高照。

福州乌山大院市委办公楼，上午 9 时多，时任福州市委政策研究室副主任林璧符走进习近平的办公室。

习近平告诉他，市委常委会研究决定让其担任市委政研室主任。市委要求一要带好队伍，二要多出精品。

林璧符出身寒门，从农村参军，退伍后到了机关，没有上过大学，不善于与人打交道。他认为自己"天资不够，勤快来凑"，工作时反复地想、反复地记、多做笔记。

对于这个默默无闻、勤勉好学的干部，习近平并没有低看。林璧符比习近平年长 11 岁，习近平平时都以"老林"相称，并陆续委以福州城市科学研究会副秘书长、福州市委政策研究室副主任、福州城市科学研究会副理事长兼秘书长等重任。让大家刮目相看的是，林璧符出了很多精品，调研文章与报告曾十多次获得习近平的批示和赞许。

"在习近平同志领导下工作的那几年，是我进步最快的几年，也是工作量最大、最有成就感、干得最顺心的几年。他的言传身教让我一生受益。"林璧符回忆说。

说老实话、办老实事、做老实人，正是习近平认为领导者所要具备的修养之一。但对于"四类人"，习近平在不同场合反复叮嘱不能使用：一是对下很傲，摆架子、摆官气，对上又阿谀奉承的人；二是善于钻营的人，整天工作精力不是用在工作上，到处打小报告，特别是在领导之间挑拨离间；三是叫作"天桥把式"的人，光说不干；四是"欺上瞒下"说假话的人，这种人作风漂浮。

六

严格要求干部，习近平是出了名的："上面要求不严格，下面对待工作就会漫不经心。好的干部一定是严格管理出来的。"特别是对身边的同志，他提出特殊之处就在于"更严格"："凡在我身边工作的同志都要更加严格要求，不能特殊，如果特殊只能是特殊地严格要求。"

时任福州市纪委书记方庆云记得，习近平很注重对干部的教育，他强调抓好党风、教育为主，要求党员干部自觉遵纪守法，不要犯错误。遵章守法首先要学章学法、知章知法。

在他的支持、指导下，福州党风廉政展览会于 1991 年 6 月 15 日开幕，这在全省还是第一次。展览会在福州各地巡展，历时 51 天，参观人数达 5 万多人次，起到了警示教育的作用。

在习近平看来，从严管理不仅要"坚持管住领导干部"，"每个党委班子成员，无论职务高低，年龄大小，资历深浅，都必须自觉接受党的纪律的约束，绝不允许有特殊的党员和特殊干部"；还要"形成一个强有力的监督体系"，必须加强对权力的制约和监督，要把党组织的监督、国家权力机关的监督、政协的监督、人民群众的监督，以及舆论监督等有机结合起来，形成一个强有力的监督体系。

此外，从严管理还要"及时打招呼，以防微杜渐"，加强对党员干部的教育，要建立健全规章制度，防患于未然，避免由小错酿成大错。

1995 年 3 月 20 日，在福州市组织工作会议上，习近平说："不仅要对领导干部敲敲打打，防患于未然，更要靠制度加强对领导干部的监督和制约，使之能够照规矩行事、清廉为政。"

缘此，福州市开了先河，创新探索了"打招呼"警示制度：针对群众举报某些领导干部有不正之风问题，但又不具备立案审查条件的，主动找被举报人谈话，直接向有关人员打招呼，提示有人反映你有不正之风问题，有则主动改正，以后不要再犯了。如果有错不改，继续再犯，构成违纪的，就要重点进行查处，该处分的处分，构成犯罪的该法办的法办。

这一制度既及时对群众举报作出了回应，又及时警示干部、挽救干部，避免给工作造成更大的损失。而且，这样的干部纳入视线后，无论将来作风是否变好，组织上都能掌握，做到心中有数。

在习近平全力推动下，"打招呼"警示制度一直运行很好，避免了很多干部犯下不可挽回的错误。当时，这一创新做法得到了中央纪委的肯定和支持。

从"马上就办"到机关效能建设

一

福州得改革开放风气之先，1984 年就成为全国首批 14 个对外开放城市之一。但 20 世纪 90 年代初的福州，经济实力弱，基础设施落后，干部作风散漫，办事效率难如人意，软硬环境都亟待改善。

放眼全国，各大城市百舸争流，都铆足了劲，拼速度，比发展。深圳提出了"时间就是金钱、效率就是生命"的口号，石破天惊，效率优先观念破茧而出。

对于福州而言，时不我待，慢进即退。

硬环境改变，非短时之功。改进党政机关工作作风、营造优良的软环境，成为习近平打开省会工作局面的突破口。

经过充分调研，1990 年 8 月 11 日，在中共福州市第六次代表大会上，习近平提出："我们要办的事很多，要为改革开放提供一个良好的软环境，这就需要提倡一种满负荷的精神，反对拖拉扯皮和人浮于事，提高办事效率，做到今日事今日毕。"

"习近平同志的工作习惯是送阅件'立送立看立批'……真正做到了案无积卷、事不过夜，当天事当天毕。"时任福州市委秘书长林文斌说。

随后的一件小事，让人们感受到一种强烈的信号。

1991年1月14日，《福州晚报》第二版刊登了一则消息——《我们也需要一本"市民办事指南"》，反映了群众对提高机关服务水平的呼声。这篇并不显眼的"豆腐块"文章，引起了习近平的高度重视。

习近平当即批示市委政研室牵头编撰，并第一时间在报纸上发布消息向群众反馈，前后只用了50个小时。"这是多么神速的办事效率，广大人民群众一定会为这种'说了没白说'的新气象叫好。"1991年1月30日《福州晚报》"群言堂"栏目的一篇言论中如是说。

随后一个多月，福州市委政研室收集到60多个部门和单位的447篇来稿，编写完成26万字的《福州办事指南》和19万字的《福州市民办事指南》，6月24日出版。两本指南中，囊括了政府部门与人民群众密切相关的各项办事制度、程序、规定、注意事项，简洁明了，通俗实用。

习近平称之为"增强办事透明度，推进廉政建设，密切党群关系，改善投资软环境之举"。

第一次明确提出"马上就办"，是在1991年2月20日福州市委工作会议上。

在这场全市党政干部出席的会议上，习近平提出："要大力提倡'马上就办'的工作精神，讲求工作实效，提高办事效率，使少讲空话、狠抓落实在全市进一步形成风气、形成习惯、形成规矩。"

1991年4月16日，在福州市直机关工委成立大会上，习近平针对当时机关工作作风之弊，提出要"坚决反对浮在上面，大力提倡深入实际；坚决反对言行不一，大力提倡身体力行；坚决反对虚于应付，大力提倡认真工作；坚决反对办事拖拉，大力提倡马上就办；坚决反对弄虚作假，大力提倡实事求是；坚决反对职责不清，大力提倡分工负责；坚决反对形式主义，大力提倡具体领导；坚决反对空发号召，大力提倡加强督查；坚决反对主观臆断，大力提倡科学决策；坚决反对以权谋私，大力提倡廉政勤政"。

"十反对十提倡"成为当时福州市直机关党建的重点。

二

福州市福马路马尾隧道西入口，12个红色大字的巨型标语夺人眼球——马尾的事，特事特办，马上就办。

外地人一踏上马尾的土地，热情的当地人总会骄傲地向他们讲起这12个字背后的故事。

在福建尤其是福州改革开放历程中，马尾举足轻重。设立于此的福州经济技术开发区，是全国首批14个国家级经济技术开发区之一，也是全国唯一集国家级经济技术开发区、保税区、台商投资区、高科技园区和地方行政区于一体的特殊开发区域。

在时任市委书记习近平的规划中，这里应是"眼睛朝外，成为带动全市经济走向世界的'排头兵'"。

然而 20 世纪 90 年代初，福州经济技术开发区与所在的马尾区尚未合并，管理体制不顺，部门工作效率不高，招商引资成效不彰。

1991 年 2 月 23 日，省委、省政府在福州经济技术开发区召开现场办公会。习近平带领福州市相关负责人参加。

习近平当场强调："全市各部门都要深入开发区，为开发区多办实事。要抓住那些急需解决而又有能力解决的事进行研究，并且本着'马上就办'的精神，组织实施，狠抓落实。"

当时，福州有三个开发区，各自有不同的开发模式。马尾的福州经济技术开发区是政府主导办的，福清融侨经济开发区是华侨主导办的，鼓山福兴投资区是农民、乡镇办的。后来发现农民主导的开发区，建设速度最快，发展也最快。习近平就以这个话题谈开了开发区建设的事，他提出："马尾的事，特事特办，马上就办。"

由此，"马上就办"之风旋即刮遍福州全市。

上午的现场办公会，省委、省政府提出支持开发区进一步加快发展的意见。刚刚吃完午饭，习近平就召集福州市有关部门，研究起草 12 条对接的配套举措，当天中午就形成了一个文件。其中包括：省里放给开发区的权，市里绝不设卡；市政府每月到开发区现场办公一次；市各主管部门简化审批程序，一揽子解决问题；各有关部门要深入开发区，帮助开发区及投资者排忧解难……效率之高，令人赞叹。

在马尾，"两天办好办厂手续"的故事，同样尽人皆知。

一家韩国金刚石加工企业要落户，到马尾现场办公的习近平，中午没有休息，当场办好了一个批文，这家企业两天之内就办好了所有落户手续。

时任马尾区委书记兼福州经济技术开发区党委副书记林兴才对此感触很深："当时，一些项目的引进及保税区建设，相关工作在报批过程中，涉及市里好几个部门，很繁琐。习近平特别重视现场办公会。他总会事先征询问题，进行充分调研后，在现场办公会上就协调解决，效率很高。"

有一年，马尾要引进一个项目，企业领导和技术人员落户又遇到了麻烦。"常常一个项目进来，就要为了三五个人的户口跑一趟市里。"林兴才说。1991年下半年，马尾向福州市提出，能否一次性批给100个户口指标，方便引进人才。市里有些干部有不同意见，但习近平很爽快地批了。他只强调说："对一个地方发展是否有利，不在于人口的数量而在于人口的质量，在于人口的构成。"

特事特办，马上就办。高效的政务审批和服务，推动开发区的建设发展走上快车道。

1992年，福州经济技术开发区已经从基础建设走向全面经济建设，并实现了五个突破：总产值突破10亿元，财政收入突破4000万元，批准"三资"企业项目突破100个，投产企业突破100家，完成基建投资突破1亿元。

到1993年6月底，福州经济技术开发区综合评价指数在全国首批14个开发区中已位居第五。

三

1991 年 2 月 28 日，一份反映福州动物园现实困难的报告再次摆在习近平的案头。

半年前，习近平曾对该园存在的经费缺乏，办公楼、动物园舍亟待修缮，饲养人员待遇较低等问题作出批示，要求有关部门予以研究解决。但这件事拖了很长时间没有反馈。

再次接到报告，习近平作了一段措辞严厉的批示："这件事距市领导批示竟已过了半年，而依然故我，毫无改变。连一个回音也没有。这与'马上就办'的精神相去何远？也不知这样的拖延该由谁负责。俱往矣，从今天开始一周内办结。"

批示中还特别提到："还请督查处把从前石沉大海的批办件清理一下，应锲而不舍地要查办结果。"

事情并不难，关键在积极作为。五天时间此事即办结落实。负责督办此事的时任福州市委秘书长林文斌，对习近平的批示至今记忆犹新："如果说之前还有些人认为，'马上就办'就是新书记提出的一句口号，那么从这件事起，干部们就都得打起十二分的精神，狠抓落实，转变作风了。"

对于"马上就办"，习近平反复倡导，更是身体力行。

福州市委档案资料保存着习近平在 1991 年 11 月 25 日所作《关于任职以来工作情况的汇报》，其中写道："一年半来，我在工作中始终处于超负荷状态，没有节假日，没有星期天，为做好工作，不敢有丝毫懈怠。""我深感福州作为中心城市、省会城市，工作任务十分繁重，必须加快运转速度，特别是克服一些具体工作部门中存在的办事效率低、工作不落实的状况。今年初，我从省委'抓落实、见成效'的口号中得到启发，向全市提出了'马上就办'、狠抓落实的要求，并身体力行。现在，廉政勤政、狠抓落实的精神，在全市已开始形成风气。"

其间，一系列重效率、务实干的政策措施不断推出：

——作出关于1991年继续为城乡人民兴办实事的决定，在全市明确提出20件百姓关心亟待解决的实事抓紧快办；

——倡导、推行市领导到各县区、各部门，针对工作中存在的困难和问题现场办公、尽快解决；

——倡导、推行福州市、县领导联合接待群众日活动，两级领导一起听取群众诉求，化解社会矛盾。

……

事实上，在习近平提出"马上就办"的同时，围绕"马上就办"的办事方式创新、监督机制完善、常态制度建设也在不断推进。

1991年底，习近平提出，"马上就办"的关键，就是要抓好督查工作，要"回头看"。只有督促检查，才能真抓实干，否则就是"稻草人"。

"讲到这里，他放开稿子，又发自肺腑地说，我个人有个习惯，就是不说则已，说了就要过问到底，否则说的话就是废话，不如不说。不要去浪费别人的时间，浪费自己的脑细胞。既然想到这件事，提出这件事，就要办成这件事，办好这件事。"时任福州市委办公厅副主任郭永灿回忆说。

福州一整套督察监督机制建立起来了。其中包括：市委常委会、常委扩大会决定的事项和市委书记重要讲话中部署的工作都要分解立项，下达各部门抓落实；市委办公厅、县（市、区）委办公室都建立督察机构，市直部门办公室都有专门的督察人员；任何一件事，都有责任人、有研究、有部署、有检查，完成的进度、效果等都有人督查。

为做好督察工作，习近平抓市委重大事项的督察落实，并建立起三项督察制度：一是下基层调研督察制度，要求市、县两级党政领导，每年至少有三分之一的时间深入基层调研；二是分工督察制度，对谁负责什么进行制表立项，督察到底；三是定期督察制度，要求相关部门每季度对重要部署、重大项目进行一次检查。

有一年春节前，林兴才到福州市参加会议，晚饭后在招待所偶遇习近平。

"开发区工作进展顺利吗？"习近平问。

"有些事情现场办公会后落实还不够快。"林兴才答道。

习近平当时没多说。春节一过，福州市委督查办的工作人员就到了马尾，把过去几次现场会定的事项，哪些解决了，哪些没解决，统统翻出来确认。还没解决的，现场就敲定了解决时间。

从点滴做起，重落实；从效率抓起，拼速度。短短一年多的时间，"马上就办"成为福州的一句流行语。

1992年5月8日，习近平在中共福州市委六届五次全体会议上的讲话中指出，"去年我们提倡'马上就办'，取得很好效果。我想今年除了这四个字外，还要再加四个字，就是'真抓实干'"。"'马上就办'加上'真抓实干'，我们就能切实转变作风，把工作落实到实处，开创新局面。"

1995年1月27日，习近平在福建省委常委民主生活会上的讲话中表示，要带头发扬"马上就办、真抓实干"的作风。对上级的部署，做到雷厉风行、狠抓落实；对基层和群众反映的问题，要及时处理、督促查办。还要不断提高自己的工作效率，带头反对拖拉扯皮和人浮于事，做到急事急办、特事特办、马上就办，今日事今日毕。

1995 年 8 月 31 日，习近平在中共福州市委七届一次全体会议上的讲话中提出，要有"马上就办"的工作作风，事情定了就办、办就办好，绝不允许拖拖拉拉、半途而废。

"马上就办、真抓实干"，这八个大字镌刻在了福州市委礼堂的外墙上。

随后，"首问责任制""限时办结制""全程代办制"等诸多着眼于"马上就办"的办事机制，不断推出，坚持至今。

随着运行机制的制度化、常态化，"马上就办"内化为福州市党员干部的自觉行动，积蓄起福州强劲的发展动力。

习近平在福州任职的六年，是福州发展最快的时期。1990 年、1993 年、1994 年、1995 年，福州市地区生产总值相继超过 100 亿元、200 亿元、300 亿元、400 亿元；1990 年到 1996 年的地区生产总值年均增长率超过 20%。

四

招商引资，是 20 世纪 90 年代初期福州最为重要的工作之一。

到任福州市委书记不久，一次市委常委会让习近平深受触动。

分管外经贸工作的副市长龚雄为当天的会议做足了准备。"外商在福州投资办厂，走完上面的全部流程，需要数月甚至一年以上。"说着，龚雄将一张一米多长、盖了130多个公章的图纸铺在了桌子上。

图纸上，从合同章程审批，到工商、税务、海关、商检登记，再到建设程序审批……繁复的流程，让人惊叹；密密麻麻的红章，十分扎眼。

作为沿海城市，福州经济外向型特色鲜明，但政府部门开放意识如此不够，审批流程如此冗长，还是超出了习近平的预料。

"那时体制机制还存在许多僵化的地方。要盖一座楼，从批地到拆迁，最多要盖近两百个公章，几乎每个环节都要收费。"时任福州市市长金能筹回忆说。

龚雄曾经想召集有关部门开会理一理办事流程和审批公章，结果越理越多。"当时有企业家说，办事是'部门专政'，盖个章都得'求爷爷告奶奶'。也有企业家戏言，所谓'红头文件'，就是文件与文件碰得头破血流。"龚雄说。

针对福州在招商引资中的种种问题，1991年3月27日，在融侨工业区现场办公会上，习近平首次提出要采取"一栋楼"办公和有关部门委托代理、上门服务等办法，减少图章和公章"旅行"，真正做到一个窗口对外，一揽子解决问题。

在习近平的大力支持下，福州外经部门"一栋楼"筹建，很快提上议事日程，由龚雄挂帅。

那个时候，国内还没有"一栋楼"办公的先例。需要协调不同部门，形成一个大家都认可的方案。

"刚开始很多有权的部门不愿意进去。因为在自己独立的'一亩三分地'上，很多项目是否收费、收多少费，都是自己说了算；办证需要工本费，办个手续搞个图纸都要收钱，可以揩不少油水。搬进'一栋楼'，都在同一平台，受到统一监管，就收不到那些不合理的费用了。"时任福州市委常委、组织部部长王文贵回忆说。

就像在宁德坚决清理违规建房一样，为了维护群众利益，为了方便企业办事，习近平毫不妥协。

龚雄记得，几次外商投资领导小组的会议上，习近平都坚定支持"一栋楼"的建设，认为只要是方便企业办事，有利于招商引资的改革就要大胆去做。

习近平还推动市委形成决议，协调督促。最后该搬进去的部门，全都搬进去了。

1991 年 2 月，在位于五四路的福州温泉大饭店，福州外商投资管理服务中心正式挂牌运行。

"一栋楼"具体怎样运作？习近平拿出了"规划图"。

8 月 8 日，习近平在福州市外商投资座谈会上提出，"一栋楼"实行"一个中心、一条龙"的管理模式，侧重于发挥联合办公、联合招商、联合审批、一个窗口对外、跟踪服务等功能。

8 月 24 日，习近平再次在福州市委六届三次全体会议上指出，要继续加强和完善外经"一栋楼"的功能，积极探索按"六个牵头单位、七道环节、一栋楼统一对外"的新程序办事，减少环节，提高办事效率，为外商投资提供优质服务。

"一栋楼"集结了 35 个政府部门和社会服务单位，外商可以一口气办完营业执照、税务登记、银行开户等一系列手续，再也不用满城跑了。

"两天全部代理搞定，以往至少一周。这是我工作以来，对'马上就办'最真切的体会。"当时刚毕业在马尾外商投资服务中心工作、为外商"代办"各项审批业务的许开东说。

其实，刚开始"一栋楼"办公，也出现过一些问题。有些部门的窗口开设好了，材料送进去，得到的答复是"好，先把材料放在这儿吧"，剩下就只能等了。因为窗口工作人员无权处理，只能收完材料，带回去办理。公文运转慢、办事时间长的问题依然存在。

习近平又拿出了他的工作法宝——实地调研。

习近平多次到"一栋楼"现场调研，看到哪个窗口排队人多，就会了解情况，问明原因，找出症结，要求马上调整改进。

当时，福建省建设厅的便民服务中心工作效率很高，群众反映很好。习近平到服务窗口现场调查取经。

"你们是怎么提高工作效率的？"习近平问。

"我们实行有限授权。凡是在某一个授权范围内，不管派谁去，不管是什么职务，都有权力处理。这样老百姓的问题就能当场解决。"当时的建设厅相关负责人回答说。

不久，这一经验得到了推广。

随着外商投资项目越来越多、金额越来越大，入驻"一栋楼"的部门也越来越齐全。"一栋楼"的职能，很快便由审批扩展到招商、服务和受理投诉。

如今，福州市的"两中心"闻名遐迩：已运行十多年的福州市行政服务中心，除涉及国家安全、保密外的45个部门单位、1826个审批和服务事项全部入驻，平均每天受理量约2000件，群众满意率99.99%；成立于2015年2月的福州市市民服务中心，可提供

406 项公共服务事项，日均受理 7000 多件，日均人流量超万，是全国入驻单位、入驻事项最多的市民服务中心。

作为这两大平台的前身，"一栋楼"影响至今。

<h2 style="text-align:center">五</h2>

2000 年 1 月 27 日，习近平当选为福建省省长。此后，"马上就办"也从福州市推广到福建全省。

2000 年 3 月 21 日，习近平赴漳州就机关效能建设工作进行专题调研。

彼时，漳州的机关效能建设和探索一直走在前列：1998 年 6 月，长泰成立"615"勤政申诉中心，首开机关效能投诉中心的先河；1999 年 4 月，漳州市机关效能建设办公室、漳州市机关效能投诉中心正式运作。

在此次专题调研中，习近平指出："没有效率的政府，是无能的政府，是搞不好经济工作的。管理也是生产力，机关管理、企业管理、各方面的管理都要加强，要克服随意性，办事要系统化、规范化、法治化。法律面前人人平等。依法行政是效能建设题中应有之义。"他还进一步指出，推动效能建设要规范，有的要标准化。不要搞"挂在墙头，写在本上，供汇报用"等形式主义的东西，而是要贵在坚持。形式不能过于繁琐，要条条讲实效，而最终的检验标准是群众满意不满意。

调研之后的 2000 年 3 月 23 日，福建省委、省政府出台《关于开展机关效能建设工作的决定》，在全省开展机关效能建设。漳州机关效能建设中实行的岗位责任制、服务承诺制、限时办结制、首问责任制、效能考评制和失职追究制等多项制度写入文件，在全省推行。

福建省委、省政府倡导和推动机关效能建设，由习近平担任省机关效能建设领导小组组长。他亲自指挥、部署、协调机构设立、编制安排等事项，指导组建全省统一模式的机关效能建设领导小组办公室和机关效能投诉中心。

福建在全国率先推进服务型政府建设。习近平提出，要加快转变政府职能，减少审批事项和环节，不去管那些不该管的事，腾出手来把该管的事管好，建立有限政府和服务型政府。

2002 年 1 月，习近平在政府工作报告中说："各级政府要适应新形势，进一步转变观念，转变工作方式，加快行政体制创新，建立起符合世贸组织规则、适应市场经济发展要求的服务型政府，把政府职能转变到经济调节、市场监管、社会管理、公共事务上来。我们强调服务，并不是要削弱必要的监管。在市场经济条件下，政府的职能不是弱化，而是转化，该弱化的就弱化，该强化的要强化。"

在习近平的推动下，福建机关效能建设一直在提速。

2000 年以来，福建省先后开展了 18 轮行政审批事项清理工作，省级行政许可事项精简达 85%，为全国行政审批事项较少的省份之一。

2001 年，福建在全国第一个以省政府令的形式颁布了政务公开实施办法。全省所有的县（市、区）实施政务公开，并设立效能投诉中心。

2013 年 11 月 29 日，《福建省机关效能建设工作条例》正式通过，成为全国首部机关效能建设工作的地方性法规。

效能建设工作座谈会

2001年8月13日，习近平在福州市调研，参加效能建设工作座谈会

目前，福建省 30 个省直部门设立了行政服务中心，九个设区市、平潭综合实验区和 84 个县（市、区）的行政服务中心已全部投入使用。"一个窗口对外、一站式服务、一条龙办理"的运行机制在全省基本形成。

福建省网上办事大厅入驻政务事项 23 万项，全省依申请审批服务事项网上可办率 97.55%，"一趟不用跑"事项占比 59.3%，位居全国前列。12345 便民服务平台，已实现全省横向 61 个省级部门单位、纵向 9 个设区市及平潭综合实验区全覆盖。

如今，行走八闽大地，无论是省市县区，还是街镇村社，行政服务中心、市民服务中心、便民服务大厅成为必备设置。"最多跑一趟""一趟不用跑"，正成为政务审批的现实目标；"15 分钟服务圈"，已经在人民群众周围构建。

"马上就办"已然成为福建省各级机关转变作风、为民办事、推动落实的重要遵循，成为福建省推动建设服务型政府的强大动力。

两 袖 清 风

一

1986 年冬天，22 岁的厦门大学经济系学生张宏樑到北京找习近平。两人在厦门时就经常一起交流思想、讨论问题，80 年代的大学生张宏樑成了习近平新认识的"小朋友"。

这一趟，习家的家风给张宏樑留下了深刻的印象：虽是国家领导人家庭，但是装饰摆设与普通人家别无二致，院子里放着北方人过冬常备的白菜、萝卜和大葱，客厅只摆着几盘花生、核桃和糖果，当时习近平托他带回家的一兜子漳州芦柑，成了最好的时令年货。

多年以后，时任福建省人大常委会主任袁启彤等福建几位领导与习近平到深圳出差，顺道看望习仲勋同志，见到了同样的一幕。

大家共进午餐时，饭桌上是窝窝头和几个素菜，炒马铃薯、甜面酱、胡辣汤，都是常见的陕西饭菜。习近平的母亲齐心不放心，询问大家是否吃得习惯，她说习近平就是吃窝窝头长大的。

时任省政府办公厅副主任潘征记得，在一次去三明调研的火车上，习近平聊起了家常，他小时候穿的很多衣服都是姐姐退下来的，他不肯穿花衣服，母亲就把衣服拿去重新染色后再给他穿。

质朴的家风始终熏陶着习近平："我父亲对子女教育很严格，经常把我们兄弟姐妹叫到一起，大家排成一排后，他就开始讲话，提要求，核心的意思就是谦虚谨慎，低调做人。父亲一有空就讲，反复讲，他的话我们都倒背如流了。"

二

福建是习近平成家立业的地方。

1987年9月，习近平与彭丽媛在厦门结婚。

当时，习近平还没有在厦门安家，结婚时住在市委宿舍。结婚

1987 年 9 月，习近平与彭丽媛在福建东山岛

这一天，他们没有举办任何仪式，只邀请几名同事在厦门宾馆吃了顿便餐，作为答谢。饭后，大家嚷嚷说要闹洞房，一定要去他们的住处喝茶。

习近平很痛快地说："来吧！"

四个人挤进了习近平狭小的宿舍，这才发现茶杯不够用，加上刷牙的杯子、碗，凑齐了六个。彭丽媛连忙到门口，花五块钱买了一大包糖果分给大家。

家里什么都没有准备，彭丽媛抱歉地说："不好意思，没给大家准备礼物。"

"你有礼物，你唱歌就是礼物。"时任厦门市计委副主任吕拱南提议。

彭丽媛爽快答应："行，我就送你们一首歌。"

好友同事，以茶为贺，以歌为礼，婚礼简朴而特别。

三

宁德老地委大院内，三层干打垒石头房建于 20 世纪 70 年代。三楼西侧第一间办公室仅 20 多平方米，分为里外两间，屋内陈设极为简朴：会客室内墙角简易的木架上放着淡黄色搪瓷脸盆，一圈小沙发，一副简易茶具，一个热水瓶和两个刻有"宁德地委"字样的白瓷杯；办公室一个大书柜，一张深棕色木制办公桌，一把圆形靠背藤椅，一张用于安放热水瓶的三角桌。

这是时任宁德地委书记习近平的办公室。

1988 年 6 月，习近平赴任宁德地委书记。履新首日，大家原以为会是一次隆重的欢迎仪式。

习近平要求一切从简。在地委二楼会议室，班子成员简单开会见面，互相认识。习近平表态言简意赅，没有"豪言壮语"，表示在宁德一定做好自己的工作。这场见面会平淡如水，大家始料不及。

"他首先从自己做起，从不搞轰轰烈烈的迎来送往，到宁德来上任也是很正常很低调地来。"时任宁德地委委员、统战部部长姚智梅说。

为了迎接新来的地委一把手，地委早早作了安排，当时行署新进了两部进口汽车，一把手挑选一部新车一点不为过，司机就由他本人来定。另外，考虑到习近平家属不在身边，生活不便，因此在闽东宾馆腾出一个套间，保证生活起居有人照顾。

这些安排汇报给习近平后，他一一谢绝了。

他的要求很简单：车辆还是用老书记退下来的小车，连原司机一起转过来，他本人也不能住在宾馆，还是搬到机关干部宿舍，吃在机关干部食堂。

"大家都没有想到，这个从厦门特区来的年轻书记，如此艰苦朴素，如此严于律己。"时任宁德地区行署办公室主任李金贤回忆说。

细想一下，经办人员还是觉得不妥，闽东九个县山高路险，到每一个县都要翻越一座又陡又长的山岭，老书记退下来的老爷车，已经跑了 20 多万公里，因事故曾经大修过一次，常在路上抛锚，安全有隐患。机关干部宿舍都是旧房子，条件很简陋。

对于这些理由，习近平还是不同意："我们是贫困地区，不要摆阔气、讲排场，还是过紧日子好。新车就留给接待客人用，要保证客人坐得舒适安全。我是来工作的，不是来享受的，住在机关宿舍，和干部在一起工作生活，各方面才方便。"

没几天，他就搬到了地委大院机关干部宿舍楼，房子没有重新装修，只是打扫了卫生，换了一张新床铺；平日也与其他干部一样，在机关食堂排队吃饭。

办公，用的还是老书记的旧办公室。地委办原打算重新装修办公室，但是习近平觉得"原样挺好"，也就一切如故，来了就直接进去办公。

时任地委委员、秘书长林思翔印象很深刻，办公室"唯一的'高档'电器是一部窗式空调，转起来噪声非常大，嗡嗡作响，还时不时出点故障，闹罢工"。

到任以后，不换车，不换司机，不换办公室，住在职工宿舍，吃在职工食堂，大家觉得新鲜，也不甚理解。"'为官一任，造福一方'，在生活上要实行'最低标准'，把自己当成一个普通人。"习近平这样回答。

四

福州乌山大院，佳木繁荫，一栋建于20世纪50年代初的两层小楼掩映在葱茏的树荫当中。在二楼东南侧端头的一间屋子，面积仅22平方米，两个大书柜很显眼，一张办公桌，一张沙发和三张凳子用来会客，屋里最"奢侈"的要数一台小电视机。习近平曾是这间办公室的"主人"。

1990 年 4 月，习近平调任福州市委书记。

到任不到 100 天，在 7 月 25 日召开的全市领导干部大会上，习近平提出"六个不要忘记"的要求——任何时候都不要忘记自己是一个共产党员，是一个领导干部，时刻都要起表率作用；不要忘记自己是人民公仆，党和人民的利益高于一切；不要忘记是历史的机遇把我们推上了各级领导岗位，要谦虚谨慎，戒骄戒躁；不要忘记在任何情况下，都要坚持原则，遵纪守法；不要忘记任何时候都要像爱护自己的眼睛一样自觉维护党的团结和统一；不要忘记共产党员的人生意义在于奉献，而不是索取。

他率先垂范，细微之处也不放过。

彼时，福州虽是省会城市，但财政收入仅十亿元，属于"吃饭财政"，办公条件很简陋。

在宁德办理工作交接时，福州市委分配了一部比较旧的国产车来接习近平，车牌号是"闽 A00444"，很扎眼。宁德同志眼尖，对此有些看法。

"宁德的同志这么一提，还真觉得这一排'4'挺扎眼的。但习近平同志一点都不介意，他来福州后，还是使用这辆车，就用这个车牌。"时任福州市委副秘书长陈向先回忆说。

习近平到任后，时任福州市委办公厅主任陈伦心里很忐忑："习书记是首都北京来的，我们以为要讲究一些。"

结果，他不但不讲究办公条件，还主动要求勤俭节约，能省则省，大家的心终于踏实了。

任职不久，习近平三次拒绝换车。

旧车用了一段时间，等到市里采购了一部新车，这个名额理所当然要归新书记，但是他不要。

后来，印尼华侨领袖林绍良先生赠送福州两部高级进口车，指定一部给习书记，他还是坚决不换车。

无奈，市委办公厅只好瞒着他，先把手续办好，把车开过来，想让"生米煮成熟饭"。

没有想到，习近平还是不为所动："我不换车，坐原来的车就好。"

机关的同志一再劝说："手续已经办好了，这车可比国产车舒服多了，您还是坐吧！"

他没有同意，让市委办公厅把新车分配给福州经济技术开发区，作为外商接待用车。他说，马尾外商来得多，工作上用得着。

在福州工作近六年，习近平始终未更换过办公室。

"他先是省会城市的市委书记，后来又担任省委常委、省委副书记，但他的办公室始终是二楼的一间小办公室，他在福州工作期间从来没有装修改造过。"时任福州市委副秘书长陈向先回忆。

这间办公室的"小"，新大陆科技集团首席执行官王晶有切身体会。

1994 年初，福建实达电脑股份有限公司原总裁胡钢与搭档王晶因创业受阻而拜访习近平时，王晶才发现："办公室非常小，很简朴。他看到我和胡钢来了，就亲切招呼我们坐下，一落座，小小的办公室显得有点局促了。"

五

习近平在福建工作期间，彭丽媛工作很忙，他大部分时间都是一个人生活。

1992年2月后，陈承茂成了时任福州市委书记习近平身边的工作人员。

有个周日，由于上午要加班，陈承茂早早赶到习近平家，两人一起吃早饭。吃完饭后，锅里还剩了大半碗稀饭，陈承茂不经意地端起锅，往厨房垃圾桶走去。

"你要干吗？要倒掉吗？"陈承茂点了点头。习近平冲他招招手："来来，过来坐下。"

"我们都当过农民，应该都知道，一粒米就是一滴农民的血汗，不容易啊！我们每天端起饭碗，就要敬畏农民的劳动，这种敬畏感要发自内心、要是自觉的。你可能觉得这半碗饭值不了多少钱，但敬畏感和钱没关系。"习近平又语重心长地说，"古人常说要慎独，我们独处的时候，不能做不可为的事情，这就是慎独。"一席话，让陈承茂既惊讶又惭愧。

"这样吧，中午我们不去吃工作餐了，回来再添把米，把剩下的这点饭吃掉。"

中午时，两人从冰箱里拿出剩下的稀饭，加了点米，又炒了个鸡蛋，解决了午饭。"事实上，那个饭确实很不好吃，因为在冰箱里放过以后，米都软烂掉了，但习近平同志却毫不在意，还一边吃一边讲过去经历的趣闻，我对他的敬佩之情油然而生。"陈承茂说。

1995年3月的一天，习近平市委宿舍的电视机突然不显像了，请电视台的技术人员来修理，习近平叮嘱一定要照价付费。不过，等电视修好后，工作人员却告知修理公房电视不收费，陈承茂也觉得在理。

习近平得知后批评说："不行，我家的电视坏了，修理费当然由我来付。"

修理费是 50 元，习近平要求费用从他工资里开支，第二天就去交款，并把发票开回来。

时任福州有线电视台台长杜源生于 20 多年后翻出了这张发票。看着这张已经泛黄的发票，陈承茂十分感动："当时习近平同志的工资是 700 元，应该说这个维修费用不低了，可他却态度坚决，公私分明，对自己要求非常严格。"

六

1995 年，《福州风味小吃》一书付梓面世，作者胡冀闽，是当时福州市财贸委工作人员。书中汇集了 123 种福州风味小吃，雅俗共赏，它的出版，缘于福州市首届工艺美术节。

1992 年，福州举办首届工艺美术节，客商蜂拥而至。当时，公款吃喝玩乐、拜金主义、享乐主义等风气有所抬头，大街小巷流行一句顺口溜：四菜一汤，生意跑光；没吃没喝，客人跑光。

对于这种铺张浪费、大吃大喝的歪风，习近平一贯反对。不过，客商也得公务招待，如何既经济又好吃，他想出了一个两全其美的好办法——用福州本地的风味小吃接待客人。

这件事就交给了胡冀闽来负责。结果，伙食标准降到了 30 元，还让客商品尝到了地道的"福州味道"，这让福州的风味小吃大放光彩。此后，几个老领导知道此事，鼓励胡冀闽趁机整理福州风味小吃的资料，编书出版。

习近平得知后，看了此书初稿，他特意让工作人员写信鼓励支持，并希望福州市烹饪协会继续整理、总结福州饮食文化资料，挖掘、研究、广泛介绍福州特色菜，使福州饮食文化成为城市名片，福州美食成为重要财源。

在习近平的倡导下，既节俭又有特色的接待渐成风气，这也提升了福州小吃的影响力。

七

"他做事一直都有很明确的底线，能做的事他用心做好，不能做的事他绝对不做。但他又不教条，在处理具体问题时能讲究灵活性，让事情在原则范围内得到很好的解决。"福建日报社屏山记者站原站长黄世宏在回忆跟随习近平赴重庆市万州区采访对口帮扶工作的情景时说。

1999 年，习近平受省委委托，带领福建代表团到重庆市万州区开展对口帮扶工作。在万州区，习近平稳妥化解了一场因接待而引起的误会。

这次对口帮扶，福建提供了近 900 万元资金和一些合作项目，当地很高兴。

"帮扶力度远远超出当地所料，为表示感谢之情，当地'先斩后奏'，临时增加一项活动内容，为福建代表团举办一场舞会。"黄世宏说。

下午，当地把想法告诉了福建代表团。

黄世宏说，习近平听完，脸上没有了笑容，严肃地说："中央有规定，不允许为任何领导举行专场舞会。这个舞会我一定不能参加，你们也最好不要举行。"

事情僵住了，当地同志很为难，舞会场地已经布置妥当，万一福建代表团不来，舞会就没有举办的意义。

他们向习近平解释说："这个活动，其实不是专场舞会，只是我们安排的一个小晚会，表演五六个小节目，表示对福建代表团的欢迎、感谢，顺便请大家一起跳跳舞，还是请习省长支持一下，不然我们实在下不来台。"

"不去，恐拂了当地的好意；去了，绝对不能参加舞会。"黄世宏回忆说，"当时，习近平沉默了一会儿说：'既然这样，你们看这样行不行，晚会开始时，我带领代表团全体同志参加，等小节目演完之后，我们代表团就退场，后面的舞会就你们自己跳，这样好不好？'"

最终，万州区按照该提议开了这场晚会。五六个小节目表演完，习近平走上舞台，跟演职人员一一握手致谢。之后，他带领福建的同志们退场。

八

1992 年至 1995 年，福清实施旧城改造。福耀公司在忙于汽车玻璃项目的同时，还投资了福耀工业村的标准厂房和商住房项目，占用了一亿多元资金。

这笔资金数目不小，当时福耀实力还不强，如果资金链突然断掉，势必影响企业生存。

福耀集团的前身、福建省耀华玻璃工业股份有限公司副董事长兼总经理曹德旺很着急，他希望银行尽快审批一亿多元贷款，同时，把原先由四家乡镇和公司持有的部分福耀上市股份，置换成福耀投资建设的商住房或标准厂房。这样，福耀就能腾出股份与法国圣戈班工业集团合作，利用银行贷款和外资渡过这场危机。

时任福清市委书记练知轩知道情况后，请示了习近平。

习近平当即表示："你们思想要解放，办好现有的企业就是最好的招商，要全力支持他。"

在习近平指示下，福清市出面协助福耀，大胆作了一个决定：先引进外资，只要外资进来，银行贷款不难。随即，市里出面协调四家股东，按照原定方案实施股权置换。1996年3月，福耀如愿引来了法国"外援"注资，一亿多元贷款紧随而至，化解了这场资金危机。

回首往事，练知轩很感慨："他思想非常解放，在最关键的时候帮了福耀一把。福耀没有请我们吃过一次饭，我们也没有拿过福耀一分钱的好处，我们只是在无私地抢救一个企业，一个正在蓬勃发展的民营企业。这当然是我们应该做的。习近平同志无欲则刚，他自己没有任何私欲私利，敢于甩开膀子干。他非常亲商，要求我们既要亲商，又要富商，为企业搞好服务，让企业赚到钱，这样才会吸引更多的企业过来。"

"1984年政府对企业的'松绑放权'，刺激了市场活力，才成就了今天一大批有责任、有担当的民族企业。福耀正是在这样的历史机遇中，从一家小厂成长为世界知名的汽车玻璃专业供应商。而2014年，习总书记给我们30位企业人联名信的回信，则鼓励了福耀集团再上新台阶，创造高质量的新发展。"福耀玻璃集团董事长曹德旺说。

如今的福耀集团，在中国的16个省市以及美国、俄罗斯、德国、日本、韩国等国家和地区建立现代化生产基地，并在中国、美国、德国设立六个设计中心，已经成为全球最大的汽车玻璃专业供应商。

九

世纪之交，厦门远华特大走私案震惊海内外。这是新中国成立以来涉案金额最大的集团走私案件。

案件查处后，余波未消，一些干部为自证"清白"，不愿跟企业家来往，不敢接触投资业务，能躲就躲，退避三舍。

2000年6月27日，时任福建省省长习近平特意在民营经济重镇泉州市，与泉州各个行业的18位民营企业家代表座谈。

"君子之交淡如水，我们企业家和政府官员应该是君子之交，大家的目标都是强国富民，你做企业，合法地赚取利润，给国家带来税收，给百姓提供就业机会，为地方发展作出贡献，政府应该为依法经营的企业做好服务工作。政府官员也好，企业家也好，大家总要来往嘛，总有事情要商量，你来我往，是什么关系呢？就是君子之交淡如水。我们要做君子之交，不搞那些拉拉扯扯、塞红包什么的。"在谈到政府和市场的关系，企业家与政府官员应有的关系时，习近平一番话振聋发聩。

"当时也难得有他敢于挺身而出，带头破除这种消极心态。"时任省政府秘书长陈芸说。

千里咫尺，牵挂一直在心。

2016 年 3 月 4 日，在全国政协十二届四次会议民建、工商联界委员联组会上，习近平总书记讲到构建亲清新型政商关系。"实际上，构建亲清新型政商关系不是他成为总书记之后才提出来，也不是只让各级领导干部去做，而是他在省、市工作期间就是这样在行动、在实践。现在提出这些要求，是他长期率先垂范的总结与升华。"福建省人大常委会原副主任曹德淦说。

十六、我们的心是永远贴在一起的

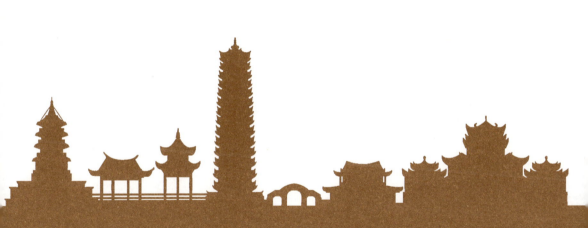

一

1985 年 5 月底接到组织通知调往福建工作，6 月初赴任，直至 2002 年 10 月，习近平在福建工作了 17 年半，经历了厦门、宁德、福州和省里多个岗位。随着岗位变动，他的三次工作交接，给福建干部群众留下了深刻印象。

二

1990 年 5 月初，已赴任福州的习近平回宁德交接工作。

习近平和接任地委书记的陈增光说："我们地委班子交接也搞个创新吧，今天不在办公室交接，到基层去！"

一听这话，陈增光觉得很意外："以前领导交接都是在办公室，话别嘛。可习书记不这样做，说要下基层。我觉得很有深意，当即表示没问题。"

具体怎么走，习近平早都想好了："福安县是我的挂钩联系点，就从福安开始，然后再去寿宁。"

5 月 4 日，下着细雨，习近平到了福安，第一站是赛岐铁合金厂。在厂房，习近平对厂长说："我就要离开闽东了，许多工作只是开了个头，来不及展开。增光同志会一如既往地关心你们，支持你们。"

吃过午饭，一行人来到习近平的党建联系点——坦洋村。在习近平挂钩帮扶下，坦洋村依靠茶业致富，路子越走越宽。

坦洋村的招牌是坦洋工夫茶。泡上一杯清茶，习近平与大家话别："原想安排一段时间到村里住一阵，走走家，串串户。没料到这次走得这么匆忙，心里很遗憾。青山不老，绿水长流，喝过坦洋工夫茶，人走情常在。我的心和你们的心是永远贴在一起的。"

5日一大早，习近平来到寿宁县，和当地干部群众座谈话别。

大家跟习近平汇报了寿宁的变化。习近平听了说："听了大家的汇报，感觉我们寿宁这几年有了非常大的变化，我也很高兴。但是客观地说，寿宁还是'小个子'，发展较慢，总量也好、人民群众生活水平也好、交通设施也好，都还处在贫困状态。寿宁有一片大好河山，只是条件太差了。要路没有路，要钱没有钱，要电没有电，这样的地方引进外资很困难。所以，寿宁发展慢，我完全不怪干部，也不怪群众，不是你们不努力，是我们的客观条件制约了发展。现在我们取得的成绩要肯定，但是千万不要沾沾自喜，一定要看到我们才刚刚走出第一步。"

陈增光是寿宁人，听完习近平这番话，当场写下感言：夏日怀情迎君到，春风化雨惜别离。千言万语终有限，唯有岁岁报丰年。

从寿宁回来的第二天，习近平动身去福州。

一大早，陈增光爱人特地煮了六个红鸡蛋，寓意"六六顺"。

宁德地委办的同志依依不舍，送了20多公里。到了宁德与福州交界的飞鸾岭，习近平招呼车停下来。他走出来对大家说："你们不能再送了，就到这儿。你们有时间到福州来走一走，我有空也回来看你们。"

当时去送的有30多个人，习近平和大家一一握手。陈增光代表大家说："在这里跟你告别了，祝你旗开得胜，常回闽东看看我们。"

三

从 1990 年 4 月到 1996 年，习近平在福州工作了近六年。1996 年 2 月底，福建省委决定，已从 1995 年 10 月起任省委副书记的习近平不再兼任福州市委书记。

"君子交有义，不必常相从。"在告别福州的领导干部会议上，习近平用这两句诗与大家告别。

习近平说，六年来，我与市委常委一班人，与市五套班子成员和在座各位，与福州的干部群众，同呼吸、共命运，结下了深厚的情谊。可以说，六年来，我能有机会与同志们一起共事，为福州父老乡亲服务，既是省委的安排、工作的需要，也是一种缘分。

谈了工作体会后，习近平说，和同志们六年相处，岁月峥嵘，情意深深，我从广大干部和群众的身上学到了不少的东西，汲取了丰富的营养。

习近平表示，今后不管我走到哪里，在什么岗位上工作，都将一如既往地关注我曾为之奋斗、流过汗水的福州这片热土，关注这里的改革开放和两个文明建设事业。以后在不同岗位，大家经常谈心、沟通思想，共同为福建、福州的发展作出新贡献。

"福州的今天是美好的。福州的明天一定会更好!"习近平祝福道。

四

2002 年 10 月，按照中央安排，49 岁的习近平将赴浙江任职。

离开福建前，习近平的办公室客人不断。

梁茂淦已任福建省台办主任。一见面，习近平就对梁茂淦说："老梁，我要离开福建了，有几句话要特别说一下。"

习近平用左手做一个圆圈的手势，说："第一句话，就是感谢你对我工作的支持，我分管了五年的福建对台工作，到今天上午为止，可以画一个圆满的句号了。五年来，我们通力合作、密切配合，取得了可喜的成绩。国台办经常表扬我们省台办，也表扬省委、省政府重视对台工作，我要对你表示感谢，也感谢省台办的所有同志。"

他继续说："第二句话，福建最大的优势是对台，最敏感的也是对台，希望你发挥最大的优势，继续做好对台工作，支持新分管的领导，做出更大成绩。第三句话，你是学者专家型的台办主任，我希望你今后到浙江来，来给浙江传经送宝，不管你以什么身份来，无论是台办主任身份，还是专家身份，我都欢迎。"

省环保局局长李在明也应约到了习近平办公室，两人当面话别。

在习近平带领下推进生态省建设多年，李在明有很多话要和习近平说。

不知不觉，近一个小时过去了。习近平特别嘱咐李在明要继续搞好福建的生态建设。

最后，习近平拉着李在明的手说："在明，我们照个相留念吧！"

"你以后有机会到浙江，就来见见我。"习近平真诚邀请。

吴连田时任福建省老区办主任，他接到电话，习近平请他约上省老促会的许集美、黄扆禹、茅苳等老同志来办公室坐坐。

吴连田记得，习近平向老同志征求了对老区工作的建议，希望老区工作要一任接着一任干，一张蓝图绘到底。

趁见客人的间隙，习近平还特地到医院看望了一个人：福建省人大常委会原主任袁启彤。

袁启彤手术后身体基本恢复就出院了，谁也没告诉。结果，习近平去医院看望时，没能见着他。

虽然当天没有在医院见到，袁启彤还是很感动。他说："我是已经退居二线的人了，习近平同志又要调离福建省了，我们在工作上再没有什么交集了，但是'人走茶凉'这样的事在习近平同志那里是不存在的，他非常重感情。即使我们不在一起工作了，这份同志之谊、同事之情，在他心里还是一如既往。"

五

"老苏，你也来了。"苏永卯① 是习近平到福建见到的"第一个人"，当时已经退休，特意从厦门赶到福州。两人又回忆起习近平刚到福建时的场景。

福建日报社记者张红也接到邀请来了，当时依依惜别的场景她还记得很清楚：回忆起一起工作生活的点点滴滴，大家的眼泪都忍不住流了下来。

习近平还到省政府办公厅各个处室看望，与机关工作人员一一握手。省政府办公厅现在还保留着一张照片，是他离任之前跟大家

---

① 1985年6月初，习近平到福建上任，省委组织部干部苏永卯到福州义序机场迎接。

的合影。

中午，习近平邀请班子成员和身边工作人员一起"聚餐"。说是"聚餐"，其实就是和平时一样在省政府食堂吃工作餐。大家都依依不舍，沉浸在共事的难忘时光里。

去机场前，习近平拨通了内部电话——

"总机吗？"

在听到话务员确认回答后，他继续说："我是习近平，现在中央调我到其他地方工作，我对你们这么多年的服务表示深切的感谢，请您也转告其他同志。"

临别之际，习近平对大家说：

"闽浙两地靠得近，大家来往很方便，今后，我就是福建的'省外乡亲'。"

"我在福建17年半。黄土地哺育了我，红土地培养了我。"

图书在版编目（CIP）数据

闽山闽水物华新：习近平福建足迹／本书编写组编著 . —北京：
　人民出版社；福州：福建人民出版社，2022.6
ISBN 978－7－01－024675－8

I.①闽…　Ⅱ.①本…　Ⅲ.①习近平－特写　Ⅳ.① K827=7

中国版本图书馆 CIP 数据核字（2022）第 052865 号

闽山闽水物华新——习近平福建足迹（上、下册）

本书编写组

责任编辑	任　民
出版发行	**人民出版社**（北京市东城区隆福寺街 99 号　邮编　100706）
	福建人民出版社（福州市东水路 76 号　邮编　350001）
印　　刷	北京新华印刷有限公司
开　　本	710 毫米 ×1000 毫米　1/16
印　　张	56.75　　插　页　5　　字　数　606 千字
版　　次	2022 年 6 月第 1 版
印　　次	2022 年 6 月第 1 次印刷

《让群众过上好日子》《闽山闽水物华新》《干在实处　勇立潮头》《当好改革开放的排头兵》（套装）

书　　号	ISBN 978-7-01-024675-8
总 定 价	356.00 元（全五册）
发行电话	（010）65289539　84095121
